梁思成与林徽因在那布满荆棘的道路上前进，不考虑迎面扑来的风沙雨雪，不计较个人得失荣辱。他们为祖国贡献了毕生的精力、智慧和才华。虽然他们没有扛起枪去干革命、去杀敌人，但他们仍不失为一个高尚的人、无私的人。

如果说1962年我同思成结婚后,由于我们在年龄、学识和生活经历上的差异,许多人不理解也不赞成我们的婚姻,如果说在巨大的社会舆论压力下我多少感到过惶惑的话,那么,几年的共同生活已使我更了解他、更认识他的价值。我庆幸自己当年的决定,并感谢上苍为我安排了这样一个角色。我在那惊慌恐怖的日子里,感受到幸福与骄傲、安慰与宁静。

林洙 著

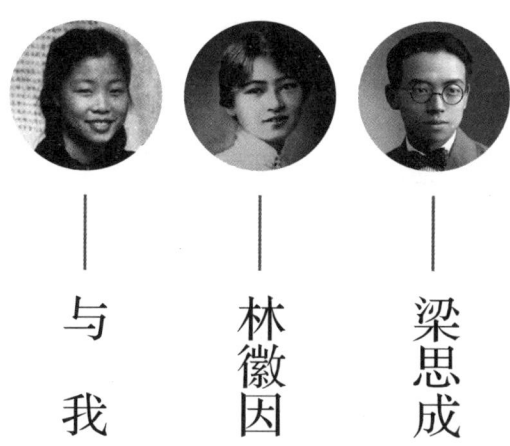

梁思成 林徽因 与我

中国青年出版社

目 录

再版前言 _001
自述 _004
序　写给梁思成和林徽因 _006

一　梁思成夫妇　_001
二　十个儿女的大家庭　_019
三　归来　_035
四　中国营造学社　_065
五　读万卷书，行万里路　_081
六　最后的一次古建调查　_193
七　荣誉　_235
八　他给了学生们什么　_245
九　国徽和人民英雄纪念碑　_275
十　北京啊北京！——未被采纳的"梁陈方案"　_301

十一　徽因走了　_321

十二　"大屋顶"　_325

十三　永相随，难相随　_337

十四　屈辱与磨难　_373

十五　留做反面教员　_423

十六　永别　_431

十七　与君同在　_437

　　梁思成年谱　_449

　　梁思成著作一览表　_453

　　英文著作目录　_461

再　　版　　前　　言

　　中国青年出版社告知我《梁思成、林徽因与我》即将再版，问我有什么地方需要改动，或是想对读者说点什么？说什么呢？我也不知道。但我十分感谢出版社的领导及编辑朋友们，正是他们帮助我整理了思成未出版的文稿，完成了他的心愿。更是在他们的努力下，克服了重重困难，在今年的4月份出版了没有什么经济收益的小书《他没有等到这一天》，这是我和费慰梅近20年的通信集。当我拿起这本书时，不禁感慨万千，费慰梅和费正清的形象又出现在我的眼前，这本小书详尽而真实地记录了思成离我而去后我的工作和生活。

　　慰梅在信中曾问我，"思成的《中国建筑史》不是在1944年就完稿了吗？为什么到现在还没有出版？"我说有多种原因：一是1945年以后他忙于出国讲学和创建清华大学建筑系，未顾及出版自己的著作；二是我们过去受的是传统教育，1949年后我们面临的是怎样学习用马克思的观点来重新审视1949年以前的作品，人口学家马寅初的遭遇令人们胆战心惊；第三个原因是留英学生刘蕙真一直没有把《中国建筑史》中的手绘插图还回来。

　　自1949年后大大小小的政治运动一个接一个，几乎每次运动都触及梁思成的学术思想，1955年还在全国展开了"以梁思成为代表的资产阶级唯美主义的复古主义建筑思想"的批判，这场批判尽管来势凶猛，但是在理论上他没有低头。他闭嘴了,在学术研究上他沉默了。只是兴趣来时写点短文,或写一些领导安排下来的文章。

直到"文化大革命",我才清醒地认识到,他面临的不是简单地批判,而是怎样去否定他前半生的学术成果的问题。这对于一个学者来说,实在太残酷了!

1962年,我与梁思成结婚时,虽然不愉快的事常常发生,但他仍然很乐观,对人很亲切。不管是对待领导、学生、亲友,不管对方职位高低,他都是一样地尊重对方。虽然我们的婚姻当时给我带来了极大的非议,甚至有一些诽谤,但我们仍然很快乐。

慰梅又问我:"就我对梁思成、林徽因夫妻二人的了解,他们是'不问政治的',他们只专注于自己创造性的工作,他们是富有激情的爱国知识分子,梁思成后来为什么加入共产党?"

1948年冬天的一个晚上,解放军已包围了北平城,正在和傅作义将军商谈和平解放北平的事,梁思成夫妇也正为和谈能否成功而着急。这时门铃响了,来访的竟是两位解放军干部,他们告诉梁思成,和傅作义的谈判还在进行中,但是他们也做了两手准备,万一和谈失败使用武力攻城是不可避免的,他们来访的目的是请梁思成在万不得已动武时,标出哪些地区、哪些古建筑是必须保护的。梁思成听到这些话兴奋地几乎跳了起来。试想他的前半生,跋山涉水跑遍了半个中国,就为了保护这些珍贵的古建筑。每发现一处古建,他都给当地政府写一份报告,详细说明该建筑的建造年代及它的价值,并建议采取哪些紧急措施来维修它们。但所有的报告都石沉大海,没人理睬。今天竟然有解放军的代表自己跑上门来请教他该如何保护那些古建筑,这使他和共产党的距离一下子就拉近了。他慢慢地感觉到共产党能给中国带来希望,只要能使贫穷落后的祖国富强起来，做什么他都愿意，我想这就是他加入共产党的原因。

"文革"期间，红卫兵抄走了他的财产和收藏的所有文物，那时候，我只想一件事，就是想方设法克服一切困难保护他的文稿，其中主要有《中国建筑史》《图像中国建筑史》（英文版）《宋营造法式注释》等几本巨著，这些在当时都尚未出版，是他一生最重要的研究成果。每次红卫兵抄家时都逼着我交出这些文稿，我一口咬定已被先来的红卫兵抄走了，因为我无法说出他们的名字，因此往往就被痛打一顿。其实这些文稿就藏在保姆李阿姨的床下，因为她是贫农出身，红卫兵从不搜查她的卧室。这样，才使得这些文稿保存了下来。在那个动乱的年代，我小心翼翼地保护着我们这个可怜的家，包括林徽因年近90岁的老母亲，梁思成在1972年1月离开人世，我只得谎称思成到广州去休养了，但是到了年底，老人家也离我而去了，走时她正值90岁。

梁思成去世后，我只做了一件事，就是整理出版他的文稿，一做40多年。我很欣慰，在我有生之年终于把他已发表的和未发表的文稿全部整理完毕。

如今，我已经88岁了，经历了太多的风风雨雨，早已淡然了。

林洙　2016.8.17

自　述

　　我不是建筑师，更不是文人。命运使我认识了梁思成和林徽因，从此走上建筑这个行业，并且成了梁思成的第二任妻子。我与林徽因在人生的道路上几乎错过。是神！使我在她生命的最后年月与她相遇，目睹她的风采，她超人的才华与智慧，她高尚的品德与非凡的风度。与她短暂的相处，却这么深刻地印在了我的心中，它们是我记忆中的财富，这是我的幸运。

　　我与梁公共同生活的年代，大部分在"文革"时期，那是痛苦与恐怖的十年！朋友时常对我说："你好命苦！"命苦？我的确命不好，但是我从不后悔自己的选择，并感谢上帝为我安排了这样一个角色。如果生活可以重新选择的话，我还是会选择这条路，还是会选择他。我会更自觉，更心甘情愿地伴随他走完他一生中最坎坷，苦难最深重，也是最悲惨的一段路程。我会更加倾注我生命中全部的爱给他，我会更加拼上我的生命保护他。每当想起梁公在最后的岁月中所受到的屈辱与折磨，我就更加庆幸自己能在那样的时日陪伴在他身旁，带给他最后的一点慰藉与温暖。那时，我能为他做的，也就仅仅是这些了。

　　在那些孤灯独照的漫长夜晚，我们相对无言。什么是资产阶级教育路线？什么是无产阶级教育路线？什么是建筑的民族形式？什么是建筑的社会主义内容？我们没有违背内心良知的声音。我们等待着明天，但是明天带给我们的又会是什么呢？是希望还是新的灾难？

就在这样的日日夜夜里，我更加地理解了梁公，他对事业的执著，对祖国和人民真挚的爱，和他宁愿被打倒在地、被踏上千万只脚，也不愿放弃内心信仰的精神力量。正如他所说："宁愿作为一个右派死在祖国的土地上。"今天的年轻人或许会认为这很迂腐，但我想，如果不是梁公，也肯定会有另一个人走上他的路。因为梁公代表了中国第一代建筑师对我们民族建筑文化的热爱，对祖国建筑事业的关切，他是我们国家在争取独立解放的特定历史时期所造就的杰出知识分子。

如今，梁公和林徽因已离我们远去，但他们在我心中却越来越清晰，回忆与思念牵动着我提笔写下这本书。我想说的是，梁公是我的丈夫，林徽因是我热爱与崇敬的师长，我不愿对他们妄自褒贬，我只想忠实地记录，还历史以真实。

20世纪90年代《建筑师梁思成》出版以来，受到广大读者的欢迎，不少读者告诉我，他们读完书后，沿着当年梁公进行古建调查的路线做了一次难忘的旅行，这使我十分感动。但我想，大多数的读者或许没有条件做这样的旅行。因此，我想通过更丰富、更完整的资料和图片，让读者能跟随梁公、林徽因当年的足迹，重温他们15年间对190个县2738处古建进行调查的历程，并目睹他们所记录下的众多珍贵古迹和国宝。需要说明的是，20世纪30年代照相成本十分昂贵，摄影技术也很难掌握，梁公大多数时候总是担任摄影师的角色，因此他本人的照片很少，却留下了许多林徽因工作和生活的宝贵图片。

我希望读者能为本书做更多的补充及指正。这样或许能为今后写一本真正的梁思成传、林徽因传有所帮助。我真诚地期待着你们的批评与指正。

林洙　2004年5月于北京

序

写给梁思成和林徽因

费正清*

梁思成和林徽因在我和我的妻子的一生中所产生的影响是独特的。或许,我们的经历正足以表明他们二位的某种国际联系和国际影响。1932年与他们初次相识时,我们刚刚来到北平要进行四年研究生的学习,而他们则刚刚从沈阳迁回北平,开始在中国营造学社工作。在我们历来结识的人士中,他们是最具有深厚的双重文化修养的。因为他们不仅受过正统的中国古典文化的教育,而且在欧洲和美国进行过深入的学习和广泛的旅行。这使他们得以在学贯中西的基础上形成自己的审美兴趣和标准。

战前的北平生活和一道在山西省的一次野外古建筑调查旅行,使我们结下了亲密的友谊。第二次世界大战中,我们又在中国的西部重逢,那时他们都已成了半残的病人,却仍在极端艰苦的条件下,不顾一切地致力于学术研究。在我们的心目中,他们是不畏困难、献身科学的崇高典范。当时,林徽因身患肺结核,梁思成则因青年时代一次车祸的后遗症而使脊椎受伤。然而,不论是疾病还是艰难的生活都丝毫不影响他们对自己的开创性研究工作的热情。就是在战时的这一时期,梁思成写成了《图像中国建筑史》。他用英文写这本书,就是为了向世界介绍中国建筑的宝藏及其结构原理。在外国人看来,他们在自己专业中的成就几乎是无与伦比的。他们一道探访并发现了许多中国古建筑的珍贵遗构。并且,由于受过专门教育,因而他们有能力把它们介绍给现代世界,并作出科学的描述和分析。这也是因为他们既通晓中国古典文化,又懂得作为艺术和科学的外国建筑。在忧患的战时生活中能获得如此成就,说明他们不仅具有极高的学术水平,而且还有崇高的品德修养,而正是后者使他们能够始终不渝地坚持自我牺牲,坚定地为中国的现代化做出了自己的一份贡献。

*
费正清(John King Fairbank),美国著名学者、汉学家,曾任美国总统顾问。先后在哈佛大学任教40年。1977年于哈佛退休后仍不断埋头著述。1991年在波士顿病逝。

林洙(左)与妹妹林泗1948年摄于上海

梁 思 成 夫 妇

1948年，我在上海结束了中学教育，考上了私立上海圣约翰大学和南京金陵女子大学。可当时私立大学的学费相当昂贵，我的哥哥已经在一所私立大学就读，如果我再上私立大学，对我们这样公职人员的家庭来说，在经济上几乎是难以负担的。

恰巧，这时我的男朋友程应铨要北上到清华大学建筑系任教。父亲决定让我和哥哥都随程应铨北上求学。他听说清华设有先修班，因此写信给清华的同乡林徽因，请她帮助我进入清华大学先修班学习。

林徽因是我们福建的才女。在我们家的客厅经常有些家乡人来拉家常，几乎每次都要提到林徽因，并谈到她嫁给梁启超的长子梁思成。他们还说：梁思成、陈寅恪与翁文灏三人被誉为中国的三位国宝。

我终于到了北平，这个我向往已久的城市，并迫不及待地去参观了故宫，然后又游览了三海、天坛和太庙。我从没见过这样伟大壮丽的建筑，当我站在太和殿前，多么希望自己能长久地留在那里，哪怕做一名清洁工我也愿意。当我走在天坛笔直的长长的神道上，远望圜丘时，感到自己也仿佛飘飘然地接近上天。而太庙却又是另一番情景，它那大片的古柏，那般肃穆，连轻轻咳嗽一声都怕惊动了祖先。天啊！我有生以来从没有领教过，一个人可以从建筑物上得到这么多的感受。在昆明，

到北平读书去（右为林洙、左为林泗）

我爱它美丽的湖光山色；在上海，我看到它的商业繁荣；然而北平，只有北平，这成群宏伟的古建筑，加上人们那彬彬有礼的北京话，使我第一次实实在在地感受到祖国文化的伟大。这使我长期在上海形成的、崇拜美国物质文明的心理受到谴责。北平啊！祖国的明珠，祖国的瑰宝，你给了我作为一个中国人的骄傲！

我第一次进清华是从西校门进去的。从西校门到二校门，乘汽车不过三五分钟的路程，我却感到走了半个多小时。路沿着一条清冽的小溪延伸，在路的另一边是一片树林，路上不见一个行人。路旁的大树缓缓从我眼前掠过，多么幽静的清华园。我到清华时，朱自清先生刚刚逝世不久，那天上午刚开过他的追悼会，清华园笼罩着黯然的悲哀。朱自清先生宁肯饿死也不领美国救济粮的精神，激励着每一个爱国者，使清华园又表现出一种特殊的气氛。这就是1948年清华大学这个中国最高学府给我的印象。

我到清华后的第一件事自然应该去拜访林徽因先生。但我听到一个坏消息，她不久前刚刚做了肾切除手术，肺部结核也已到了晚期，医生告诉梁思成说她将不久于人世了。这对一个家庭来说是多么悲哀的事。我反复地考虑着去不去拜见她。我不断听到人们对她超人才智的赞扬，及对他们夫妇渊博的学问的敬佩。我更害怕了，我这个没被清华录取的小青年，在她的面前将多么尴尬。我一直拖延着去拜见她的日期，直到她听到我已到清华的消息，召见我时，我才去见她。

在一个初秋的早上，阳光灿烂，微风和煦，我来到清华的教师住宅区新林院8号梁家的门口，轻轻地叩了几下门。开门的刘妈把我引到一间古色古香的起居室，这是一个长方形的房间，北半部作为餐厅，南半部为起居室。靠窗放着一个大沙发，在屋中间放着一组小沙发。靠西

1920年,林徽因与父亲林长民

墙有一个矮书柜，上面摆着几件大小不同的金石佛像，还有一个白色的小陶猪及马头。家具都是旧的，但窗帘和沙发面料却很特别，是用织地毯的本色坯布做的，看起来很厚，质感很强。在窗帘的一角缀有咖啡色的图案，沙发的扶手及靠背上都铺着绣有黑线挑花的白土布，但也是旧的，我一眼就看出这些刺绣出自云南苗族姑娘的手。在昆明、上海我曾到过某些达官贵人的宅第，见过豪华精美的陈设，但是像这个客厅这样朴素而高雅的布置，我却从来没有见过。

　　我的注意力被书架上的一张老照片吸引住了，那是林徽因和她父亲的合影。看上去林先生当时只有十五六岁。啊！我终于见到了这位美人。我不想用细长的眉毛、大大的眼睛、双眼皮、长睫毛、高鼻梁、含笑的嘴、瓜子脸……这样的词汇来形容她。不能，在我可怜的词汇中找不出可以形容她的字眼儿，她给人的是一种完整的美感：是她的神，而不全是貌，是她那双凝神的眼睛里深深蕴藏着的美。当我正在注视这张照片时，只听卧室的门"嗒"的一声开了。我回转身来，见到林先生略带咳嗽、微笑着走进来，她边和我握手边说：

　　"对不起，早上总是要咳这么一大阵子，等到喘息稍定才能见人，否则是见不得人的。"

　　她后面一句话说得那么自然诙谐，使我紧张的心弦顿时松弛了下来。后来我才知道，她这句话包含着她这一辈子所受的病痛的折磨与苦难。我定睛看着她。天哪！我再也没有见过比她更瘦的人了。这是和那张照片完全不同的一个人，她那双深深陷入眼窝中的眼睛，放射着奇异的光彩，一下子就能把对方抓住。她穿一件浅黄色的羊绒衫，白衬衫的领子随意地扣在毛衣内，衬衫的袖口也是很随便地翻卷在毛衣外面。一条米色的裤子，脚上穿一双驼色的绒便鞋。我们都坐下后，她就开始问

林徽因（1904~1955）

> 她的谈话同她的著作一样充满了创造性。话题从诙谐的逸事到敏锐的分析，从明智的忠告到突发的愤怒，从发狂的热情到深刻的蔑视，几乎无所不包。——费慰梅

我报考大学的情况。这是我最怕的事，只得羞怯怯地告诉她，我自认为数学、化学、语文尚好对付，物理和地理不行，最头疼的是英语，我对它简直是一筹莫展。她笑了笑说：

"你和我们家的孩子相反，再冰、从诫（梁思成和林徽因的女儿和儿子）他们都是怕数学，你为什么怕英语？"

"我怕文法，"我说，"我简直搞不清那些文法。"

"英语并不可怕，再冰中学是读的同济附中，学的是德语，英语是在家里学的，我只用了一个暑假来教她。学英语就是要多背，不必去管什么文法。一个假期我只选了一本《木偶奇遇记》做她的课本，儿童读物语法简单，故事也吸引人，她读一段背一段。故事读完了，英文也基本学会了，文法也就自然理解了。"

接着她又问起我的食宿情况。我告诉她，我已经在工字厅食堂入伙。系里的美术教师李宗津先生把他在工字厅的宿舍暂时借给我住，因为他城里另有住房。但是工字厅是男教工宿舍，所以很不方便。她很快就想到可以让我借住在吴柳生教授家，并说要亲自去和吴夫人商量。然后又问我对北平有什么印象，当我正准备寻找一个恰当的词汇来回答她时，她已兴致勃勃地向我介绍起北京的历史。

"北京城几乎完全是根据《周礼·考工记》中'匠人营国，方九里，旁三门，国中九经九纬，经涂九轨，左祖右社，面朝后市'的规划思想建设起来的。"她看出我不懂这句话的意思，便又接着解释说：

"北京城从地图上看，是一个整齐的凸字形，紫禁城是它的中心。除了城墙的西北角略退进一个小角外，全城布局基本是左右对称的。它自北而南，存在着纵贯全城的中轴线。北起钟鼓楼，过景山，穿神武门直达紫禁城的中心三大殿。然后出午门、天安门、正阳门直至永定门，

林徽因（右一）入培华女子学校时留影

全长八千米。这种全城布局上的整体感和稳定感，引起了西方建筑家和学者的无限赞叹，称之为世界奇观之一。

"'左祖右社'是对皇宫而言，'左祖'指皇宫的左边是祭祖的太庙。'右社'指宫室右边的社稷坛（现在是中山公园）。'旁三门'是指东、西、南、北城墙的四面各有三个城门。不过北京只是南面有三个城门，东、西、北面各有两个城门。日坛在城东，月坛在城西，南面是天坛，北面是地坛。'九经九纬'，是城内南北向与东西向各有九条主要街道，而南北的主要街道同时能并列九辆车马即'经涂九轨'。北京的街道原来是很宽的，清末以来被民房逐渐侵占越来越狭了。所以你可以想象当年马可·波罗到了北京，就跟乡巴佬进城一样吓蒙了，欧洲人哪里见过这么有伟大气魄的城市。"我们都笑了，她接着说：

"'面朝后市'也是对皇宫而言，皇宫前面是朝廷的行政机构，所以皇帝面对朝廷。'市'是指商业区，封建社会轻视工商业，因此商业区放在皇宫的后面。现在的王府井大街是民国以后繁荣起来的。过去地安门大街和鼓楼大街是北京为贵族服务的最繁华的商业区。前门外的商业区原来是在北京城外，因为辽代与金代的首都在现在北京城的西南。元朝的大都建在今天北京城的位置，元大都当然和金的旧都有联系，那时从旧都来做买卖的商人，必须绕到城北的商业区去，所以干脆就在城外集市做买卖。北京前门外有好几条斜街，就是人们在新旧两城之间走出来的道路，开始是路旁搭起的棚户，慢慢地发展成为固定的建筑和街道。过去一有战争，城外的人就往城里跑，到了明朝嘉靖年间，为了加强京城的防卫才建了外城……"她一口气说着，一个封建社会宏伟的北京城地图，在我眼前勾画了出来。接着我们又谈起颐和园，这也是我非常向往的地方。但是那时到颐和园没有公共汽车，我虽然有一辆自行

几个朋友游览颐和园（左起沈从文、程应铨、林洙、胡允敬）

车，却还不会骑，所以一直没有去。我听说颐和园的长廊特别有趣。林先生却摆手说：

"颐和园前山太俗气了，颐和园的精华在后山。沈从文现在正住在谐趣园，你可以去找他，请他做向导。"

我们谈着谈着，实际上是她谈着我听着，不知怎么搞的竟过了两三个小时。我完全忘了她是个重病人，慌忙站起身告辞。她笑笑说：

"我也累了，每天下午四点我们喝茶，朋友们常来坐坐，欢迎你也来。"

我从没有单独和父辈的人交往过，但不知怎么的，一段意想不到的交往就这样开始了。

我从梁家出来感到既兴奋又新鲜。我承认，一个人瘦到她那样很难说是美人，但是即使到现在我仍旧认为，她是我一生中见到的最美、最有风度的女子。她的一举一动、一言一语都充满了美感、充满了生命力、充满了热情。她是语言艺术的大师，我不能想象她那瘦小的身躯怎么能迸发出那么强的光和热，她的眼睛里又怎么能同时蕴藏着智慧、诙谐、调皮、关心、机智和热情。真的，怎能包含那么多的内容。当你和她接触时，实体的林徽因便消失了，感受到的是她带给你的美和强大的生命力。她是那么吸引我，我几乎像恋人似的对她着迷。那天我没有见到梁思成先生，听说他到南京接受中央研究院院士的学衔去了。

我初到清华时，建筑系开办才两年，全系师生加起来只有三十多人。学生都在一个大教室上设计课，师生关系非常融洽，学生对教师不论老少都称"公"。那时的建筑系真是富有民主精神，而且朝气蓬勃，我也常常到系里去看李宗津作画。

有一天我正走在建筑系的楼道里，迎面来了一位中年人，他身材瘦

林洙初到清华时的留影
青年时期的林洙

小,有些驼背,穿一身考究的西服,戴着一副宽边大眼镜,更增加了他那学者的风度。他看来和蔼可亲,诙谐风趣。他向我伸出手,笑着点了点头,又扬起眉毛调皮地说:

"是林小姐?我猜对了吧?这位漂亮的姑娘一定是林小姐。"

我不好意思地笑了,虽然我搜不出一个字来回答,但立刻就断定这位亲切的长者是梁公。

汪季琦先生回忆他第一次和梁公见面时,梁公的头一句话就是:"我应该叫你一个好听的,叫你一声小叔叔。"因为汪季琦有一个比他大三十多岁的哥哥是梁启超的好朋友。汪季琦回忆说:"梁公是个很风趣的人,他几句话一说,立刻就能使对方消除生疏感,而与之亲切地交谈起来。"

不久林先生果真去拜访了吴柳生夫人,并和她谈好让我借住的事,我便搬到吴家去了。那年因为时局的动荡,清华校方为迁校的问题斗争得非常激烈,因此没有办先修班,我也就只好自己复习课程,还跑去听了几门名教授讲授的中外通史和梁公讲的中西方建筑史。

由于清华的先修班停办了,因此林徽因决定亲自辅导我的英语,并规定每周二、五下午上课。我又高兴,又担心,因为有这么一位好老师来辅导我真是求之不得。同时我又看出她十分严厉,对不满意的事会直率地提出批评,而且毫不留情,我担心以后免不了会挨批评。

每次上完课林先生都邀我一同喝茶,那时梁家的茶客有金岳霖[1]先生、张奚若夫妇、周培源夫妇,陈岱孙先生也常来。其他多是清华、北大的教授,还有建筑系的教师。金岳霖先生每天风雨无阻总是在三点半到梁家,一到就开始为林先生诵读各种读物,绝大部分是英文书籍,内容有哲学、美学、城市规划、建筑理论及英文版的恩格斯著作等。他

初入清华的梁思成

们常常在诵读的过程中夹着议论。

梁家每天四点半开始喝茶，林先生自然是茶会的中心，梁先生说话不多，他总是注意地听着，偶尔插一句话，语言简洁、生动、诙谐。林先生则不管谈论什么都能引人入胜，语言生动活泼。她还常常模仿一些朋友们说话，学得惟妙惟肖。她曾学朱畅中先生向学生自我介绍说："我（é）知唱中（朱畅中）。"引起哄堂大笑。

有一次她向陈岱孙先生介绍我时说："这个姑娘老家福州，来自上海，我一直弄不清她是福州姑娘，还是上海小姐。"接着她学昆明话说："严来特使银南人！（原来她是云南人！）"逗得我们都笑了。

她是那么渊博，不论谈论什么都有丰富的内容和自己独特的见解。一天林先生谈起苗族的服装艺术，从苗族的挑花图案，谈到建筑的装饰花纹。她又介绍我国古代盛行的卷草花纹的产生、流传，指出中国的卷草花纹来源于印度，而印度的花纹图案则来源于亚历山大东征。她指着沙发上的那几块挑花土布说，这是她用高价向一位苗族姑娘买来的，那原来是要做在嫁衣上的一对袖头和裤脚。她忽然眼睛一亮，指着靠在沙发上的梁公说："你看思成，他正躺在苗族姑娘的裤脚上。"我不禁噗哧一笑。

接着梁公也和我们谈起他在川滇调查时的趣闻。他说在四川调查时，曾被作为上宾请去吃喜酒，看到新房门上贴着一副绝妙的对联。上联是："握手互行平等礼"，下联是"齐心同唱自由歌"。然后他又拖长了声音笑着说："横批是'爱——的——精——诚'。"客人们全都哈哈大笑起来。他自己也笑着说："真叫人哭笑不得。"

我和建筑系的老师们往往在梁家听了满肚子的趣闻和各种精辟的见解与议论之后，在回家的归途上，对梁、林两位先生的博学与乐观精神万分感慨。我从没有听到过他们为病痛或生活上的烦恼而诉苦。

他们的老朋友费慰梅（Wilma Cannon Fairbank，美国著名汉学家费正清之妻。1909年出生于波士顿，毕业于哈佛大学美术系，曾任美驻华使馆文化专员，是研究东方古代艺术的专家）曾这样来形容林徽因："她的谈话同她的著作一样充满了创造性。话题从诙谐的逸事到敏锐的分析，从明智的忠告到突发的愤怒，从发狂的热情到深刻的蔑视，几乎无所不包。"

但是林先生的病却一天天明显地加重了，我的英语课也只好断断续续地进行，直至完全停止。但我仍常常去看林先生，她只要略有好转仍是谈笑风生。

一天，我们又谈起北京的古建筑，她问我是否都游览过了。我说城里的古建筑算是走马观花地看了一些，城外的还都没有去。她又问我最喜欢哪一处。我说，很难说，因为每一处都给我留下了不同的感受。于是她热情地为我讲解分析每一处建筑的艺术特点，似乎完全不理会我是个一无所知的"建筑盲"。当她听我说到天坛、故宫给我的感受及太庙那大片的古柏给我的印象时，她突然想起了什么，笑着问我：

"听过我和思成逛太庙的故事吗？"

我摇摇头。她说：

"那时我才十七八岁，第一次和思成出去玩，我摆出一副少女的矜持模样。想不到刚进太庙一会儿，他就不见了。忽然听到有人叫我，抬头一看原来他爬到树上去了，把我一个人丢在下面，真把我气坏了。"我回头看看梁先生，他正挑起眉毛，调皮地一笑说："可是你还是嫁给了那个傻小子。"

他们都笑了，我也早已笑得前仰后合。梁先生深情地望着她，握着她的一只手轻轻地抚弄着。他们是多么恩爱的一对！林先生那苍白得几乎透明的脸,在兴奋中泛起一点红晕。我呆呆地看着他们,想起医生对林先生病情的诊断,心中不免一阵酸楚。

其实,他们的现实生活十分艰辛。解放前清华的教工宿舍还没有暖气,新林院的房子又高又大,冬天需要生三四个约有半人多高的大炉子才能暖和。这些炉子很难伺候,煤质不好时更是易灭,对付这几个大炉子的添煤倒炉渣等活儿,简直需要一个强劳力才行。那时梁再冰和梁从诫都在城内就学,这个沉重的担子就落到了梁先生的肩上。室内温度的高低冷暖,直接关系到林徽因的健康,所以梁先生也不敢轻易把这个工作交给别人。他常带着笑说:"这是粗活儿。"是的,他还有更重要的"细活儿":每天定时为林先生注射各种药液,他学会了肌肉注射和静脉注射的技术;为病人配餐;为使林先生能坐得舒服些,给她安放各种大大小小的靠垫和垫圈;为林先生朗读各种读物,他是一个第一流的护士。除了这些事外他更重要的任务是领导建筑系的工作和他自己的教学与学术研究。

[1] 金岳霖(1895~1984),浙江诸暨人,生于湖南长沙。中国著名的哲学家、逻辑学家。金岳霖是最早把现代逻辑系统地介绍到中国来的逻辑学家之一,他把西方哲学与中国哲学相结合,建立了独特的哲学体系,培养了一大批有较高素养的哲学和逻辑学专门人才。现设立有金岳霖学术基金会。

娘——王夫人于天津饮冰室门前

二

十 个 儿 女 的 大 家 庭

梁思成的生母,即梁启超的正房夫人李蕙仙是贵州人。她的哥哥李端棻在清政府中任礼部尚书,在一次科举考试中,看中了梁启超的文章和才华,因而把小妹妹许配给他。李夫人出身官宦之家,自然从小娇生惯养,由于李家是书香门第,因此她也有一定的文化修养,闲时爱看看书,打打麻将。在日本时年轻的李蕙仙还学会了骑自行车,这是她十分爱好的一项游戏。但她从不骑车上街,因为不愿让日本人注意她那双缠过的小脚。她生育子女四人,长女思顺,长子不幸夭亡,次子思成,次女思庄。

王夫人是梁启超先生的偏房夫人,孩子们称李夫人"妈",称王夫人"娘"。梁思成对他的生母感情不深,对娘却是十分尊重并关心。他常常说:"娘是个很不寻常的女人。"

王夫人原来是李夫人娘家的丫头。1894年李夫人回家探亲,看见她聪明伶俐又勤快,执意要把她带走,姑嫂俩争执起来,最后李夫人胜了。娘的童年十分悲惨,她父亲是个有几亩薄地的小油坊主,母亲很早就去世了。她的继母听信算命先生的胡言,说她命硬克父母,所以经常虐待她。不巧在她四岁时,父亲突然得暴病死了。继母把她一人丢在乡下,带着自己的孩子进城去办丧事。账房先生乘机把家产席卷一空,把这个四岁的小姑娘也拐卖给人贩子。她从四岁到十岁被转卖了四次，到梁家后梁启超给她起个大号叫王桂荃。戊戌政变失败后，梁李两家族人纷纷逃亡国外，大部分人留居澳门，有的后来跟随梁启超去了日本，所以梁启超在日本担负着一大家人的生活。

娘到日本后，很快就学会了一口流利的东京话，她是李夫人得力的助手，也是李夫人各项意图的忠实执行者，又是家庭的主要劳动力。由于她说得一口好日语，所以凡属家务方面的对外联系，大部分都是由她来办。因此她也在一定程度上接触了日本社会的现代文明，开阔了眼界。大约在她十七八岁时与梁启超产生了爱情，有了思永。由于李夫人脾气乖戾，梁启超为保护王夫人，把她送回澳门待产。同时请李夫人的兄弟从中周旋，得到李夫人首允之后，才把母子接回日本。她共生育子女八人，后来长大成人的有思永（子）、思忠（子）、思懿（女）、思达（子）、思宁（女）、思礼（子）。

梁思成的童年生活，总是离不开娘，他记得自己已经五六岁了，拉完屎还撅着屁股非等娘来擦不可。

梁思成是这样来回忆和评价他的娘的：

"我小的时候很淘气，有一次考试成绩落在弟弟思永后面，我妈气极了，用鸡毛掸捆上铁丝抽我。娘吓坏了，一把把我搂在怀里，用身子护着我。我妈正在火头上，一下子收不住，一鞭一鞭地抽在娘身上。我吓得大哭。事后娘搂着我温和地说：'成龙上天，成蛇钻草，你看哪样好？不怕笨，就怕懒。人家学一遍，我学十遍，马马虎虎不刻苦读书将来一事无成。看你爹很有学问，还不停地读书。'她这些朴素的语言我记了一辈子。从那以后我再也不敢马马虎虎了。

"她是个毅力坚强的人，尽管她操持着一大家人的吃穿，她还每天督促孩子们的学习,孩子们做作业时,她就坐在一旁,听他们背书,她也跟着背,他们写字她也跟着写,就这样她学会了读书看报,还会记账,写简单的书信。"

梁启超的子女除早夭的外,后来个个成才,这虽然和梁启超的教育有关,但是对子女的早期教育,应归功于这位普通的"娘"。

"梁启超能写出那么多的著作,有很大一部分要感谢娘给他创造了一个和睦安定的家庭。我们兄弟姐妹十人,很少打架拌嘴,娘总是用她的爱关心我们,教导我们。我妈对佣人很苛刻,动不动就打骂罚跪,娘总是小心翼翼地周旋其间,实在不行了,就偷偷告诉我爹,让他出来说情。而她自己对我妈和我爹的照顾也是无微不至,对我妈更是处处委曲求全。她是一个头脑清醒、有见地、有才能,既富有感情又十分理智的善良的人。可惜生在旧社会。"看起来梁启超是把家庭的财政大权给了第一夫人,把爱情给了第二夫人。

"记得在天津时我爹一个人住在小楼的书房里,我妈、娘和我们孩子住在后宅。一天晚上我从爹那里出来,他对我说:'告诉你娘,让她过这边来。'我那时十四五岁,正爱捣鼓点小玩意,就说:'爹,这多麻烦,赶明儿我给您装个电铃,您什么时候要找我娘,一按电铃就行了。'他咯咯地笑说:'看你傻不傻。'"

没想到这个在旧社会没有什么社会地位但品格高尚的母亲,却在十年动乱中,因为是梁启超的老婆,被抄没全部财物,甚至连换洗的衣服都没有一件,被赶入一间难以住人的阴暗小屋。她已是85岁的高龄,却被编入劳改队去扫街。梁思成和他的弟妹几乎没有一个幸免,不是走资派,便是反动学术权威,纷纷被隔离审查。当时我们的处境也很困难,我只好把原来留作纪念的梁启超的大衣,连夜改成女式的,偷偷托人给

双涛园群童(左一为梁思成)

老人家送去。

老人终于经受不起这样的打击，在一个凄风苦雨的夜晚离开了人间。在她闭上双眼以前，多么希望能再看一眼她的儿女们，但是他们竟没有一人能来到她的床前告别。她默默地离去了！

梁启超初到日本时住在东京，居住条件较差。一位华侨把他在神户郊外须磨海滨的一幢别墅"怡和山庄"借给他们住。因为此处依山傍海，可以听见海涛和松涛，所以梁启超将它改名叫"双涛园"。

双涛园的后山有一大片松树，树下落了厚厚的一层松针，在腐烂的针叶上，一年四季长着松蘑。日本人常常带着小炉子和酱油等佐料，到林子里烤松蘑吃。思成还记得随父母姐弟上山吃烤松蘑的情景，每每回忆起来都是津津有味。

当时梁启超在爱国华侨的资助下，在日本办起报纸，旨在向海内外的同胞宣传爱国主义思想和介绍西方文明。办报的收益也是他们一家人的生活来源，所以生活很不稳定，有时困难到揭不开锅，只能吃米饭就着日本的咸萝卜，或清水煮白菜蘸酱油。

梁启超爱喝酒，每天晚饭后，孩子们都围坐在一个小圆桌旁，父亲一边喝酒一边给他们讲故事。他讲的多半都是古代民族英雄的故事。如南宋忠臣陆秀夫为忠于宋，保护幼主奋战元军，最后被元军逼迫逃到广东，走投无路，就在梁启超的家乡新会县沿海的悬崖上，背着幼主一起投海就义的故事。后来新会人民为纪念这位民族英雄，在他投海的海滨崖石上刻了"崖门"二字，现在崖门已成为新会县的一处名胜古迹。

像陆秀夫这样的民族英雄也就一个个深深地印在梁思成幼小的心灵里。

梁思成幼年在父亲为华侨子弟办的同文学校学习。同文学校在神户市内，从须磨到神户要乘一段小火车，每天孩子们带着饭团出发，天黑了才回到家。后来小火车站的路警和他们熟了，有时孩子们迟到两三分钟，他就等他们到了后才吹哨放行。每天赶火车去上学，对孩子来说也许太紧张了，致使思成留下深刻的印象。直到晚年还常梦见赶火车上学的情景，睡梦中还能说出流利的日语，但醒来后却一切都忘了。

有一段时间，康有为也和他们住在一起，但孩子们都不敢接近他。1958年的一天，周总理见到梁思成对他说："今年是康有为一百周年诞辰，他的女儿要求举办一个纪念活动，你有什么建议吗？"梁思成说，自己虽是梁启超的儿子，但对康梁毫无研究，谈不出什么看法。总理又问他对康有为有什么印象，他想了想说，只记得一件事，就是康有为剪辫子的故事。

康有为逃亡日本后，仍留着他那大清帝国的大辫子，所以出出进进招来不少看热闹的人。梁启超和许多华侨都劝他把辫子剪了，他死活不同意，后来他自己也感到太被日本人取笑了，只好同意剪掉。剪辫子的那天，好像举行什么盛大典礼一般，他朝北京方向摆了香案，还宣读了一篇奏文。奏明圣上自己着满服在日本的种种苦衷，乞求圣上恩准削发。接着又读了一篇给祖宗和生身父母的祭文，因为身体发肤受之父母，不可损伤。每念完一篇就行一次三跪九叩礼，行礼完毕才坐下来。请来的日本理发师站在一旁莫名其妙地看着，他已经问了好几次是不是要理发。等理发师刚拿起剪子，忽然十几串鞭炮齐鸣，理发师大吃一惊，把手上的剪子都吓掉了。周总理听到这里哈哈大笑了起来。

梁启超对子女们要求十分严格。他不仅是孩子们的慈父，也是孩子们的朋友。他注意引导孩子们对知识的兴趣，又十分尊重他们的个性和志愿。他非常细致地掌握每个孩子的特点，因材施教，对每个子女的前途都有周到的考虑和安排，但又不强求他们一定按照自己的意图去办，而是反复地征求孩子们的意见直到他们满意为止。梁思庄入大学后，在选专业时，梁启超经过细致的考虑，以他的远见卓识看到将来生物学对社会发展的重要性，最初他建议思庄学当时在中国几乎是空白的现代生物学，但因思庄当时就读的麦基尔大学的生物学教授教得很不好，引不起思庄对生物学的兴趣，她把苦恼告诉了二哥思成。梁启超知道后立刻写信给思庄："庄庄，听见你二哥说你不大喜欢生物学，既然如此，为什么不早同我说。凡学问最好是因自己性之所近，往往事半功倍。你离开我很久，你的思想近来发展方向我不知道，我所推荐的学科未必合你的适，你应该自己体察做主，用姐姐哥哥当顾问，不必泥定爹爹的话，……我很怕因为我的话扰乱了你治学之路，所以赶紧寄这封信。八月五日爹爹。"后来梁思庄听从父亲的意见学了图书馆学，考入了美国著名的哥伦比亚大学图书馆学院，最终成为中国著名的图书馆专家。

梁启超不仅要求孩子有坚强的奋斗精神，还要他们乐观、风趣、富有人情味。他说："我生平对于自己所做的事，总是做得津津有味，而且兴会淋漓，什么悲观咧，厌世咧，这种字，在我所用的字典里头可以说完全没有。"他又说："凡人必常常生活于趣味之中，生活才有价值。若哭丧着脸挨过几十年，那么生命便成为沙漠，要来何用？"

梁思成的世交挚友张锐老先生回忆说：

"无论在天津饮冰室藏书楼、北京松坡图书馆、清华园或是北戴河，任公先生经常在饭前饭后高谈阔论，边谈边笑，上下古今，无所不包，毫无架子。立宪派而有民主作风亦奇事也。思成心灵受其陶冶最突出的，一曰好学不倦，二曰赤子之心。"

梁启超与思顺（右一）、思成（左一）、思永（右二）三儿

梁启超的孩子们都得到了他的这种真传，每个人都有一部艰辛的奋斗史，但他们从不悲观，个个都是胜利者。他们是：

长女梁思顺（1893~1966），字令娴，出生于广东新会，自幼爱好诗词和音乐，直接受教于梁启超，著有《艺蘅馆词选》，此书也是研究梁启超学术思想的重要参考资料。

长子出生两月后夭亡。

次子梁思成。

三子梁思永（1904~1954），出生于澳门，著名考古学家。1924年毕业于清华，1930年毕业于美国哈佛大学。回国后在南京政府中央研究院历史语言研究所考古组工作。1931年他参加河南安阳小屯和后冈及山东历城龙山镇城子崖的第二次发掘。他的工作提高了中国考古发掘的科学水平，使之纳入近代考古学的范畴。1934年他又赴安阳主持侯家庄西北冈商代王陵区的发掘，到1935年共发掘大墓十座，小墓千余座。此次发掘规模的宏大、田野工作的精细和考古收获的丰富在国内是空前的。1939年他在第六次太平洋学术会议上所作的学术报告全面总结了龙山文化。直至目前对龙山文化的进一步研究，仍基于梁思永半个世纪前的创见。1941年他因肺结核病卧床休养。1948年他被南京政府科学院选为院士。1949年新中国成立后，他以奔放的热情，抱病投入人民考古事业，1950年被任命为中国科学院考古研究所副所长。他在病榻上主持考古所的工作，制定长远规划，指导野外工作和室内研究，热情培养青年一代，终因工作过度辛劳，于1954年病逝，终年不到50岁。他的学术论文很多，以他主笔的《城子崖遗址发掘报告》，是中国首次出版的大型田野考古报告集。他是中国考古界公认的中国近代考古学和近代考古教育的开拓者之一。

梁启超抱着2岁的思庄和3岁的思忠，1910年摄于日本
思宁（后左）、思懿（后右）、思礼（前）在照相馆合影，约摄于1927年
思永年青时的标准像，摄于20世纪30年代
思庄在加拿大麦基尔大学读书期间，摄于1927年，时年19岁

四子梁思忠（1907~1932），出生于日本，毕业于美国弗吉尼亚陆军学院和西点军校。回国后任国民党十九路军炮兵校官，曾在上海参加"一·二八"抗击日军的战斗，1932年病亡，年仅25岁。

二女早丧。

三女梁思庄（1908~1986），出生于日本，著名图书馆学专家。1930年毕业于加拿大蒙特利尔市麦基尔大学，获文学学士，1931年又获美国哥伦比亚大学图书馆学学士学位。她为中国图书馆事业呕心沥血、默默无闻地工作了50年，一生致力于西文编目工作，被公认为全国首屈一指的专家。北京大学图书馆的几十万种西文图书的目录经她亲自编制或指导编制而成，它的高质量受到国内外专家的交口称赞。她一生为校内外的教师、学者、青年学生、各行各业人员所解决的问题，包括许多疑难问题不计其数。她一生留下的文章不多，但许多专家、教授们的著作和学生们的论文中，都包含了她的大量心血和辛勤劳动。

五子梁思达（1912~2001），出生于日本，长期从事经济学研究。1949年后在北京国务院外资企业局（后改为国家工商管理局）任职。他曾参与科学院经济所编写《中国近代经济史》一书。1965年主编了《旧中国机制面粉工业统计资料》一书。

五女梁思懿（1914~1988），出生于北京，社会活动家。早年在燕京大学就读，1941年赴美国学习美国历史，1949年得知新中国即将诞生，立即回国，一直从事对外友好联络工作，多次代表中国参加国际红十字会议。

六女梁思宁（1916~2006），出生于北京。曾就读于南开大学，因抗日战争爆发失学。1940年投奔新四军，参加革命工作几十年，离休后，住在山东济南。

李惠仙（左四）带着5个孩子摄于天津，分别为
思忠（左一）、思成（左二）、思庄（左三）、思达（左五）、思永（左六），约摄于1918年
梁思顺全家合影，约1928年摄于加拿大

八子梁思礼，1924年出生于北京，著名火箭控制系统专家。1941年他随梁思懿赴美学习，在辛辛那提大学获硕士和博士学位。1949年回国，参加国务院组织的"十二年科学远景规划"，负责起草运载火箭的长远规划。1956年调入国防部第五研究院，任导弹系统研究室主任。他为祖国从无到有的导弹控制系统事业贡献自己的才智，是我国航天事业的开拓者之一。30年来他亲自领导和参加了多种导弹、运载火箭控制系统的研制试验。1966年他参加了我国导弹核武器试验。这次试验的成功震惊了全世界，从此我国进入了核大国的行列。由于他在1980年向太平洋发射远程火箭的飞行试验工作中做出的贡献，获得了1985年国家科技进步特等奖。他是中国航天事业的第一代人，也是当代中国导弹控制系统的带头人，为我国的航天事业做出了重要贡献。1987年他当选为国际宇航科学院院士。1990年被选为我国首届工程院院士。

梁思成兄妹十人，他们的年龄相差很远，思成和姐姐思顺相差八岁，和最小的弟弟思礼相差二十三岁。在众多的弟妹中，思成、思永、思庄三人年龄最接近，感情也最好。但是两个"淘气精"哥哥尽管非常疼爱自己的小妹妹，仍忍不住要对她做恶作剧。一天，两个哥哥送给思庄一个漂亮的纸盒，思庄高高兴兴地打开一看，吓得尖叫了起来，扔掉盒子，跑得老远。原来盒里装满了绿色的小肉虫子——槐树虫，而两个哥哥早已溜得无影无踪了。有时梁思成全身披挂上各种怪装饰，或者倒立着怪声怪调地唱歌，然后由思永把思庄骗出来，这些新花样每次都吓得思庄尖声怪叫。但要是被娘知道了他们的恶作剧，他们就要乖乖地向小妹妹"赔礼道歉"。

思成对大姐思顺非常敬重，对思永、思庄非常关心。思永从事的考古工作，思成也有极大的兴趣，他曾亲赴安阳去看思永的发掘成果。后

小学时期的梁思成

来思永患结核病长期卧床，抗战时期思永所在的历史语言研究所从昆明迁到四川李庄，史语所在李庄山上，而思永已不能步行上山，必须躺在滑竿上被抬上山去。为了保证思永的安全，思成曾亲自躺在滑竿上，让脚夫抬上去，以体会须注意的事项。在思庄结婚时思成又从百忙中抽出时间，为她设计了一套简洁小巧的家具。至今这套家具还摆设在吴荔明（梁思庄之女）家中，虽然这是六十多年前的设计，但今天看来仍然别有韵味。

就读于清华的梁思成

三

归　　　来

　　1913年，思成随父母回国，先住在天津，后来到北京，他曾在北京汇文学校及崇德高小读书。1914年开始，梁启超逐渐脱离政界，应清华校长的聘请到清华讲学。现在清华大学北院住宅区西北角，一栋小小的二层楼房便是梁启超当年在清华讲学时的住处。

　　1915年，梁思成进入清华学校（清华学校是清华大学的前身，清华学校当时的留美预备班，学制8年）。他除了学业优秀外，兴趣十分广泛，爱好体育运动，并擅长音乐及美术。

　　梁公常带笑对学生们说：

　　"别看我现在又驼又瘸，可当年是马约翰（清华大学体育教授）先生的好学生，有名的足球健将，在全校运动会上得过跳高第一名，单双杠和爬绳的技巧也是呱呱叫的。

　　"好了，好了，好汉不提当年勇。不过说真的，我非常感谢马约翰。想当年如果没有一个好身体，怎么搞野外调查。在学校中单双杠和爬绳的训练，使我后来在测绘古建筑时，爬梁上柱攀登自如。

　　"我很感谢母校对我的培养，那时学校在生活上对我们管得很严。清华有不少大官阔佬的子弟，但是不管家里寄多少钱来，都由斋务处掌管，学生花钱要记账，周末交斋务处检查，乱花钱不记账要记

歌唱团合影（前排中间为梁思成）

美术社成员与教师们合影（后排右五为梁思成）

梁思成在清华年报上发表的美术作品

过的。但另一方面学校提倡各种社团活动，对培养学生的民主精神，对学生的全面发展很有好处，只是学制太长了些，我看不用八年，最多五年就够了。"

他的老同学陈植[1]先生回忆说：

"在清华的八年中，思成兄显示出多方面的才能，善于钢笔画，构思简洁，用笔潇洒。曾在清华年报（1922年～1923年）任美术编辑。他酷爱音乐，与其弟思永及黄自等四五人向张蔼贞女士学钢琴，他还向菲律宾人范鲁索学小提琴。在课余孜孜不倦地学奏两种乐器是相当艰苦的，他却引以为乐。约在1918年，清华成立管弦乐队，由荷兰人海门斯指挥，1919年思成兄任队长，他吹第一小号，亦擅长短笛……此外，思成还与同班的吴文藻、徐宗漱等四人，将威尔斯的《世界史纲》译成中文，由商务印书馆出版。"

清华校史组的黄延复先生撰文说：

"学生时期的梁思成的另一与众不同处，就是他具有冷静而敏锐的政治头脑，同学们称他为'一个有政治头脑的艺术家'。1919年'五四'运动中，他是清华学生中的小领袖之一，是'爱国十人团'和义勇军中的中坚分子。"

为什么这个"有政治头脑的艺术家"，在1924年至1949年没有走上政治活动家的道路，不问政治却专心于学术研究？也许是在梁思成的天平上，政治与艺术相比，还是艺术要重得多。

梁启超十分担心孩子们在清华接受了西方文化，而丢了国学。于是他每在假期为子女讲学，先讲《国学源流》后讲《孟子》《墨子》《前清一代学术》等。梁思成回忆说："父亲的观点很明确，而且信心极强，似乎觉得全世界都应当同意他的观点。"清华八年的教育和梁启超

梁启超、梁思庄与林徽因外出留影

的影响，对梁思成形成乐观开朗的性格、不断进取的精神、坚定的自信心、学术上严谨的作风、广泛的兴趣与爱好起了决定性的作用，并使梁思成成为一个炽热的爱国主义者，对祖国、对民族文化的热爱胜过了一切。张锐老先生用"自强不息"四个字来概括清华对梁思成的影响。

1923年，梁思成正准备毕业考试，并在做赴美留学的准备。5月7日那天，他和思永乘一辆摩托车去天安门广场参加北京学生举行的"国耻日"纪念活动，车到南长街口，被军阀金永炎的汽车撞伤。思成右腿骨折、脊椎受伤，思永面部受伤满脸是血。因为是梁启超的两位公子被撞伤，北京各报都大加渲染。李夫人见金某不来赔礼，直找到总统府去闹了一场。

梁思成受伤后，被送入协和医院治疗。但是腿没有接好，致使右腿比左腿略短一厘米。过去他的鞋子要专门定做，后来为了省事，只在左脚的鞋后跟处加一个小垫子。

他对自己推迟一年赴美、比同学落后一年感到焦急。但父亲认为利用这一年时间，多读些国学是有用的。父亲信中说："吾欲汝在院两月中取《论语》《孟子》，温习暗诵，各能略举其辞，尤于其中有益修身之句，可益神智，且助文采也。更有余日读《荀子》则益善。《荀子》颇有训古难通者，宜读王先谦《荀子集解》。"

这一年他确实对国学下了工夫。梁思成说：

"我非常感谢父亲对我在国学研习方面的督促和培养，这为我后来研究建筑史打下了基础。"

没想到在协和养伤期间，他的婚姻成了恼人的问题。1920年他初识林徽因是她刚随父从英国回来时，她的父亲林长民，是任公的挚友，两家有意结成儿女亲家。因此梁思成初次对林徽因的拜访就不是一般的访

车祸受伤后的梁思成

问,而是以一个求婚者的身份去的。但是李夫人不大喜欢林徽因,她讨厌"现代女性"。但一开始她没有表示明显的反对。

在梁思成住院期间,林徽因常去看他,那时正是炎热的夏天,梁思成有时热得只穿一件背心,林徽因去了就坐在床边,有时还为梁思成拧手巾擦汗。李夫人知道后简直就不能容忍,在她看来,他们正是应当回避的时候。她激烈地反对这桩婚事。后来李夫人去世了,梁思成和林徽因也到了美国,他们才举行订婚仪式,那是由双方家长在北京举行的。

1924年,梁思成和林徽因同去美国宾夕法尼亚大学建筑系学习。但是那时建筑系不招女生,林徽因也和一些美国女学生一样报的是美术系,但选修建筑系的课程。她是我国第一位女建筑师。

宾夕法尼亚大学教建筑设计的是斯敦凡尔特和Paul-Cret两位著名教授。他们都曾在巴黎美院深造,是当时欧美最有影响的"学院派"的主流人物,很受学生崇拜。

20世纪20年代,整个美国建筑界在建筑设计方面还是折衷主义的(折衷主义建筑是19世纪~20世纪在欧美流行的一种建筑风格。它在建筑外形上模仿历史上各时代的建筑风格,注重纯形式美。由于建筑师没有考虑到当时不断出现的新建筑材料和新技术去创造与之相适应的新的建筑形式,因而总的来说折衷主义建筑思潮是保守的),一切建筑外形的设计必须采用古代的一种建筑形式,不得有多大改动,所谓设计也就是在平面上重新划分。梁思成对这种功能与形式脱节、外形只能死板地去模仿古代建筑的学习方法产生了怀疑,觉得长此下去自己也许会变成一个画匠,而不是建筑师,他把这种担心告诉了父亲,父亲回信说:

"你觉得自己天才不能符你的理想,又觉得这几年专做呆板工夫,生怕会变成画匠。你有这种感觉,便是你的学业在这时期内将发生进步

1924年，一些留美学生在纽约国际大厦前合影（左一梁思成、左三林徽因、左六陈植）

的象征，我听到欢喜极了。孟子说：'能与人规矩，不能使人巧。'凡学校所教与所学不外规矩方面的事，若巧则要离开了学校才能发现。规矩不过是求巧的一种工具，然而终不能以此为教，以此为学，正以能巧之人，习熟规矩后，乃愈其巧耳。况且一位大文学家、大美术家之成就，常常还要许多环境及附带学问的帮助。中国先辈说要'读万卷书，行万里路'。将来你学成之后，常常找机会转变自己的环境，扩大自己的眼界和胸襟，到那时候或者天才会爆发出来，今尚非其时也。

"关于学业，我有点意见。思成你所学太专门了，我愿你趁毕业后一两年，分出点光阴多学些常识，尤其是文学或人文科学中之某部门，稍微多用点工夫。我怕你因所学太专门之故，把生活也弄成过于单调。

"……我是学问趣味方面极多的人，我之所以不能专职有成皆在此，然而我的生活内容异常丰富，能够永久保持不厌不倦的精神，亦未始不在此。……我虽不愿你们学我那泛滥无归的短处，但最少也想你们参采我那烂漫向荣的长处。我这两年来对我的思成，不知何故常常会有异兆的感觉，怕他会走入孤峭冷僻一路去。我希望你回来见我时，还我一个三四年前活泼有春气的孩子，我就心满意足了。这种境界，固然关系人格修养之全部，但学业上之熏染陶熔，影响亦非小。因为我们做学问的人，学业便占却全生活之主要部分。学业内容之充实扩大，与生命内容之充实扩大成正比例。……这些话许久要和你讲，因为你没有毕业以前，要注意你的专门，不愿你分心，现在机会到了，不能不慎重和你说。你看了这信意见如何，无论校课如何忙迫，必要回我一封稍长的信，令我安心。"

陈植先生回忆思成在宾夕法尼亚大学时的学习说：

"在宾大，思成兄就学期间全力以赴、好学不倦给我以深刻的印象。

Scuola di S. Marco.
Venice

— (Cicognara) —

The Marsupini Tomb
in S. Croce, Florence

The Door
of the Medicci Bank
Milan

— (Artistica Italiana) —

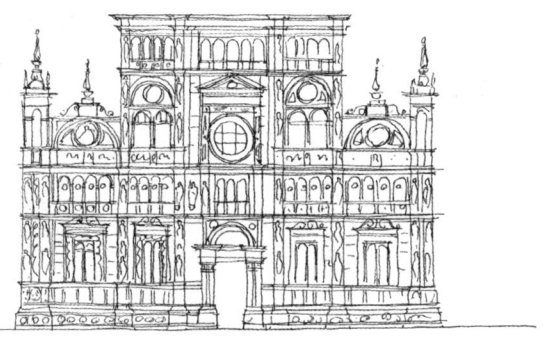

CERTOSA AT PAVIA.

-(BAUM)-

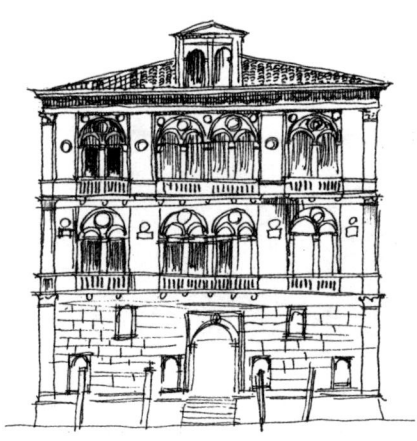

PAL. CORER-SPINELLI
VENICE
-(ITALIA ARTISTICA)-

梁思成留美时期建筑史课作业

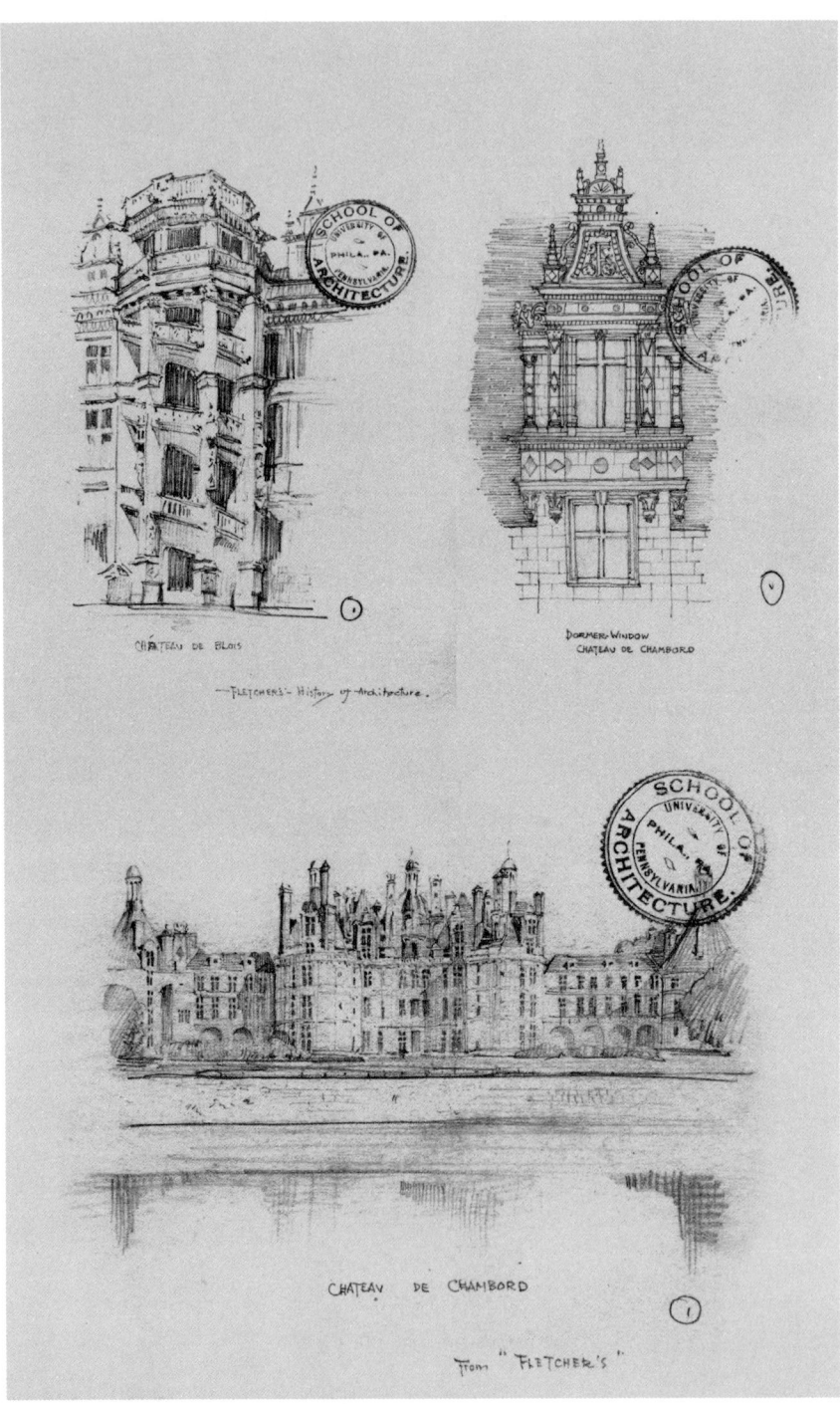

我们常在交图前夕彻宵绘图或渲染，他是精益求精，我则在弥补因经常欣赏歌剧和交响乐而失去的时间。在当时'现代古典'之风盛行的影响下，思成兄在建筑设计方面鲜落窠臼，成绩斐然，几次评为一级。他的设计构图简洁，朴实无华，亦曾尝试将建筑与雕塑相结合，以巨型浮雕使大幅墙面增添风韵。他的渲染，水墨清澈，偶用水彩，则色泽雅淡，明净脱俗。

"除建筑设计外，思成兄对建筑史及古典装饰饶有兴趣，课余常在图书馆翻资料、做笔记、临插图，在掩卷之余，发思古之幽情。学校的博物馆与建筑系近在咫尺，规模不大，但闻名遐迩，藏有我国古代铜、陶、瓷等文物，其中最令人感叹的是唐太宗陵墓的'六骏'之一，竟被盗卖而存于异邦的博物馆。思成兄、徽因与我每往必对这一浑厚雄壮的浮雕凝视默赏。思成兄本人又常徘徊于佛像与汉唐冥器之间。考古已开始从喜爱逐渐成为他致志的方向。他对我国雕塑的鉴赏力是以后对石窟的壁画、造像及寺院的佛像等进行长期的考察、研究、鉴别而不断加强的，以至于后来成为这方面的专家。1947年他从耶鲁大学返国时，曾言在考虑撰写《中国雕塑史》，惜终未如愿以偿。由于钦佩他在这方面的知识深邃，在他五十岁生日时我曾以隋代造像为赠。"

梁公常常向朋友们谈起他为什么选择这一行，并成了中国建筑史专家的。他说：

"当我第一次去拜访林徽因时，她刚从英国回来，在交谈中，她谈到以后要学建筑。我当时连建筑是什么都不知道，徽因告诉我，那是包括艺术和工程技术为一体的一门学科。因为我喜爱绘画，所以我也选择了建筑这个专业。

"在宾夕法尼亚大学学习时，看到欧洲各国对本国的古建筑已有系

梁思成、林徽因在美国宾夕法尼亚大学留学时留影(前排左林徽因、右梁思成)

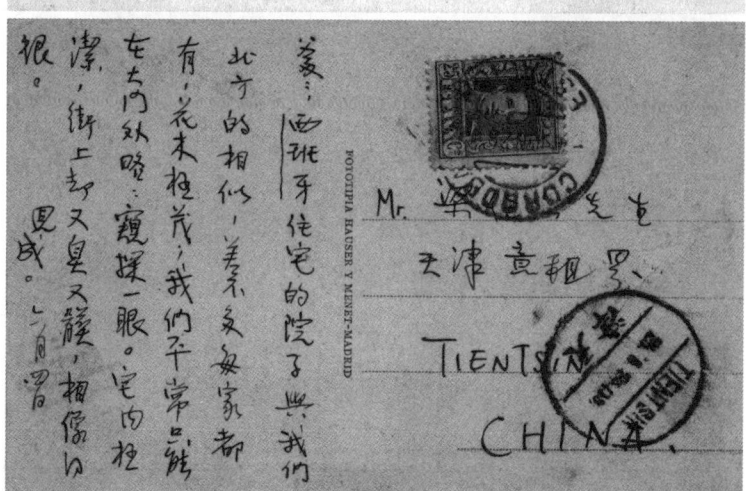

梁思成在旅行途中寄给父亲梁启超的明信片（正反面）

当我第一次去拜访林徽因时,她刚从英国回来,在交谈中,她谈到以后要学建筑。我当时连建筑是什么还不知道,徽因告诉我,那是包括艺术和工程技术为一体的一门学科。因为我喜爱绘画,所以我也选择了建筑这个专业。——梁思成

梁思成与陈植
1927年梁思成与林徽因在温哥华结婚

统的整理和研究，并写出本国的建筑史。唯独中国，我们这个东方古国，却没有自己的建筑史。当时西方学者尚未注意中国建筑的发展和技术。但我感到日本学术界已开始注意中国，如著名学者大村西崖、常盘大定、关野贞等都对中国建筑艺术有一定的研究。我相信如果我们不整理自己的建筑史，那么早晚这块领地会被日本学术界所占领。作为一个中国建筑师，我不能容忍这样的事情发生。

"同时，我在学习西方建筑史的过程中，逐步认识到建筑是民族文化的结晶，也是民族文化的象征。我国有着灿烂的民族文化，怎么能没有建筑史？

"1925年父亲寄给我一部重新出版的古籍，'陶本'《营造法式》，我从书的序及目录上，知道这是一本北宋官订的建筑设计与施工的专书，是我国古籍中少有的一部建筑技术专书。但是在一阵惊喜之后，又带来了莫大的失望和苦恼，原来这部精美的巨著竟如天书一般，无法看懂。我想既然在北宋就有这样系统完整的建筑技术方面的巨著，可见我国建筑发展到宋代已经很成熟了，因此也就更加强了研究中国建筑史、研究这本巨著的决心。

"在宾夕法尼亚大学毕业后我转入哈佛大学研究生院，准备进行《中国宫室史》的博士论文。我用了三个月的时间，阅读了当时所有能查找到的有关中国建筑的资料。我对这些资料进行分析研究后发现，依靠这些书本不可能完成我的论文。我必须回国去实地调查，我和导师说好，回国收集资料，两年后交博士论文。徽因也结束了她在耶鲁大学舞台美术方面的研究工作。1927年我们到加拿大温哥华结婚。因为我的姐夫周希哲在那里任中国驻加领事，父亲就托姐姐、姐夫帮忙料理我们的婚事。

梁思成游罗马时画的水彩
梁思成在法国时留影
西班牙的阿尔罕布拉宫

"我们结婚后立即动身去欧洲参观游历了半年。在赴欧以前,我父亲已经为我们拟了具体计划。他来信说,'我替你们打算,到英国后折往瑞典、挪威一行。因北欧极有特色,市政亦极严整有新意(新造城市,建筑上最有新意者为南美诸国,可惜力量不能供此一游,次则北欧更可观),必须一往。由是入德国,除几个古都市外,莱茵河畔著名堡垒最好能参观一二,回头折入瑞士看些天然之美,再入意大利,多耽搁些日子,把文艺复兴时代的美彻底研究了解。最后回到法国,在马赛上船,中间最好能腾出点时间和金钱到土耳其一行,看看回教的建筑和艺术,附带着看看土耳其革命后的政治。'"

他们在欧洲游历的观感没有留下文字的记录,但二十年后林徽因和她的学生关肇邺谈起去西班牙参观阿尔罕布拉宫的情景,却是饶有趣味。

阿尔罕布拉宫位于西班牙格兰纳达的郊外,是伊斯兰世界中保存得比较好的一座宫殿。当梁思成、林徽因到达格兰纳达市时已是午后四点,待他们在旅店中安顿下来,已是五点以后了,开往阿尔罕布拉宫的末班旅游车早已发出,但是他们已没有等待到第二天的耐心,于是自己包了一辆马车向阿尔罕布拉宫飞驰而去。到了阿尔罕布拉宫,宫门已经关闭,游人早已散去。他们只好去央求守门人放他们进去,管理人员看到这两个东方青年自己包车前来,被他们的激情所感动,因此答应了他们的请求,陪同他们入宫参观。

阿尔罕布拉宫坐落在一个地势险要的小山上,有一圈红石围墙蜿蜒于浓荫之中,沿墙耸立起高高低低的方塔。围墙的大门叫公正门,君主在这里审理诉讼。整个宫殿以两个互相垂直的长方形殿堂组成,南北向的叫石榴院,以朝觐仪式为主,比较肃穆。东西向的叫狮子院,比较奢华,是后妃们住的地方。

西班牙的阿尔罕布拉宫狮子院

石榴院南北两端有纤细的券廊，正殿在北端券廊的后面，厚厚的几乎全封闭的墙，沉重地立在券廊背后，更突出了廊的轻快。院子中央一长条水池，晶莹澄澈，在月光下映出天空的星光，闪闪烁烁，如若梦幻、如入仙境。

狮子院的北侧是后妃的卧室，后面有一个小花园，从山上引来的泉水分成几路流经各个卧室，又在院子中央汇成小池，池周栏板上雕着12头雄狮，院子由此得名。狮子院有一圈柱廊，但柱子却不规则地或单、或双、或三个并列。这些装饰纤丽、精巧的券廊，给狮子院以娇媚的性格，同时又给狮子院造成不安定的、强烈的光影变化，使庭院洋溢着摇曳迷离的气氛，似乎象征着帝王对后妃那不稳定的爱情和变动着的心。当他们进入狮子院时，月亮已高高挂起，月光下的柱廊，加强了狮子院的神秘气氛，月光赋予了那12头雄狮生命，使它们栩栩如生，它们是后妃们宫廷生活悲欢离合的见证。

阿尔罕布拉宫的殿堂及券廊上的壁面满覆着几何纹样和阿拉伯文字的图案，以蓝色为主。石榴院的殿堂间杂着金、黄和红色。整个宫殿给人的印象，并非富丽，并非堂皇，而是飘散着淡淡的忧郁。

建造阿尔罕布拉宫的时候，格兰纳达王国已臣服于西班牙的天主教君主屈辱求存，并面临着不可挽回的没落，一种无可奈何的哀愁笼罩着宫廷。但当时的农业和手工业都很繁荣，宫廷还能以奢侈而精巧的手工艺，来装点他们最后的岁月。这就造成了阿尔罕布拉宫的艺术风格：精致而柔糜，绚丽而忧郁，亲切而倘恍。

他们在这空无一人的宫殿中游荡着、欣赏着、体会着，真是如醉如痴。最后他们不得不告别了热心的管理员，乘上马车返回格兰纳达。月光泻满大地，树影婆娑，听着"嘚嘚"的马蹄声，他们回头向阿宫望

1920年游欧洲，林徽因在罗马圣马可广场

去，那些高高低低的方塔耸立在蜿蜒的红色围墙上，在蓝色月光的笼罩下，清晰却又迷茫，依然飘散着淡淡的忧郁。不由得令他们想起李后主的词：

四十年来家国，

三千里地山河；

凤阁龙楼连霄汉，

玉树琼枝作烟萝。

几曾识干戈？

一旦归为臣虏，

沈腰潘鬓消磨。

最是仓皇辞庙日，

教坊犹奏别离歌，

垂泪对宫娥。

梁思成、林徽因在欧洲旅行的路线，基本上是按照梁启超为他们设计的顺序。在欧洲他们参观了过去只在书本上看到的古建筑，其兴奋可想而知，他们对之摄影、速写及画水彩。可惜这些作品现在只保留下一张水彩画了。

林徽因曾气恼地对我说："在欧洲我就没有照一张好照片，你看看所有的照片，人都是这么一丁点儿。思成真可气，他是拿我当scale（标尺）呀。"

美国学者费正清曾这样概括梁思成与林徽因所受的教育："在我们历来所结识的人士中，他们是最具有深厚的双重文化修养的。因为他们不仅受过正统的中国古典文化的教育，而且在欧洲和美国进行过深入的学习和广泛的旅行。这使他们得以在学贯中西的基础上形成自己的审美

梁思超、林徽因在欧洲旅行时留影
梁思成、林徽因新婚于北平

兴趣和标准。"

他们尚没有全部完成游欧的计划，突然接到梁启超病危的电报，便匆匆乘火车横穿西伯利亚回国。

车到沈阳时，比思成高几班的清华同学高惜冰已在车站等候。原来他已是东北大学工学院院长，他说梁思成已被任命为建筑系主任，建筑系已招收了一班学生，但一个专业教师都没有，也不知该开些什么课，一切都等思成回来进行。

在他们欧游之时，梁启超已经在安排思成回国后的工作。当时基泰建筑公司也通过杨廷宝[2]和梁思成联系，希望他到基泰去。当然基泰拉他去是看中了他的社会关系。那个时代想搞到大的设计任务，政府里没有人是不行的。梁启超则希望他到东北大学任教，当时张学良继任父职，东北时局在多方面表现出进取的精神。梁启超认为东北有发展的希望，梁思成也觉得教学工作比较自由，可以有时间研究古建筑和《营造法式》，实现他研究"中国建筑史"的理想。

他没有考虑自己开业，虽然他不愁找不到设计任务，但是他不善于官场应酬这一套。去基泰虽然可以专心搞设计，但也许会失去做研究工作的时间。

在东北大学的第一学期，他是系主任又是主力教师，还要办理不少勤杂事务。林徽因是他能找到的唯一教师，她教美术和建筑设计。第二学期他们的日子好过了些，请到了陈植、童寯[3]、蔡方荫[4]等人任教。

林徽因曾和我谈起在东北那短暂的时日。她说："当时东北时局不太稳定，各派势力在争夺地盘。一到晚上经常有土匪出没（当地人称为胡子），他们多半从北部牧区下来。这种时候我们都不敢开灯，听着他们的马队在屋外奔驰而过，那气氛真是紧张。有时我们隔着窗子往外偷看，月

东北大学教工宿舍门前（坐者左起刘崇乐、傅鹰、陈植、蔡方荫、梁思成、徐宗漱，后立者为陈雪屏）

光下胡子们骑着骏马,披着红色的斗篷,奔驰而过,倒也十分罗曼蒂克。"她轻松地笑了。

刘致平[5]告诉我说,梁思成、林徽因两位先生在东北任教时,几乎每天都辅导学生到深夜。林徽因已经怀孕,过度的工作几乎把她累垮。这可不那么"罗曼蒂克"。

东北大学建筑系——我国最早的一个建筑系,仅仅存在了三年,就因"九一八"事变而夭折了。但是这个只办了三年的建筑系,却培养了一批像刘致平、刘鸿典、张镈、赵正之、陈绎勤等卓有成就的建筑学者和大师。当我准备写这本书时,在思成的遗物中,想找一些关于东北大学时期的资料,但除了一张照片外一无所获。

我面前的这张照片,在东北大学教职员宿舍楼前,坐着一排年轻人,他们都是刚从美国学成归来,在东北大学任教的人。这些人后来全部成为知名的学者和专家,他们是傅鹰、蔡方荫、陈植、梁思成、陈雪屏、徐宗漱、刘崇乐。

[1] 陈植(1902~2002),1923年留学美国宾夕法尼亚大学建筑系,1928年获得硕士学位。1929年始任教于东北大学,1931年与赵深合办建筑事务所,为华盖三巨头之一。解放后任上海市建筑规划局副局长,上海市民用建筑设计院院长。
[2] 杨廷宝(1901~1982),河南人,中国建筑学家和建筑教育学家,中国近现代建筑设计开拓者之一。
[3] 童寯(1900~1983),中国著名建筑学家、建筑教育家。童寯设计的作品凝重大方,富有特色和创新精神,他是位建筑界融贯中西、通释古今的大师。早在20世纪30年代初,童寯就进行了江南古典园林研究,是我国近代造园理论研究的开拓者。
[4] 蔡方荫(1901~1963),江西南昌人,中国力学专家、教育家、土木建筑结构专家、中国科学院院士。
[5] 刘致平(1909~1995),辽宁铁岭人,1928年考入东北大学,是建筑系第一班学生。1935年,经梁思成先生推荐,成为营造学社社员,并始任法式助理。刘致平与梁思成、刘敦桢一起在调查研究和设计方面做了大量的工作。

朱启钤像

四

中 国 营 造 学 社

1919年朱启钤[1]受北方政府总统徐世昌的委托，赴上海出席南北议和会议。当他路过南京时，在江南图书馆发现了手抄本的《营造法式》一书。两次刊行后，他产生了深入研究中国营造学的兴趣。于是他自筹资金发起"营造学社"。这是中国最早研究中国古建筑的学术团体。

初邀入社的，大都是些国学家。

我国历代学者对文化的传统观念，局限于文人学士的诗、文、书、画，而建筑被视为"匠作之事"。特别是明清以来，学者们的学术研究，也就是到浩瀚的古籍中去考证，这也是营造学社初成立时所走的研究道路。

然而朱启钤则认为除此之外还应做到："访问大木匠师、各作名工、工部老吏及样房算房专家。明清大工，画图估算，出于样房算房。本为世家之工，号称专家，至今犹有存者。其余北京四大厂商，所蓄匠师，系出冀州。诸作皆备。术语名词，实物构造，非亲与其人讲习，不能剖析。制作模型，烫样傅彩，亦有专长。至厂商老吏经验宏富者，工料事例，可备咨询。"于是，他请了老木匠杨文起和老画匠祖鹤洲为学社制作斗拱模型和彩画样片。朱启钤虽然曾为北洋政府的上层人物，但他肯于和普通工匠交往并发挥他们的作用，这正是他的难能可贵之处。

在我们历来所结识的人士中,他们是最其有深厚的双重文化修养的。因为他们不仅受过正统的中国古典文化的教育,而且在欧洲和美国进行过深入的学习和广泛的旅行。这使他们得以在学贯中西的基础上形成自己的审美兴趣和标准。——费正清

梁思成、林徽因回北平参加中国营造学社

朱启钤虽然大半辈子生活在半封建半殖民地的社会中，但他对建筑的认识却与近代的观点十分接近，这是他的可贵之处。近代学者普遍认识到"建筑是民族文化的结晶，也是民族文化的象征"，但在封建社会把建筑只看做"匠作之事"，根本提不到文化的范畴中来。然而，朱启钤却已经认识到"吾民族之文化进展，其一部分寄之于建筑，建筑于吾人最密切，自有建筑，而后有社会组织，而后有声名文物。其相辅以彰者，在可以觇其时代，由此而文化进展之痕迹显焉。总之研求营造学，非通全部文化史不可，而欲通文化史非研求实质之营造不可。启钤十年来粗知注意者，如此而已"。

同时，朱启钤很早就注意到近代学者感兴趣的各民族文化的相互交融、相互渗透、相互影响。他说："盖自太古以来，早吸收外来民族之文化结晶直至近代而未几也，凡建筑本身及其富丽之物，殆无一处不足见多数殊源之风格。混融变幻以构成之也。远古不敢遽谈，试观汉以后之来自匈奴西域者；魏晋以后之来自佛教者；唐以后之来自波斯大食者；元明以后之来自南洋者；明以后来自远西者。其风范格律，显然可寻者，固不俟吾人之赘词。"朱启钤在说明为何定名为"营造学社"时又进一步阐明了他的建筑观，他说："本社命名之初，本拟为中国建筑学社。顾以建筑本身，虽为吾人所欲研究者最重要之一端，然若专限于建筑本身，则其于全部文化之关系仍不能彰显，故打破此范围而各以营造学社。则凡属实质的艺术，无不包括，由是以言。凡彩绘、雕塑、染织、髹漆、铸冶、砖埴一切考工之事，皆本社所有之事。推而极之，凡信仰传说仪文乐歌一切无形之思想背景，属于民俗学家之事，亦皆本社所应旁搜远绍者。"

20世纪60年代初，梁思成在《拙匠随笔》（一）中曾为建筑作了

北平总布胡同三号梁宅内景
北平总布胡同三号梁宅内院

这样一个公式:"建筑⊂(社会科学∪技术科学∪美术)"即建筑学是包含了社会科学与技术科学及美术的一门多种学科互相交叉、渗透的学科。在20世纪60年代时还没有交叉学科和多学科渗透等这些名词,但其本质,在梁思成的思想中是明确的。在20世纪30年代初,人们对建筑的观念还停留在砖、瓦、灰、沙、石的阶段,钢筋混凝土结构刚刚引进来不久。建筑还没有发展成一门复杂的技术科学。朱启钤自然也不可能预见到这一点,但对建筑与社会科学及美术的互相交叉与渗透的关系,在他的建筑观中已基本形成。由此可见,朱启钤之所以创办营造学社,并非像其他失意政客的沽名钓誉之举,而是由于他本人多年来对中国建筑的悉心研究与志趣。

1929年,朱启钤为筹措学社的研究经费,向支配美国退还庚款的"中华教育基金董事会"(简称"中基会")申请补助。"中基会"董事之一的周诒春是学社的社员,也是思成初入清华学校时的校长(他曾是朱启钤的幕僚)。他认为学社缺少现代建筑学科的专门人才,他从梁启超那里知道梁思成对研究古建筑有兴趣,因此专程跑到沈阳来找他,劝梁思成加入营造学社。开始梁思成十分踌躇,因为东北大学建筑系刚刚办起来,他一时舍不得离开。另一方面,由于朱启钤曾为袁世凯称帝筹备大典,这事使他很别扭,但终于被周诒春说服,答应他考虑这件事。

当时梁再冰出生不久,林徽因由于工作劳累,结核病又复发了,只好回北平养病。看来她的身体不能适应东北寒冷的气候,也使梁思成不得不考虑回北平工作。但最后迫使他下决心离开东北大学,还有两个重要原因:一是东北时局的不稳定,日本侵略军已剑拔弩张,东北大学的前途岌岌可危;另一个近因是东北大学几位院长之间派系斗争激烈,闹得不可开交,校长张学良竟扬言要枪毙他们,梁思成虽没有参与其间,

书房一角
梁思成在总布胡同三号起居室

但对张学良的这种作风极其气愤,于是决定离开东北大学。1931年9月梁思成到营造学社工作。于是在1931年,梁思成和林徽因在北平东城北总布胡同三号安下了他们的第二个家。

朱启钤为了区别于他个人出资办的营造学社,固在接受庚款补助后,将学社改名"中国营造学社",1930年学社正式成立。社长由朱启钤自任,社员最初仅三十人,至1937年发展到八十余人。社员只是一种荣誉,并不担任研究工作。研究工作由职员承担,职员约二十人,职员领取工资,但并非都是社员。社员的情况比较复杂主要由以下几种人组成:

(一)财界和政界人士:他们直接从经费上或行政上支持学社的工作。如负责中美、中英庚款的官员有周诒春、任鸿隽、徐新六、朱家骅、杭立武、叶恭绰、李书华;财界人士有钱新之、周作民、胡笔江、任凤苞、叶揆初、吴延清。

(二)学术文化界人士:作为一个学术团体要想取得社会的承认,必须有一定的学术水平。但学社初创,尚未出成果。为了提高学社的知名度就只有邀请当时已享有盛名的学者和文化界人士入社,以提高学社的声望。他们是汉学家胡玉缙、美术史家叶瀚、史学家陈垣、地质学家李四光、考古学家李济以及马衡、吴其昌、金开潘、袁同礼、马世杰、孙壮、裘善元、叶公超……

(三)建筑界人士:鲍鼎、庄俊、华南圭、关颂声、杨廷宝、赵深、陈植、彭济群、汪申、徐敬直、夏昌世、林志可、卢树森、关祖章。可以说当时著名的建筑师均加入了学社,可见建筑界对学社的支持。

(四)老交通系成员及社会名流:这些人大都与朱启钤有多年的交往,本人亦有一定的财力,支持学社的工作,并为之解囊相助。

梁思成在北平中央公园中国营造学社办公室前

其中陶湘、郭葆昌是校订出版《李明仲营造法式》的主要人士。

（五）营造厂商：陆根泉、钱馨如、赵雪访、马辉堂、宋华卿，其中马辉堂和他的徒弟宋华卿是前清木厂主，专事承包皇家工程，精通清式做法。赵雪访是琉璃厂厂主，马、宋、赵三人是以古建专家的身份被邀请入社的。

（六）外籍学者：美籍有瞿孟生、温德、费慰梅，德籍有艾克、鲍希曼，日籍有松崎、桥川、荒木。

有人不太理解，认为一个学术团体为何要拉这么多官僚、资本家来入社，与研究工作毫无关系。笔者认为，朱启钤在吸收社员时是很有一番考虑的。20世纪30年代国民政府财政困难，不可能对学社这样的学术团体提供经费。因此只有从能为科教事业提供经费的庚款，或从某些大银行取得赞助，因此必须取得庚款基金会董事们，教育部的官员们，各大银行的董事、董事长、总裁们的理解和认可，这就是为什么在社员中出现这么多官员、资本家的原因。除了以上财政界的人士外，如果学社没有知名度较高的研究人员入社，只靠梁思成、刘敦桢[2]这两个尚未露头角的年轻人，则经费的审批亦恐难以通过。因此，朱启钤积极邀请了不少史学家、考古学家、美学家等知名学者入社，以壮声势。再有当时社会治安很差，外出调研时工作人员的安全有赖于当地政府的保护。所以每次外出调研，社长朱启钤均事先通过社员中有关的党政头面人物，向当地政府打招呼。每到一处各县县长、教育局长均亲自接待，并派向导，必要时还派保安人员护送。综上观之，可见朱启钤对社员的组成，绝非出自私交，而是从开展学社的事业着眼，是十分明智的。学社之所以取得这样辉煌的成果，在很大程度上有赖于全体社员的支持。

这里还要特别提到外籍社员的加入和作用。朱启钤认为"东西文化交互往来，有息息相通之意，一人之知识有限，未启之闷奥实多，非合中外人士之有志者共同研究"。因此，他欢迎外籍人士入社，并在汇刊上介绍国外对中国建筑研究的动态。外籍学者中如鲍希曼、艾克与学社均有一些学术上的交往，二人均著有多篇有关中国建筑的论文。艾克还收集了不少闽南地区古建筑的资料送给学社。美籍社员费慰梅通过多年对山东武梁祠画像石的研究，也做出不小的贡献。

在学社成立伊始，学社成员与日本学术界的交往最为频繁。但自"九一八"事变以后，梁思成、刘敦桢等人坚决反对与日本侵略者有任何形式的来往，于是断绝了与日本学术团体的联系。三位日籍社员也先后离开了学社。

学社的研究工作分文献和实物调查两方面进行。在组织机构上分"文献"和"法式"两组，法式组主任为梁思成，文献组主任为刘敦桢。刘敦桢比梁思成年长四岁，1922年毕业于日本东京高工建筑系，到学社任职前在南京中央大学建筑系任教。

学社早期的工作注重于文献方面。中国几千年文化留传下来的有关建筑技术方面的书籍，仅有两部：一部是宋代的《营造法式》（《营造法式》是北宋官订的建筑设计、施工的专书，它的性质略似于今天的设计手册和建筑规范，它是中国古籍中最完善的一部建筑技术专书，是研究中国古代建筑的一部不可少的参考书）；另一部是清代的《工部工程做法则例》（清代官订的一本关于建筑方面的专业用书），都是当年负责修建的官员撰写的。因为这两部书的内容既专又偏，一般人看不懂。匠人们因不识字，也不用书。有关的术语名词也因世代口授相传而演变，致使书中的术语名词日久失用，构造做法就更加难解了，于是这两部巨著成了今日之谜。

梁思成认为清代的《工部工程做法则例》更接近现代，应当先从

《工部工程做法则例》入手，他还认为研究建筑史，应首先对古建筑进行实地调查测绘。于是他以故宫为教材，拜老木匠为师，开始了艰难的跋涉。

第一本阐述中国古建筑做法的现代读物

清代有关建筑工程方面的书籍除了官订的《工部工程做法则例》外，还有许许多多流传于民间的则例抄本。这些抄本的来源有很多渠道，大体上有以下三方面：一是匠人自己总结出来的做法，也是各作师徒薪火相传的课本，其中除正文外还有口诀，或简算法等不一；二是从样房算房流传出来的做法秘本；三是工部书吏从档房中私下抄录、夹带出来的《内工则例》。其内容有大木作、小木作、石作、瓦作、塔材作、土作、油作、画作、裱作、内里装修作、漆作、佛作、陈设作以及木料价格、杂项价目、材料重量、人工估算等。

这些民间的"则例"可谓不成文法，略似近代的"工程定额"、"预算表"、"材料做法表"等。而从工部抄录的《内工则例》，有些是对《工部工程做法则例》的补充，有的干脆就是某些具体工程的"工程档案"。如"圆明园大木作制造之定例"，可说是一种单行则例，随时、随事、随地而编定。自民国以后这些抄本逐渐流散，更有不少流失到国外。因为当时这些抄本的价值尚未被人认识，经营古籍者亦未把它列入业务范围之内，因此只是偶尔能在出售破旧物品的地摊或旧书摊上见到，或由私人收藏辗转借阅。朱启钤经过长期的收集，积累了约几十本，除去内容重复者外约有数十种。由于这些则例中估算的比例分量较重，朱启钤遂将这些抄本小册统一定名为《营造算例》。梁思成初到学社，就是从学习整理这些算例和学习清代的《工部工程做法则例》入手，由此开始了对清式建筑的研究。

梁思成在研究《工部工程做法则例》时遇到各种术语，常常求教于老工匠。像"蚂蚱头"、"三福云"等，就是老师傅对照着实物指给他看，他才明白的。

《营造算例》经梁整理后于1931年在《营造学社汇刊》二卷一、二、三期陆续发表，内容有：

缘起	朱启钤
庑殿歇山斗科大木大式做法	梁思成整理
大木小式做法	梁思成整理
大木杂式做法	梁思成整理
土作做法，发券做法	梁思成整理
瓦作做法，大式瓦作做法	梁思成整理
石作做法，石作分法	梁思成整理
桥座分法	梁思成整理
琉璃瓦料做法	梁思成整理

朱启钤在"营造算例印行缘起"中，对这些抄本的价值及形成，有一段颇有见地的论述，将原文抄录如下：

"此种手抄小册，乃真有工程做法之价值。彼工部官书，注重则例，于做法二字似有名不副实之嫌。意当日此种做法，原于事例成案相辅而行。迨编定'则例'时，秉笔司员，病术语之艰深，比例之繁复，若以长吏所不习知之文字，贸然进御，倘遭诏问，瞠然不知所对。不如仅就浅显易解者，编成则例，奏准颁行。而真正做法，遂被删汰矣。试观大清会典所收工程做法部分，即系将原书数目字，一概改为若干，而卷帙大减，止数十页，固是著书有体，繁简异宜。而无形之中，士大夫之工程知识，日就涸塞。一切实权渐沦于算房样房之手，部曹旅进旅退，漫不经心者，固不足道，即使良有司志在钩考，而官书如此，书吏又隐相欺谩，求如明贺仲轼之手抄部案，成两宫鼎建记，亦不可得。盖学者但知形下与形上分涂，一切钱物，鄙为不屑。迁流所极，乃至营建结构之原则，算经致用之法程，竟亦熟视无睹。委诸贱隶，殊可慨也。自此种抄本小册之发见，始憬然工部官书标题之中做法二字，近于衍文。彼李明仲营造法式，亦合诸种原稿而成，故于看详总释制度功限，各自为类，而以法式命名。清代工部工程做法则例，当日如有此类算例在内，价值更当增重也。譬诸法家者流，以律为经，以例为纬，此种小册，纯系算法，间标定义，颠扑不破。乃是料估专门匠家之根本大法，迥非当年颁布今日通行之工部工程做法则例、内庭工程做法则例等书，仅供事后销算钱粮之用，所可同年而语。至于因地因时，记载成案，以备援用之各种单行章程，如所谓内工现行则例，或某地某事现行则例等者，尤其末焉者矣。彼此相衡，较量轻重，主体客观，不容倒置，抱残守缺，表暴为先，世有同志，愿共商榷，兹为定一总名，曰营造算例。刊行之初，不加笔削，以存其真，归纳演绎，尚有所俟。最后之目的，如制为图解，演作公式，期于印证官书，树为圭臬，进一步之整理，愿以异日，敢告读者请发其凡。初次刊行，但以印刷代抄写，志在保存本来面目，除别字减笔，加以更正外，余悉暂仍其旧。其有眉批小注，一律以细字附于各条之下。"

1932年梁思成又重新校读《营造算例》一次，将它分出章节，把颠倒的次序重新排列，字句稍有增减并加标点，使读者于纲领条目易于辨别，以单行本出版。后来学社又收集到一些算例，其中最重要的有《牌楼算例》，经刘敦桢整理后在《营造学社汇刊》四卷一期上发表。1934年梁思成撰写、整理的《清式营造则例》出版，于是将《营造算例》加以再版，内容补入《牌楼算例》，作为《营造算例》的辅刊，与《清式营造则例》成为姐妹篇再版，至此各式算例已基本收齐。

从朱启钤开始收集算例，到梁思成、刘敦桢二人的整理，直至发表前后约十年。他们的努力，为我国建筑文库保存了一批珍贵的建筑史料。

朱启钤因《工部工程做法则例》一书原有的附图太少，不能说明问题，且图纸既简陋又不准确，因此聘请大木、琉璃、彩画等匠师为"做法"补图，总计画了四百多幅，但这些匠师从未受过科学制图的训练，且对原文不理解或误解，因而所绘的图多不适用。于是法式组决定重新绘制，按书中说明的各式建筑物，绘制平、立、剖面图，务求对各建筑物之做法，一一解释准确精详。这项工作由梁思成负责、邵力工[3]协助。当时因"九一八"事变，从沈阳流亡到北平的东北大学建筑系学生很多，梁思成设法给他们在学社找些绘图及测绘的工作，暂时维持生计，因此部分学生也参加了这项工作。但东北大学的学生绘图质量不理想，因此将绘图工作暂停，由邵力工带领他们去测绘故宫。《工部工程做法则例》图纸遂由邵力工绘制，后因抗日战争爆发而停顿，没有最后完成。

东北大学的这批学生不久就转学他校，或另谋出路，其中有林宣、梁思敬、叶辕、王先泽、赵正之等人，只有赵正之留在学社直至1937年"七七"事变。

梁思成经过对"清工部工程做法"及各种民间抄本的深入研究，于1932年完成《清式营造则例》一书，该书并非《工部工程做法则例》的释本，而是以《工部工程做法则例》及《营造算例》为蓝本，从那里边"提脬"出来的，旨在从建筑的角度对清代"官式"建筑的做法和清式营造原则作一个初步的介绍。这是我国第一本以现代科学的观点和方法总结中国古代建筑构造做法的读物。

莫宗江[4]回忆梁思成的工作时说："梁先生的工作特点是计划性极强，一个题目来了，他能很快地定出计划，而且完全按计划执行。写《清式营造则例》时，他一边研究《工部工程做法则例》，一边向老工匠学习，学的过程就把图画出来，只二十几天就画了一大摞。我每天都去看他的作业，让我太吃惊了，他一辈子都是如此严格按计划执行，工作效率非常高。"

文献组其他同仁还做了不少古籍收集整理的工作，如《园冶》《梓人遗制》《工段营造录》的整理出版，同时还编辑了《哲匠录》《明代营造史料》《重修圆明园史料》等书。

[1] 朱启钤（1872~1964），字桂辛、桂莘，号蠖公，祖籍贵州开州（贵州开阳），中国北洋政府官员，爱国人士，著名古建筑学家。
[2] 刘敦桢（1897~1968），湖南人，著名建筑学家、教育家，建筑史学家，中国科学院院士。曾创办我国第一所由中国人经营的建筑师事务所。长期从事建筑教育和建筑历史研究工作，是我国建筑教育的创始人之一，又是中国建筑历史研究的开拓者。
[3] 邵力工（1904~1991），北京人，1925年毕业于美国俄亥俄州立大学土木建筑工程系函授班二年。1932年入营造学社任法式助理，1935年成为正式社员。
[4] 莫宗江（1916~1999），广东新会人，著名建筑历史学家、国徽的主要设计者之一、清华大学建筑工程系教授，他是著名古建大师梁思成的弟子和主要助手。莫宗江曾协助林徽因让景泰蓝工艺重获新生。

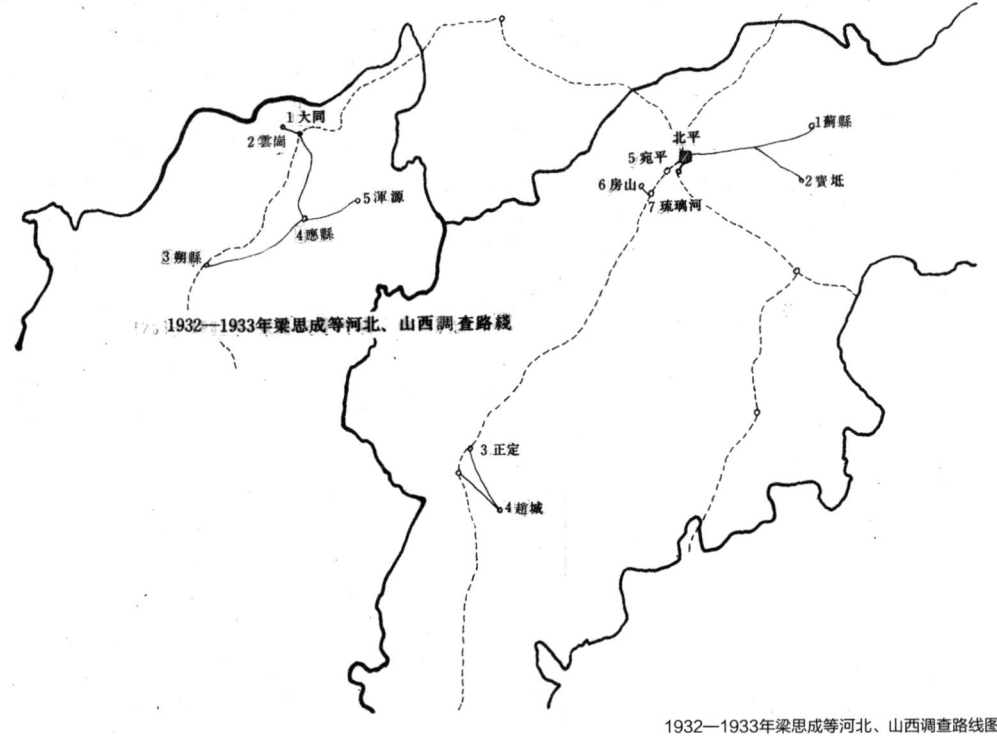

1932—1933年梁思成等河北、山西调查路线图

五

读 万 卷 书， 行 万 里 路

中国第一篇古建筑调查报告 ——独乐寺的发现

1932年3月《清式营造则例》脱稿后，梁思成认为对清式的研究可暂告一段落。对古建筑更深入的研究不能停留在古籍中，必须对实物进行测绘调查。梁思成的这个计划得到社长朱启钤的全力支持，因为朱启钤认为，"须为中国营造史，辟一较可循寻之途径，使漫无归束之零星材料得一整比之方，否则终无下手处也"，"研求营造学，非通全部文化史不可，而欲通文化史，非研求实质之营造不可"，"物质演进，兹事体大，非依科学的眼光，作有系统之研究"。就是说要研究中国建筑史，必要采取科学的方法，对实物进行调查，这点在朱启钤的思想中是明确的，但苦于没有专门人才。梁思成、刘敦桢的到来使朱启钤的这一愿望得以实现。这也是朱启钤能与梁思成、刘敦桢密切合作的思想基础。

但是到哪里去寻找明清以前的古建筑呢？

梁思成想起民间有句谚语，说的是华北四大名胜：沧州狮子，应州塔，正定菩萨，赵州桥。正定菩萨所在的隆兴寺，是我国历史上有名的大伽蓝[1]之一，离北平较近，因此他准备从正定的隆兴寺开始。

调查独乐寺时的梁思成

当梁思成准备出发到正定去时,杨廷宝突然闯来。他刚从鼓楼来,当时鼓楼是民众教育馆。那天他闲着没事跑进去转转,看到有几张介绍蓟县风光的照片。其中有一张独乐寺的照片,那硕大的斗拱完全和清故宫的结构不同,因此立刻赶来通知梁思成。梁思成当即乘车直奔鼓楼,进去一看,果然奇特,于是立即改变计划,先去蓟县。

1932年春,梁思成首次赴蓟县调查独乐寺,当时莫宗江、陈明达[2]尚未到学社,学社还没有一个像样的测绘队伍。思成只好请他在南开大学学习的弟弟——梁思达同行。当时上层知识分子很少下乡,他们不仅受制于交通,还有许多困难和危险。那些供旅客住宿的小客栈,通常只有火炕。蚊子、虱子、跳蚤,传染着各种疾病。饮食呢?到处布满了苍蝇,那时可怕的霍乱正在中国大地上到处蔓延。除此以外说不定还会碰上土匪,他们专靠打劫过往客商为生。

六十年后梁思达仍满怀激情地回忆起这次调查:

"二哥去蓟县测绘独乐寺时,我参加了。记得是在1932年南大放春假期间,二哥问我愿不愿一起去蓟县走一趟,我非常高兴地随他一起去了。

"从北京出发的那天,天还没亮,大家都来到东直门外长途汽车站,挤上了已塞得很满的车厢,车顶上捆扎着不少行李物件。那时的道路大都是铺垫着碎石子的土公路,缺少像样的桥梁,当穿过遍布鹅卵石和细沙的旱河时,行车艰难,乘客还得下车步行一段,遇到泥泞的地方,还得大家下来推车。到达蓟县,已是黄昏时分了。就这样一批'土地爷'下车了,还得先互相抽打一顿,拍去身上浮土,才能进屋。一家地处独乐寺对门的小店,就成了我们的'驻地'。

"我这'外行',只参加了一小部分工作。主要和一位姓邵的先生

远眺独乐寺

（即邵力工），一起丈量独乐寺的山门。我爬上山门当中的门头去量尺寸，邵先生在下面把我报的数字记录下来，每个斗拱的尺寸，都必须量准记清，学社的人当然任务更重更忙。那次我度过了一个繁忙、紧张、愉快的'春假'。二哥和学社工作人员的严肃认真、一丝不苟、注重科学的工作精神与作风，给我留下极其深刻的印象。"

当晚思成打电话回北平告诉徽因说："没有土匪。四个人住店一宿一毛五。"一语道出这是一次城里人到陌生乡下的大胆探险。

思成在日记中写道："这是一次难忘的考察，是我第一次离开主要交通干线的旅行。那辆在美国大概早就被当成废铁卖掉了的老破车，还在北京和那座小城之间定期地——或不如说是无定时地——行驶。出了北京城东门几英里，我们来到箭杆河。旱季，它的主流只剩下不到三十英尺宽，但是两岸之间的细沙河床却足有一英里半宽。在借助渡船渡过河水后，那辆公共汽车在松软的沙土中寸步难移。我们这些乘客得帮忙把这老古董一直推过整个河床，而引擎就冲着我们的眼鼻轰鸣。在别的难走的地方，我们还得多次下车。为了这五十英里路程，我们花了三个多小时，但这使人感到兴奋和有趣。当时我还不知道，在此后的几年中我会对这样的旅行习以为常，而毫不以为怪了。独乐寺观音阁高耸于城墙之上，老远就可以看到。从远处，人们可以看出这是一座古拙而又醇和的建筑。"

蓟县为古代重镇，位于北京东面约九十公里，地处盘山之麓，风景优美。离县城十多里便可见到独乐寺的观音阁。每年农历三月，这里举行庙会，周围百多里的居民都来参加，祈望"带福还家"。明末清初，蓟县经过三次大战乱，相传全城人都曾拼死保护独乐寺。北伐成功以后，蓟县国民党党部有人在"破除迷信"的口号下，倡议拍卖此寺庙，

16米高的观音巨塑

消息传出，全县哗然，群起反对。可见当地人民对独乐寺的爱护。

独乐寺建筑群组，还保存有两座古建筑，一是前面的山门，二是观音阁。观音阁是一座外表两层实际三层的木结构。它是环绕着一尊高约十六米的十一面观音的泥塑像建造起来的，因此二层和三层的楼板中央部分留出一个空井，让这尊高大的塑像，由地面层穿过上面两层，竖立在当中。这样到了第二层，瞻拜者就可以达到观音菩萨下垂的左手的高度，到第三层，他们就可以站在观音菩萨胸部的高度，抬起头来瞻仰观音菩萨慈祥的面孔和举起的右手。它虽是一尊巨像，可是使人感到十分亲切。从地面上通过两层的楼井向上看时，观音像又是那样高大雄伟。在这一点上，当时的匠师在处理瞻拜者和观音菩萨像的关系上，应该说是非常成功的。

在结构上，这座三层大阁灵巧地运用了中国传统木结构的方法，那就是木材框架结构的方法，把一层层的框架叠架上去。第一层的框架，运用它的斗拱，构成了下层的屋檐，中层的斗拱构成了上层的平座，上层的斗拱构成了整座建筑的上檐。在结构方法上，基本上就是把三个单层大殿的框架重叠起来。从外观上看极像敦煌壁画中所见的唐代建筑，在艺术风格上也保持了唐代那种雄厚的风格。它的木质构架可分三大部分：柱、斗拱及梁枋。

清式做法柱与柱径有一定的比例。观音阁及山门的柱高不随径变，柱头削成圆形，柱身微侧向内。这是明清所未见的。

斗拱的变化尤大，观音阁斗拱雄大坚实，是结构的有机组成部分，它是柱高的1/2以上，占全高的1/3。斗拱的形制，则按其功能上的需要如承檐、承平坐、承梁枋，或在柱头、或在转角、或补间，内外上下个个不同，又条理井然。清式斗拱则渐失其原来功用，弱小纤巧，每每数

仰视观音巨塑
观音巨塑侧面
到第三层时可到观音胸部的高度

十攒排列檐下，几乎变成纯粹的装饰。

在用材方面，按近代科学的计算方法，梁枋的断面高宽比例约2∶1。清式梁枋用材，断面的比例为10∶8或12∶10。观音阁及山门则为2∶1，与近代方法相符。其最大的特点在用料的标准化，观音阁梁枋不下千百，而大小仅六种。清式建筑皆以"斗口"为单位，凡梁柱的高宽、面阔、进深、修广皆受斗口的牵制，规定甚为繁杂，计算则更繁难。这些"规矩"使建筑各部分的布置分配都受制约，使设计者不可能发挥创造能力。

从山门的脊饰更可以看到有趣的变化：唐代脊饰为鳍形尾，宋以后则为吻，二者变化程序尚不可知。在独乐寺山门的脊饰中则表现了变化的过程，它的上段为鳍形的尾，下段已成今日所见的吻。

总之独乐寺山门及观音阁的调查，为中国建筑史及《营造法式》的研究，提供了丰富的实物资料，同时也证明了梁思成的研究道路及研究方法的正确。《蓟县独乐寺观音阁山门考》的发表，在国内外学术界均引起较大的反响。这篇报告所以引起震动，有两个原因，一是因为独乐寺是当时我国已发现的最古的一座木构建筑。它建于辽代统和二年（公元984年），早于《营造法式》颁行114年，上距唐亡仅75年，其年代及形制皆适处唐宋二式之中，上承唐代遗风，下启宋式营造，是研究我国建筑发展的极宝贵的资料。又因它地处偏僻，所以在结构上保存了相当多的唐代做法。再一个原因是，这篇报告是我国第一篇用科学方法描述和分析中国古建筑的报告。

1931年底至1932年，莫宗江、陈明达等相继来到学社，经过短期的学习，逐步形成一支效率很高的测绘队伍，主力是莫宗江和陈明达。莫宗江回忆说，初到学社深感自己学识的低浅，在国学方面根本不能与

它虽是一尊巨像，可是使人感到十分亲切。从地面上通过两层的楼井向上看时，观音像又是那样高大雄伟。在这一点上，当时的匠师在处理瞻拜者和观音菩萨像的关系上，应该说是非常成功的。

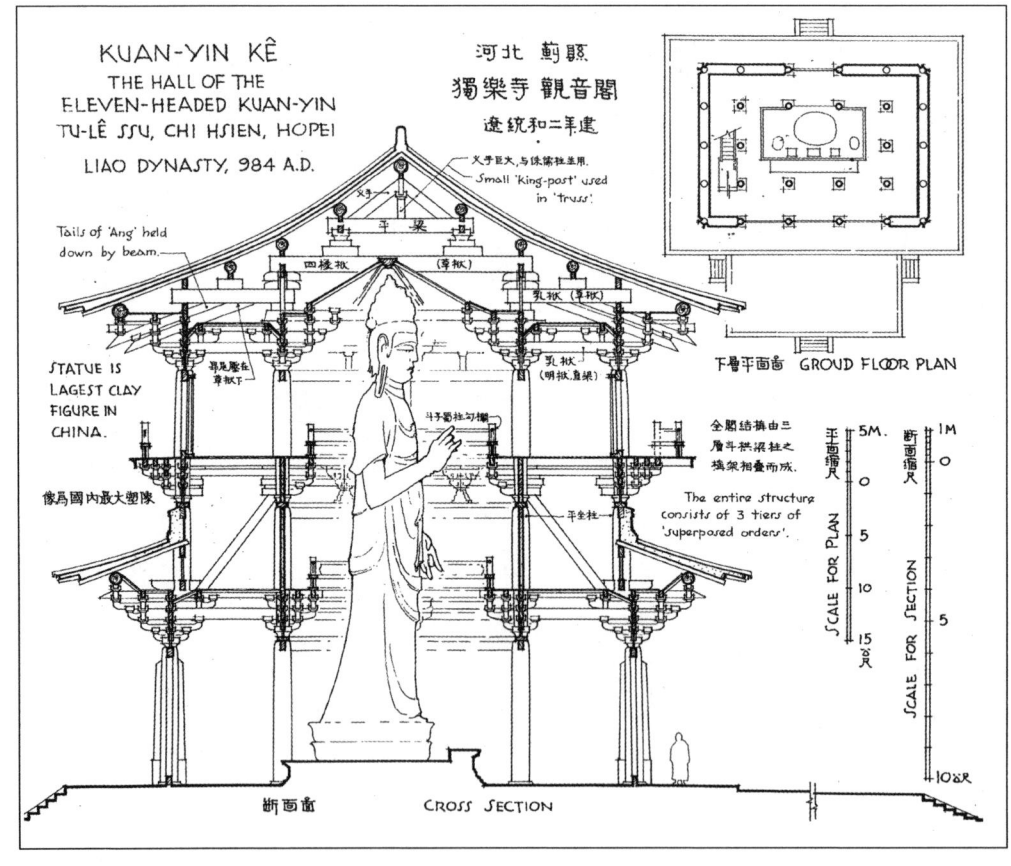

手绘独乐寺观音阁剖面图

梁启雄、谢国桢等人相比，而梁思成、刘敦桢二位先生不但汉语基础深，而且在国外学习多年。自己只有好好向这些前辈学习。学社每天工作六小时，上班时不许说话聊天（也没有人说话），不许办私事，到休息时梁思成带头到院子里去活动，整个班子工作效率极高。

梁思成对青年人十分爱护，治学严谨，工作上丝毫不能马虎，错了就得重画。梁思成对建筑制图独具匠心。除了要准确地表现建筑的结构、构造外，还对线条的粗细、均匀、线条的交点等等一丝不苟。他作出的图纸不仅在学术问题上能表达清楚，具有相当的科学性，同时在画面的构图上也精心安排，从艺术角度来看，也是一幅耐人寻味的建筑画。

宝坻县广济寺三大士殿

梁思成在调查独乐寺时，与当地师范学校的一位教员谈到独乐寺与后代建筑不同之点时，这位教员告诉梁思成说，他家乡河北宝坻县有一个西大寺（即广济寺），结构和梁思成所说的独乐寺诸点略同。

梁思成回到北京后设法得到西大寺的照片，预先鉴定一下，认为是明清以前的建筑，于是六月份又出发到宝坻县去。与他同行的有东北大学学生王先泽和一名仆人。因为六月份北方的雨季已经开始，所以交通情况比去蓟县时更糟糕，梁思成在《宝坻县广济寺三大士殿》一文中对"行程"有一段十分精彩的描述：

"我们预定六月初出发，那时雨季方才开始，长途汽车往往因雨停开，一直等到六月十一日才得成行。同行者有社友东北大学学生王先泽和一个仆人。那天还不到五点——预定开车的时刻，太阳还没上来，我

们就到了东四牌楼长途汽车站,一直等到七点,车才来到,那时六月的阳光,已发出迫人的热焰。汽车站在猪市当中——北平全市每日所用的猪都从那里分发出来——所以我们在两千多只猪的惨号声中,上车向东出朝阳门而去。

"由朝阳门到通州间马路平坦,车行很快。到了通州桥,车折向北,由北门外过去,在那里可以看见通州塔,高高耸起,它那不足度的'收分'和重重过深过密的檐,使人得到不安定的印象。

"通州以东的公路是土路,将就以前的大路所改成的。过了通州约两三里到箭杆河——白河的一支流,河上有桥,是那种特别的国产工程,在木柱木架之上,安扎高粱秆,铺放泥土,居然有力量载渡现代机械文明的产物,倒颇值得注意。虽然车到了桥头,乘客却要被请下车来,步行过桥,让空车开过去。过了桥是河心——沙洲,过了沙洲又有桥,如是者两次,才算过完了箭杆河。河迤东有两三段沙滩,长者三四里,短者二三十丈,满载的车,到了沙上,车轮飞转,而车不进,乘客又被请下来,让轻车过去,客人却在松软的沙里,弯腰伸颈,努力跋涉,过了沙滩。土路还算平坦,一直到夏垫。由夏垫折向东南沿着一道防水堤走,忽而在堤左,忽而过堤右,越走路越坏。过了新集之后,我们简直就在泥泞里开汽车,有许多地方泥浆一直浸没车的蹬脚板,又有些地方车身竟斜到与地面成四十五度角,路既高低不平,速度直同蜗牛一样。如此千辛万苦,进城时已是下午三时半。我们还算侥幸,一路上机件轮带都未损坏,不然何时才到达目的地,却要成了个重要的疑问。

"我们这次期望或者过奢,因为上次的蓟县是一个山麓小城,净美可人的地方,使我联想到法国的村镇。宝坻在蓟县正南仅七十里,相距如此之近,我满以为可以再找到另一个相似净雅的小城镇。岂料一进了

三大士殿西半部
三大士殿内部结构

城,只见一条尘土飞扬的街道,光溜溜没有半点树影,转了几弯小胡同,在一条雨潦未干的街上,汽车到达了终点。

"下车之后,头一样打听住宿的客店,却都是苍蝇爬满、窗外喂牲口的去处。好不容易找到一家泉州旅馆,还勉强可住,那算是宝坻的'北京饭店'。泉州旅馆坐落在南大街,宝坻城最主要的街上。南大街每日最主要的商品是咸鱼——由天津经一百七十里路运来的咸鱼——每日一出了旅馆大门便入'咸鱼之肆',我们在那里住了五天。"

宝坻西大寺的天王门和东西配殿等已是明清后的建筑,正中的三大士殿倒是一个四阿顶、东西五间、南北四间的大建筑,斗拱雄大、出檐深远、屋顶举折缓和,脊端有硕大的正吻,全部权衡与蓟县独乐寺山门略同而更大些。殿内碑记,说明大殿建于辽圣宗太平五年(公元1025年)。大殿前有许多稻草,殿内有许多工人正在铡草,尘土飞扬。原来城内驻有骑兵团,三大士殿便成了骑兵团的马料厂。三大士像和侍立菩萨十八罗汉等全在尘雾迷蒙中、在堆积的稻草里。大殿初看甚觉一般,梁思成颇感失望,但抬头一看,殿上并没有天花板,于是他恍然大悟,这就是《营造法式》中所说的"彻上露明造"的做法。这梁枋结构的精巧,在后世建筑物里还没有看见过。

梁思成在报告中说:"当初的失望,到此立刻消失。这先抑后扬的高兴,趣味尤富。在发现蓟县独乐寺几个月后,又得见一个辽构,实是一个奢侈的幸福。"

三大士殿的最大特点可以说是它的结构部分。"在三大士殿全部结构中,无论殿内殿外的斗拱和梁架,我们可以大胆地说,没有一块木头不含有结构的机能和意义的。在殿内抬头看上面的梁架,就像看一张X光照片,内部的骨干,一目了然,这是三大士殿最善最美处。"

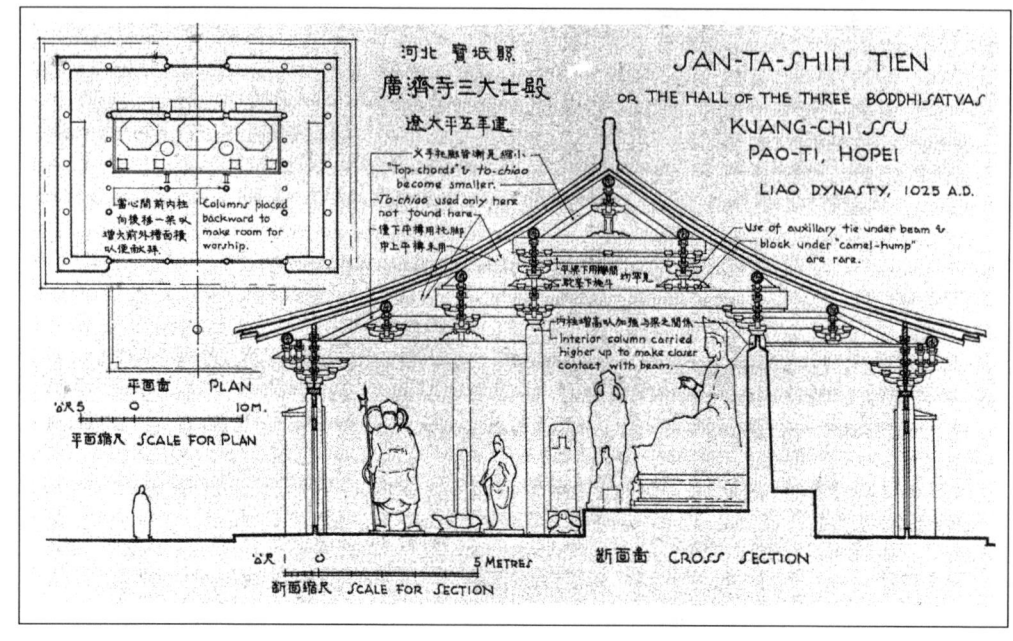

手绘三大士殿内部结构图（三大士殿已被拆除）

在三大士殿全部结构中，无论殿内殿外的斗拱和梁架，我们可以大胆地说，没有一块木头不含有结构的机能和意义的。在殿内抬头看上面的梁架，就像看一张X光照片，内部的骨干，一目了然，这是三大士殿最善最美处。

在后世普通建筑中，尤其是明清建筑，斗拱与梁架的关系，颇为粗疏，结构尤异。但在这座辽代遗物中，尤其是内部，斗拱与梁枋构架，完全织成一体不能分离。

结束了调查工作之后，在回北平的旅程中却几经周折，今将梁思成的原文照录于下：

"工作完了，想回北平，但因北平方面大雨，长途汽车没有开出，只得等了一天。第二天因车仍不来，想绕道天津走，那天又值开往天津的汽车全部让县政府包去。因为我们已没有再留住宝坻一天的忍耐，我们决由宝坻坐骡车到河西坞——北平与天津间汽车必停之点，然后换汽车回去。

"十七日凌晨三点，我们在黑暗中由宝坻出南门，向河西坞出发。一只老骡，拉着笨重的轿车和车里充满了希望的我们，向'光明'的路上走。出城不久，天渐放明，到香河县时太阳已经很高了。十点到河西坞，听说北上车已经过去，于是等南下车，满拟到天津或杨村换车北返，但是来了两辆，都已挤得人满为患，我们当天到北平的计划，好像是已被老骡破坏无遗了。

"当时我们只有两个办法：一个是在河西坞过夜，等候第二天的汽车，一个是到最近的北宁路站等火车。打听到最近的车站是落垡，相距四十八里，我们下了决心，换一辆车，加一匹驴向落垡前进。

"中午一点半，到武清县城，沿城外墙根过去。一阵大风，一片乌云，过了武清不远，我们便走进蒙蒙的小雨里。越走雨越大，终了是倾盆而下。在一片大平原里，隔几里才见一个村落，我们既是赶车，走过也不能暂避。三时半，居然赶到落垡车站。那时骑驴的仆人已经湿透，雨却也停了。在车站上我们冷得发抖，等到四时二十分，时刻表定作三时四十分的慢车才到。上车之后，竟像已经回到家里一样的舒服。七点过车到北平前门，那更是超过希望的幸运。"

可惜这座少有的表现中国古代建筑结构的杰作，却在建国初期被视为无用的破庙而拆除。当梁思成得知将拆除三大士殿时，曾向河北省有关部门反映，希望无论如何把这座辽代的古建筑保存下来。有人反对说："辽代的建筑又怎么样，反正是个没用的破庙，不如把这些辽代的木头拿去修桥，还能'为人民服务'。"硬是把它拆了。

后来梁思成在不被人理解时，常感叹地说："我也是辽代的木头。"这句话含有多少辛酸与苦闷啊！

经过这两次古建筑的调研，学社的野外考察工作逐步走上正轨。学社每年有计划地在春秋两季外出考察，冬季整理调查报告、查阅文献，并准备下一步考察调研的地点。

为了适应工作发展的需要，学社在组织上也做了相应的调整。首先将社址迁入中央公园东朝房，以适应人员的增加。二是根据政府文化团体组织法的规定向教育部及国民党北平市党部申请立案（均获批准），使学社成为政府承认的一个学术团体，取得了合法的地位，以便更顺利地开展工作。三是成立干事会，以批准每年度的工作计划及工作报告。其实这无非是走个形式而已，决策权仍在朱启钤、梁思成、刘敦桢。四是添置测绘设备，如测量仪器、照相器材等。学社原来根本没有这些设备，去蓟县、宝坻时所用的测量仪器还是向清华大学工程系借用的，当时梁思成的同班同学施嘉扬先生正在该系任教，恰好给予方便。

1933年对正定县的调查

河北正定县，宋辽时期的古建筑很多。梁思成于1933年4月、11月两次赴正定调查。第一次与莫宗江及一个工人同去，原计划工作两周，但因滦东形势突然吃紧，因此将计划缩短至一周，匆匆返回北平。到了十一月份又与莫宗江、林徽因重返正定进一步详细调查。四月份的调查，在出发前他们只知道正定有隆兴寺、"四塔"、阳和楼几处古建筑。在初步调查中竟发现了多处宋辽时的古建筑，除原已知道的几处外，还有开元寺钟楼、关帝庙、府文庙、县文庙等十余处。

隆兴寺的摩尼殿、转轮藏殿均十分古老。摩尼殿最大、最完整，它的外观为重檐歇山顶，四面加抱厦，这种布局除了故宫角楼外只在宋画上见到；上下两檐下的斗拱均十分雄大，柱头有卷杀，四角的柱子比居中的要高，是《营造法式》中所谓"角柱生起"的实证。梁思成在文献中没有查到摩尼殿建造的年代，但从建筑的形制看，他判断此殿最晚也是北宋时建造的。果然在1978年摩尼殿大修时，在殿的阑额及斗拱构件上发现多处墨书题记，证明它建于北宋皇祐四年（公元1052年）。可见梁思成当年的判断是十分准确的。

转轮藏殿的中心是一个能转动的转轮藏（藏经架），它是中国现存的唯一一个十世纪的真正可以转动的佛经书架。为了设置这个直径约七米的转轮藏，在殿的结构上采取了灵活的处理手法，表现出古代匠师的智慧与纯熟的技巧。转轮藏可称为木构建筑中一个极精巧的杰作。转轮藏虽是一个藏经架，但它设计成一个下檐八角形、上檐圆形的亭子。亭身设经屉用以存放佛经。这个转轮藏的檐、柱、斗拱恰似缩小了的建筑模型，而梁、柱、斗拱的多处做法，与《营造法式》符合。日本古建筑学

正定隆兴寺摩尼殿
隆兴寺摩尼殿西面
隆兴寺摩尼殿檐角铺作

家关野贞认为转轮藏殿是清代建筑。梁思成则认为可能始建于宋。1954年重修时，在转轮藏大悬柱上有元代至正二十五年的游人题记，证明殿的建造应早于此。在转轮藏对面的慈氏阁，经过梁思成的调查认为它略晚于藏殿。

梁思成对建筑年代的判断往往十分准确。他说："研究建筑不能仅限于建筑本身，建筑是民族文化的结晶，它与时代的政治、经济、思想、文化、民俗息息相关。"梁思成本人就是对各时代的艺术，如雕塑、绘画、书法等有广泛的兴趣，一直在悉心研究。因为对建筑有敏锐的时代感，他说："对建筑物年代的判断应以大木作为标准，其次辅以文献记录及装修、雕刻、彩画、瓦饰等互相参照，这样结论才会准确。"两年后，他又在《营造学社汇刊》五卷四期上发表了《平郊建筑杂录续》一文，以天宁寺塔为实例，总结了他多年调查的经验，阐述了他对古建筑年代鉴别的方法程序，这是关于梁思成工作方法的一篇重要论文。

横跨正定南北大街上的阳和楼，略似北平故宫的端门。阳和楼的结构最为精巧。梁柱的结合，两山的构成交待得清清楚楚，角柱的生起、阑额上的月梁形、微微翘起的屋脊两端等等，都保留着宋式的做法。仔细研究阳和楼各部斗拱的做法，并将它与宋式及明初建筑作比较，阳和楼的构造做法说明了宋朝到明朝的发展过程。阳和楼建于元初，它可以说是晚宋到明初两种式样的过渡，这正是阳和楼在建筑史上的重要性。可惜它在1949年前已被拆除了。

其他古建筑如关帝庙等多为元代所建。广惠寺的华塔由形制上看，它的外形与平面都十分奇特，可为海内的孤例。开元寺钟楼和县文庙都是一个意外收获，钟楼外貌已非原形，下檐似金元式样，上檐则为清代

隆兴寺转轮藏殿

转轮藏殿的中心是一个能转动的转轮藏（藏经架），它是中国现存的唯一一个十世纪的真正可以转动的佛经书架。

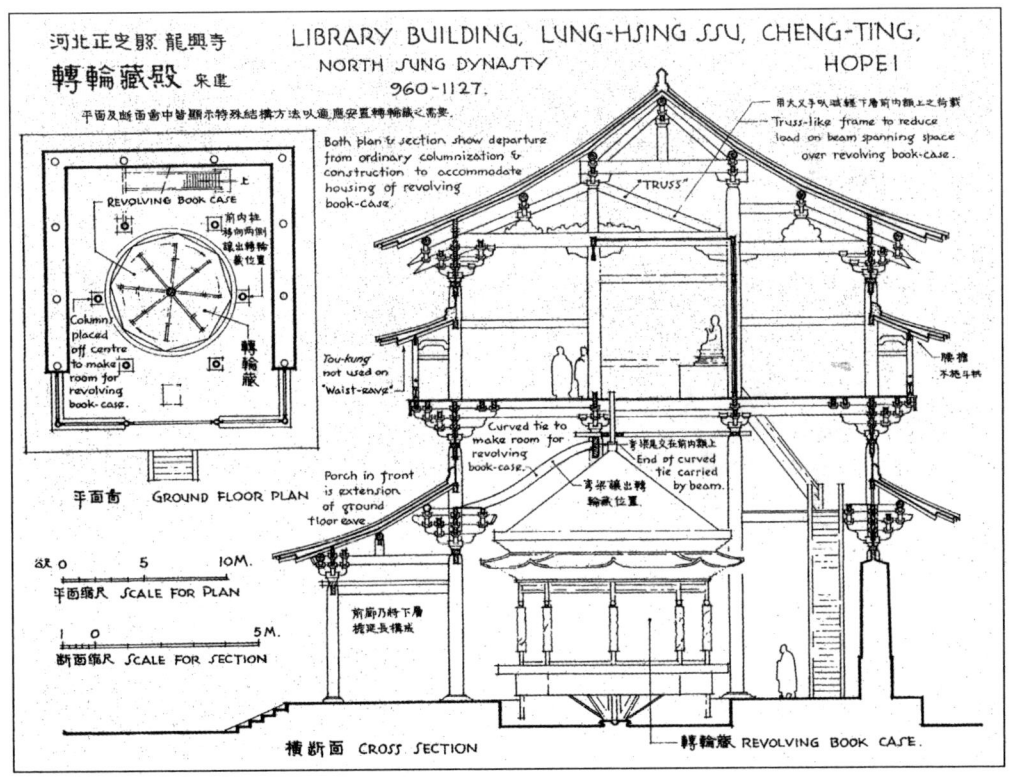

手绘隆兴寺转轮藏殿内部结构图

梁思成在藏殿檐下
我国仅存的一个能转动的佛经架——转轮藏经架
（此页及对页图）
1934年、1935年刘敦桢等河北调查路线图

正定华塔
华塔塔尖
正定阳和楼

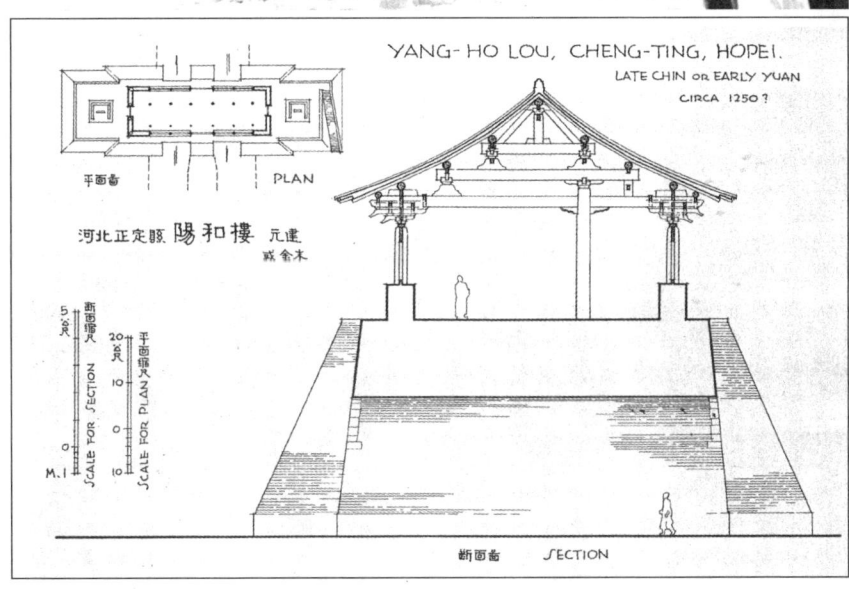

阳和楼斗拱

手绘阳和楼斗拱剖面图（阳和楼已被拆除）

阳和楼建于元初，它可以说是晚宋到明初两种式样的过渡，这正是阳和楼在建筑史上的重要性。可惜它在1949年前已被拆除了。

梁公总是身先士卒，吃苦耐劳，什么地方有危险，他总是自己先上去。这种勇敢精神已经感人至深，更可贵的是林先生，看上去是那么弱不禁风的女子，但是爬梁上柱，凡是男子能上去的地方，她就准能上得去。——莫宗江

林徽因在正定开元寺钟楼梁上
梁思成在善化寺普贤阁斗拱后尾

所修。但内部四柱及柱上雄伟的斗拱、短而大的月梁，均说明可能是唐代的遗构。在正定县最后一天，梁思成又用半日去测绘了县文庙，发现县文庙很可能是唐末五代遗物，但没有确证。关于正定县的调查工作，梁思成在报告中记录了一段有趣的遭遇，现照录于下：

"第四天棚匠已将转轮藏所需用的架子搭妥。以后两天半——由早七时到晚八时，完全在转轮藏殿、慈氏阁及摩尼殿三建筑物上细测和摄影。其中虽有一天遇大雷雨冰雹，晚上骤冷，用报纸辅助薄被之不足，工作却还顺利。这几天之中，一面拼命赶着测量，在转轮藏平梁叉手之间，或摩尼殿替木襻间之下，手按着两三寸厚几十年的积尘，量着材梁拱斗，一面心里惦记着滦东危局，揣想北平被残暴的邻军炸成焦土，结果是详细之中仍多遗漏，不禁感叹'东亚和平之保护者'的厚赐。

"第六天的下午在隆兴寺测量总平面，便匆匆将大佛寺做完。最后一天，重到阳和楼将梁架细量，以补前两次所遗漏。余半日，我忽然想到还有县文庙不曾参观，不妨去碰碰运气。

"县文庙前牌楼上高悬着正定女子乡村师范学校的匾额。我因记起前次在省立七中的久候，不敢再惹动号房，所以一直向里走，以防时间上不必需的耗失，预备如果建筑上没有可注意的，便立刻回头。走进大门，迎面的前殿便大令人失望，我差不多回头不再前进了，忽想'既来之则看完之'比较是好态度，于是信步绕越前殿东边进去。果然！好一座大成殿，雄壮古劲的五间，赫然现在眼前。正在雀跃高兴的时候，觉得后面有人在我背上一拍，不竟失惊回首。一位须发斑白的老者，严重地向着我问我来意，并且说这是女子学校，其意若曰'你们青年男子，不宜越礼擅入'，经过解释之后，他自通姓名，说是乃校校长，半信半疑地引导着我们'参观'，我又解释我们只要看大成殿，并不愿参观其他。因为时间短促，我们匆匆便开始测绘大成殿——现在的食堂——平面。校长起始耐性陪着，不久或许是感觉枯燥，或许是看我们并无不轨行动竟放心地回校长室去。可惜时间过短，断面及梁架均不暇细测。完了之后，校长又引导我们看了几座古碑，除一座元碑外，多是明物。我告诉他这大成殿也许是正定全城最古的一座建筑，请他保护不要擅改，以存原形。他当初的怀疑至是仿佛完全消失，还殷勤地送别我们。"

这次梁思成、莫宗江等在正定县发现的重要古建筑有：

隆兴寺　摩尼殿（宋代，公元1052年）

　　　　转轮藏殿（宋建经后代修葺）

　　　　慈氏阁（宋建经后代修葺）

　　　　山门（清重修）

　　　　戒坛（清重修）

正定县　文庙（五代或宋初）

正定府　文庙（明末）

开元寺　钟楼（唐末或五代，但上部及外檐经后代重修）

　　　　砖塔（明代）

临济寺　青塔（金，公元1185年）

广惠寺　华塔（号称唐建，但金、元、清后代屡次重修，确实年代不可考）

天宁寺　木塔（县志谓寺建于唐，现仅存此塔，年代未考）

　　　　阳和楼和关帝庙（元初建现已拆毁）

（请参阅梁思成《正定调查记略》）

1933年第一次赴山西调查大同古建及云冈石窟

大同是南北朝时的佛教艺术中心之一,是辽金两代的陪都,古刹林立,闻名遐迩,学社早有计划前往考察。1933年9月,梁思成、刘敦桢、林徽因、莫宗江,还有一名工人一起前往。但是没有想到,在这古代著名的西京,他们却找不到一个下榻之处,所有的旅店卫生条件都极差。幸亏大同车站的站长李景熙先生是梁思成在美国时的同学,承他与车务处的王沛然二人将他们接到家中并为他们腾出房舍,供他们住宿。但是这众多人的饮食也是个问题。不得已找到大同市当局求援,经市政府官员出面,向大同唯一的一家专为大同上层人士办理宴席的酒楼打招呼,请他们专为学社同仁准备便饭,每天三餐各一大碗汤面。

大同的华严寺和善化寺是辽金以来的巨刹,寺中保留很多座辽金时期的殿宇。华严寺的大雄宝殿(上寺)是今天已发现的古代木建筑中体型最大的,殿内还有优美的辽代塑像。薄伽教藏殿(下寺)是在公元1038年建成的一座佛经图书馆,它有特殊重要的意义。在殿内山墙内两侧和后面的墙壁,是一排"U"字形排列的制作精巧的藏经的书橱壁藏。这个书橱最下层是须弥座,中层是有门的书橱本体,上面做所谓"天宫楼阁"。这个"天宫楼阁"可以说是当时木建筑的一个精美准确的模型。整座壁藏则是中国现存最古的书橱,也是国内唯一的孤品。

善化寺是一个保存比较完整的辽金时代的建筑组群。现在还保存着四座主要建筑和五座次要建筑,是在公元11世纪中叶到12世纪中叶建成的。它不似正定隆兴寺那样深邃,但是庭院广阔,气魄雄伟,呈现很不相同的气氛。这两组建筑虽然年代相距不远,但隆兴寺是在汉族统治之下建造的,而善化寺所在的大同,当时是在东北民族契丹、

薄伽教藏殿（下寺）是在公元1038年建成的一座佛经图书馆，它有特殊重要的意义。在殿内山墙内两侧和后面的墙壁，是一排「C」字形排列的制作精巧的藏经的书橱壁藏。这个书橱最下层是须弥座，中层是有门的书橱本体，上面做所谓「天宫楼阁」。这个「天宫楼阁」可以说是当时木建筑的一个精美准确的模型。整座壁藏则是中国现存最古的书橱，也是国内唯一的孤品。

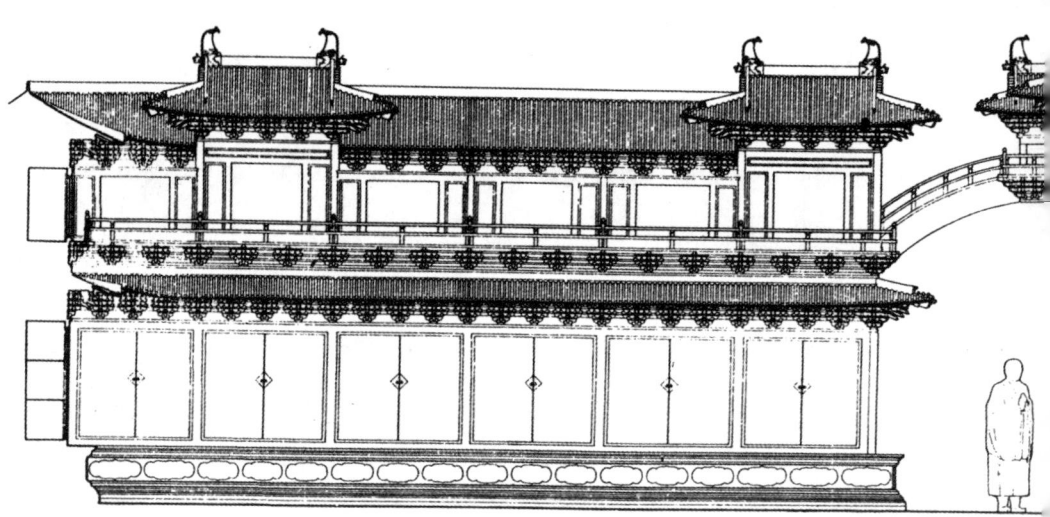

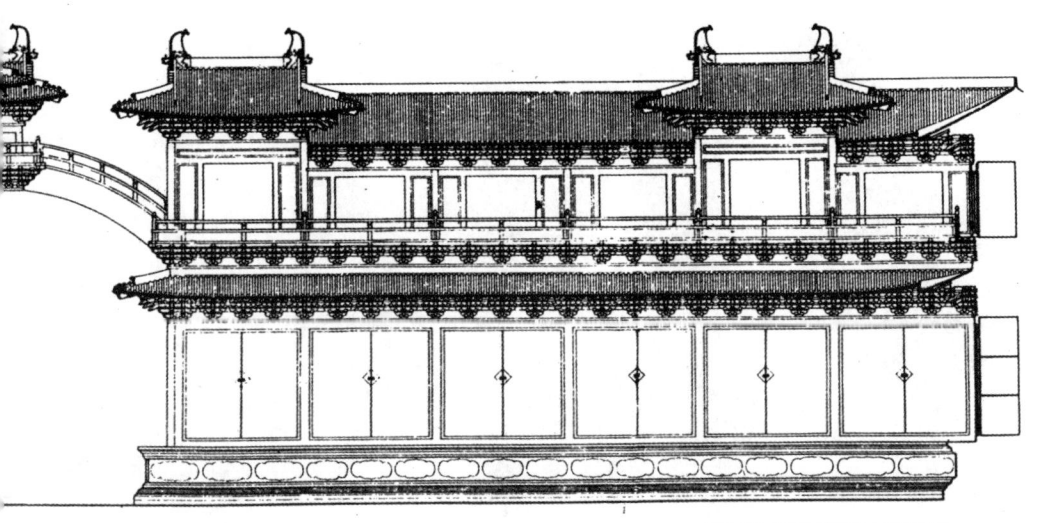

手绘华严寺薄伽教藏殿内部结构图

大同华严寺大雄宝殿
华严寺大雄宝殿内的佛像
华严寺大雄宝殿内景

女真统治下的。

梁思成认为,这两个组群所呈现的迥然不同的气氛,一个深邃而比较细致,一个广阔而比较豪放,很可能在一定程度上反映了当时南北不同民族的风格。

善化寺和华严寺中,诸殿的建造年代以华严寺的薄伽教藏殿最早,为辽兴宗重熙七年(公元1038年)。最晚的是善化寺的三圣殿,金太宗天会六年至熙宗皇统三年(公元1128—1143年),相距105年。其间梁思成对大同各建筑从平面到材契到各个部件都做了深入详尽的研究比较,并与已发现的辽代独乐寺、宝坻三大士殿及正定县的宋辽建筑相互参照。往上追溯日本唐招提寺的做法,往下到明清的官式建筑中仍能看到辽金时的旧手法。同时善化寺和正定隆兴寺,两寺的总体布局尚可辨认,是研究宋辽佛寺布局,并与文献材料相印证的重要资料。

云冈石窟在我国佛教史及艺术史上都占有极重要的位置。也许是因为云冈石窟没有文字,所以在偏重碑拓文字的中国金石学界没有引起重视。它几乎湮没了一千多年,近代人中最早认识云冈石窟在艺术史上的价值并发表文章介绍的,要推日本人伊东忠太和我国的著名史学家陈垣,后来国内外不少专家对它作了系统的调查介绍,如法国的沙畹(Chavannes)等人。在云冈石窟中可以明晰地看到,在中国艺术固有的血脉中忽然渗入旺盛而有力的外来影响。外来文化的渊源可以追溯到古代的希腊、波斯和印度,它通过南北两路,经西域各族和西藏到达中国内地。这种不同民族文化的大交流,赋予我国文化以旺盛的生命力。这是历史上最有趣的现象,也是近代史学者最重视研究的问题。

云冈石窟开凿于北魏盛期,为六朝佛教艺术稀有之杰作。中外学者对它的调查已不止一次,但对石刻中所表现的建筑则没有系统的介绍。

1936年刘敦桢等河南调查路线图
大同华严寺薄伽教藏殿经架
大同华严寺薄伽教藏殿

大同华严寺薄伽教藏内天宫楼阁

大同华严寺薄伽教藏殿内辽代佛像

鸟瞰大同善化寺
大同善化寺大雄宝殿

梁思成在善化寺大雄宝殿内

到云冈去。左起莫宗江、林徽因、刘敦桢

林徽因在云冈石窟

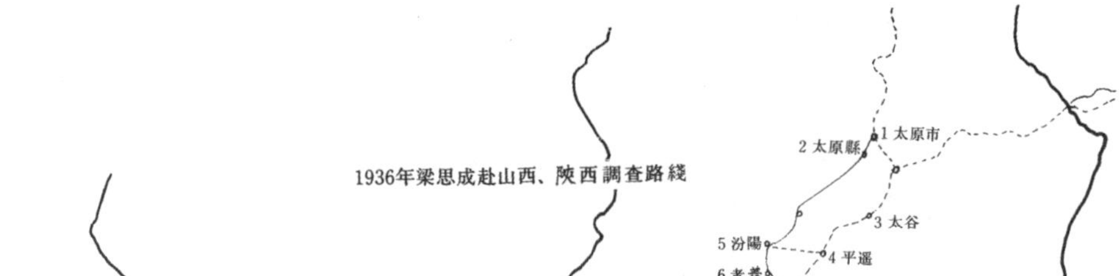

林徽因在石窟中
1936年梁思成赴山西、陕西调查路线图

云冈石窟中北魏时期的屋顶及斗拱
云冈石窟中北魏时期的木塔

梁思成、林徽因、刘敦桢准备对石窟中表现的建筑做系统的研究。当时的云冈没有什么游人，空旷的山崖上，毗连着一个又一个的石窟，坐着庄严的佛像，那里连一棵树都没有，也许正是这种特殊的环境，让人不由得对佛产生至高无上的崇敬与虔诚。那里没有旅馆，地里的庄稼长得不到一尺高，一片贫瘠的土地。他们实在找不到落脚处，最后一户农家答应把他的一间没有门窗只剩下屋顶和四壁的厢房借给他们。云冈的艺术使这些年轻人着了魔，他们在无门无窗的屋子里住了三天，白天吃的是煮土豆和玉米面糊糊，连咸菜都非常宝贵。云冈的气候中午炎热，夜间却冷得要盖棉被，他们几个人冷得缩作一团，但云冈艺术的魅力，使他们不愿离去。他们关于云冈建筑的研究，有两方面的内容：其一是洞窟本身的布置、构造及年代，与敦煌等处洞窟的比较；另一种是石刻上所表现的建筑物及建筑部分，有塔、柱、阑额、斗拱、屋顶、门、栏杆、踏步、藻井等都明显表示了在建筑结构上应用了构架原则。柱、阑额、斗拱等等这些构件均应用于后代，说明中国建筑两千年来一直保持其结构上的独立性，形成了中国建筑的特点。云冈石窟的研究可以说填补了建筑史唐以前的空白。

大同及云冈两篇报告长达二十四万余字。从这两篇报告中我们可以清晰地看出梁思成通过蓟县、宝坻、正定、大同、云冈等地的调查已初步理清中国建筑发展的脉络。通过对实物的研究使他对宋代的《营造法式》这本天书的研究也已初获成果。

佛宫寺木塔

梁思成、刘敦桢既然要去山西，就想顺便考察一下四大胜迹之一的应州塔。但是去应县的交通却很不方便，他们担心翻山越岭地跑到那

应县佛宫寺木塔

这是我国现存最古的一座木塔,也是最大的一座木塔。在木结构中,它在世界范围来说也算是最高的一座。佛宫寺木塔在我国建筑史上有着重要的地位,被称为国宝,它当之无愧。

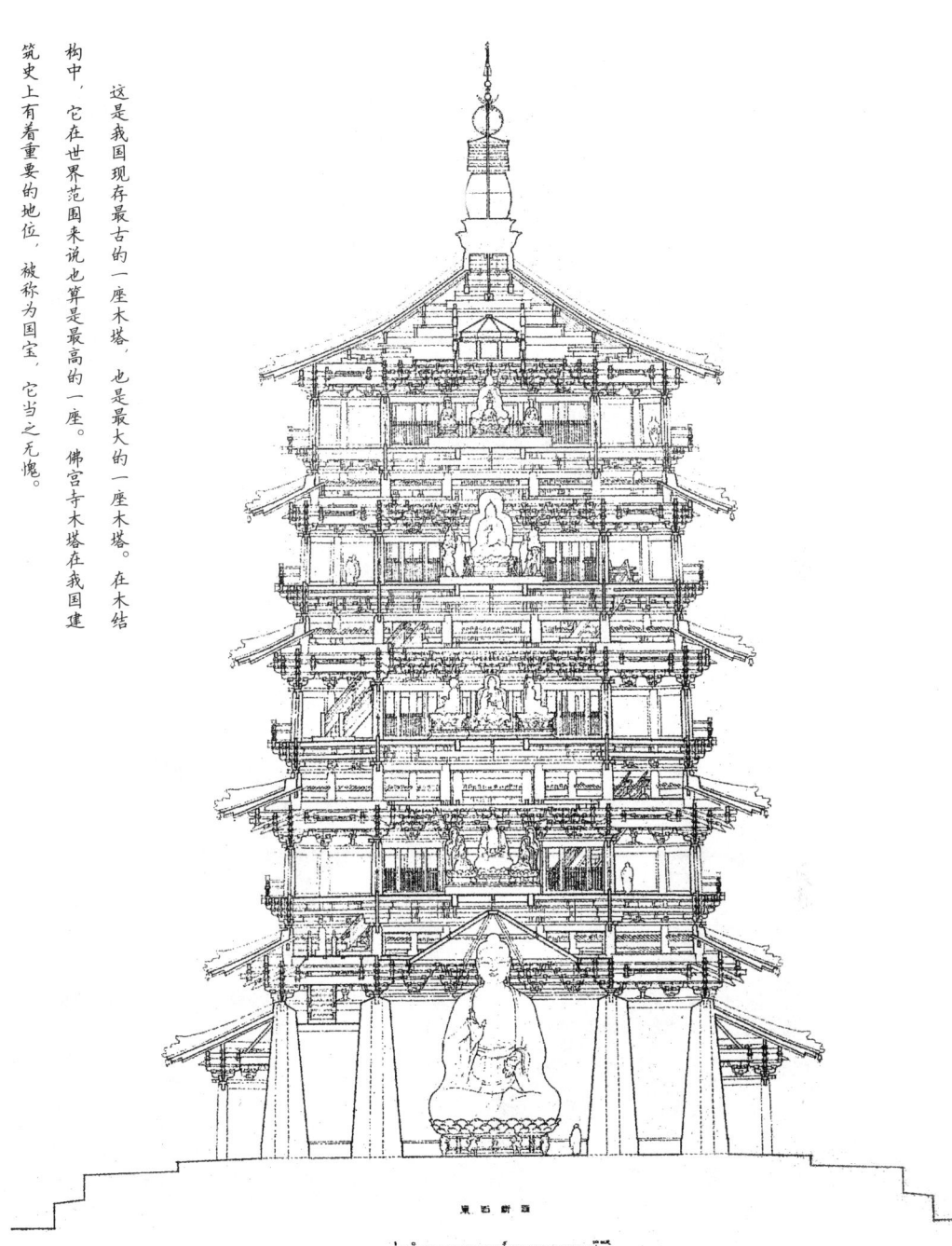

手绘应县佛宫寺木塔剖面图

莫宗江在应县木塔檐下
应县木塔塔刹
应县木塔中部

儿，到头来只是一座清代重建的塔。于是梁思成在北平图书馆查阅了所有能找到的有关应县的资料，却不见一张应县木塔的图片。他决定写一封信给应县的照相馆，并在信中附上一元钱，请他们代照一张木塔的照片寄来。他在信的封面写上"应县最大的照相馆收"，其实那也是应县唯一的照相馆，不久，果然收到那家照相馆寄来的木塔照片。思成一看到照片，就决定把它列入大同行程的计划内。

结束了大同的调查。梁思成、刘敦桢、莫宗江又出发到应县去调查佛宫寺木塔。这是我国现存最古的一座木塔，也是最大的一座木塔。在木结构中，它在世界范围来说也算是最高的一座。塔高67.31米，直径30.27米，塔高五层，加上上面四层的平座暗层，实际上是一座九层重叠式的木框架结构，全部用传统的柱梁、斗拱层层叠上而建成的。除了塔基和第一层的墙壁是用砖石以及顶上的刹是用锻铁之外，全部都是木材。每一层的檐和平座都由斗拱承托。由下而上，由于每层的高度递减，每层的宽度也逐渐收缩，特别是由于八角形的平面，为内部梁尾的交叉点造成相当复杂的结构问题，但是古代不知名的伟大建筑师却运用了五十多种不同的斗拱圆满地解决了这一复杂问题。后代的香客用"鬼斧神工"四个字，来赞颂这座塔神妙的结构是十分恰当的。塔的立面也经过精心设计，创造了优美的总体轮廓，呈现出雄伟华美的外形。在九百多年前，用木料建造这么高大的建筑，在世界上也是仅有的。九百多年以来，这座金属塔刹的木塔竟得幸免于雷电的破坏，经历了多次地震。现在佛宫寺木塔在我国建筑史上有着重要的地位，被称为国宝，它当之无愧。

有一张照片我非常喜欢：一个年轻人蹲在应县木塔檐下斗拱的空隙间，与斗拱相比他显得十分渺小。如果没有这张照片，人们很难想象木塔的雄大。这个青年就是莫宗江教授。

佛宫寺的总平面形式，还保持着南朝时代佛寺的典型平面，即塔在大殿前面寺庙的中轴线上。

莫宗江说："应县木塔事实上是九层重叠，具有独立梁柱的结构。我们硬是一层一层、一根柱、一檩梁、一个斗拱一个斗拱地测。最后把几千根的梁架斗拱都测完了，但塔刹还无法测。当我们上到塔顶时已感到呼呼的大风仿佛要把人刮下去，但塔刹还有十多米高，唯一的办法是攀住塔刹下垂的铁链上去，但是这九百多年前的铁链，谁知道它是否已锈蚀断裂，令人望而生畏。但梁先生硬是双脚悬空地攀了上去，我们也就跟了上去，这样才把塔刹测了下来。"结束了应县木塔的调查，他们又出发到浑源的悬空寺去调查，然后返回大同。

我有幸发现了梁先生在应县时给林徽因的几封信的片断。录下来与大家共享。

"昨晨七时由大同乘汽车出发，车还新，路也平坦，有时竟走到每小时五十里的速度，十时许到岱岳。岱岳是山阴县一个重镇，可是雇车费了两个钟头才找到，到应县时已八点。

"离县二十里已见塔，由夕阳返照中见其闪烁，一直看到它成了剪影，那算是我对于这塔的拜见礼。在路上因车摆动太甚，稍稍觉晕，到后即愈。县长养有好马，回程当借匹骑走，可免受晕车苦罪。

"今天正式的去拜见佛宫寺塔，好到令人叫绝，半天喘不出一口气来！

"塔共有五层，但是下层有副塔（重檐建筑之次要一层，宋式谓之副塔），上四层，每层有平座，实算共十层。因梁架斗拱之间，每层须量俯视、仰视、平面各一，共二十几个平面图要画。塔平面是八角，每层须做一个正中线和一个斜中线的断面。斗拱不同者三四十种，工作是意外的繁多，意外的有趣，未来前的'五天'工作预示恐怕不够太多。

"塔身之大，实在惊人。每面三开间，八面完全同样。我的第一个感触，便是可惜你不在此同我享此眼福，不然我真不知你要几体投地的倾倒！回想在大同善化寺暮色里面向着塑像瞪目咋舌的情形，使我愉快得不愿忘记那一刹那人生稀有的，由审美本能所触发的悦感。尤其是同几个兴趣同样的人，在同一个时候浸在那悦感里边。士能（指刘敦桢）忘情时那句'如果元明以后有此精品，我的刘字倒挂起来了'，我时常还听得见。这塔比起大同诸殿更加雄伟，单是那高度已可观。士能很高兴他竟听我们的劝说没有放弃这一处同来看看，虽然他要不待测量先走了。

"应县是个小小的城，是一个产盐区。在地下掘下不深就有咸水，可以煮盐，所以是个没有树的地方，在塔上看全城，只数到十四棵不很高的树！

"工作繁重，归期怕要延长得多，但一切吃住都还舒适，住处离塔亦不远，请你放心……"

"士能已回，我同莫君留此详细工作，离家已将一月却似更久。想北平正是秋高气爽的时候。非常想家！

"相片已照完，十层平面全量了，并且非常精细，将来誊画正图时可以省事许多。明天起，量斗拱和断面，又该飞檐走壁了。我的腿已有过厄运，所以可以不怕。现在做熟了，希望一天可以做两层，最后用仪器测各檐高度和塔刹，三四天或可竣工。

"这塔真是个独一无二的伟大作品。不见此塔，不知木构的可能性到了什么程度。我佩服极了，佩服建造这塔的时代，和那时代里不知名的大建筑师、不知名的匠人。

"这塔的现状尚不坏，虽略有朽裂处。八百七十余年的风雨它不动声色的承受了，并且它还领教过现代文明：民国十六七年间冯玉祥攻山西时，这塔曾吃了不少的炮弹，痕迹依然存在，这实在叫我脸红。第二层有一根泥道拱竟为打去一节，第四层内部阑额内尚嵌着一弹未经取出，而最下层西面两檐柱都有碗口大小的孔，正穿通柱身，可谓无独有偶。此外枪孔无数，幸而尚未打倒，也算是这塔的福气。现在应县人士有捐钱重修之议，将来回平后将不免为他们奔走一番，不用说动工时还须再来应县一次。

"×县至今无音信，虽然前天已发电去询问，若两三天内回信来，与大同诸寺略同则不去，若有唐代特征如人字拱（！）鸱尾等等，则一步一磕头也要去的！……"

"这两天工作颇顺利，塔第五层（即顶层）的横断面已做了一半，明天可以做完。断面做完之后将有顶上之行，实测塔顶相轮之高；然后楼梯、栏杆、格扇的详样；然后用仪器测全高及方向；然后抄碑；然后检查损坏处以备将来修理。我对这座伟大建筑物目前的任务，便暂时告一段落了。

"今天工作将完时，忽然来了一阵'不测的风云'。在天晴日美的下午五时前后狂风暴雨，雷电交作。我们正在最上层梁架上，不由得不感到自身的危险，不单是在二百八十多尺高将近千年的木架上，而且紧在塔顶铁质相轮之下，电母风伯不见得会讲特别交情。我们急着爬下，则见实测记录册子已被吹开，有一页已飞到栏杆上了。若再迟半秒钟，则十天的功作有全部损失的危险。我们追回那一页后，急步下楼——约五分钟——到了楼下,却已有一线骄阳由蓝天云隙里射出,风雨雷电已全签了停战协定了。我抬头看塔仍然存在,庆祝它又避过了一次雷打的危险,走在急流成渠的街道上回到住处去。

"关于这塔,我只有一桩事要加附注。在佛宫寺的全部平面布置上,这塔恰恰在全寺的中心,前有山门、钟楼、鼓楼、东西两配殿,后面有桥道平台,台上还有东西两配殿和大殿。这是个极有趣的布置,至少我们疑心古代的伽蓝有许多是如此把高塔放在当中的。"

莫宗江回忆学社的调查工作时说:"我们每到一个地方,很快就分工,谁测平面,谁画横断面,谁画纵断面,谁画斗拱。分工完了,拉开皮尺就干,效率之高,现在回想都难以置信,因为当时每去一个地方经常要步行几十里,一定要干完了才能离去。梁先生爬梁上柱的本事特大。他教会我们,一进殿堂三下两下就爬上去了,上去后就一边量一边画。应县木塔这么庞大复杂的建筑,只用了一个星期就测完了。"

这里笔者把学社一行在大同工作的日程及分工整理于下:

9月6日上午8时到达大同,略事安顿便进城巡视一周,决定考察的建筑物。

6日下午,开始调查华严寺大殿。梁思成、刘敦桢、林徽因、莫宗江的分工如下:梁思成摄影;刘敦桢、林徽因抄录碑文,记录结构上特异诸点;莫宗江与工人测量平面。原计划先赴云冈,因雨后路滑,云冈之行顺延。

7日上午调查华严寺薄伽教藏殿及海会殿,摄影并测平面。

7日下午至9日上午调查云冈,9日中午返回大同。

9日下午调查善化寺,晚林徽因返回北平。

10日至16日对华严寺、善化寺全部殿堂搭架细测,并用经纬仪测总

应县佛宫寺木塔远景

赵州桥是我国现存最古的石桥。

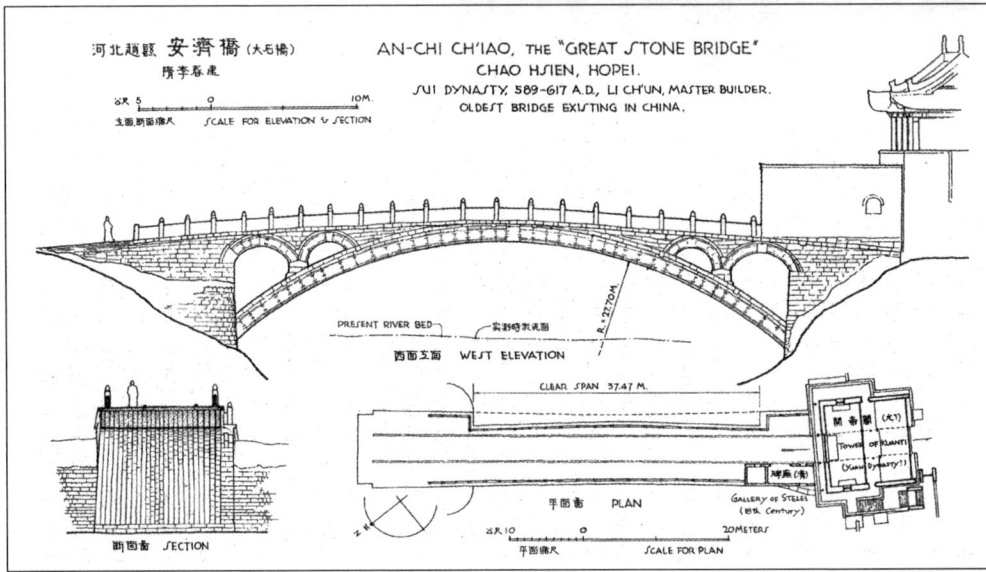

赵州桥隋代栏板
手绘赵县赵州桥平面图
赵州桥全景

平面及各殿高度。

17日梁思成、刘敦桢、莫宗江赴应县调查佛宫寺，刘敦桢先期回北平。

18日至23日梁思成、莫宗江详测佛宫寺木塔。

24日由应县赴浑源考察悬空寺后返大同。

25日补摄华严寺薄伽教藏殿壁藏照片及量尺寸。

26日返回北平。

其后又复派莫宗江、陈明达二人赴大同，补测普贤阁及壁藏遗漏的尺寸。

前后共二十日详测及详查的建筑有华严寺薄伽教藏殿及海会殿，善化寺大雄宝殿、普贤阁、三圣殿、山门，云冈诸窟。略测的有华严寺大雄宝殿、善化寺东西朵殿、东西配殿及大同市东、西、南三座城楼及钟楼。

1933年二次调查正定并调查赵州桥

1933年的11月，梁思成、林徽因、莫宗江再次到正定去，做补充调查。他们结束了正定的工作后，林徽因返回北平。梁思成和莫宗江从正定到赵县，去调查民谣中称之鲁班爷修的赵州桥，即安济桥。桥当然不是鲁班修的，但意外的是他们竟发现此桥建于隋大业年间，由匠师李春主持建造。我国隋唐以来桥梁的年代确实可考的极少，而安济桥则准确地知道它建于公元605年至617年，是我国现存最古的石桥。这桥以长37.37米、高7.23米的大弧形石券，横跨河上。桥两端各砌两小券，做成空撞券。据文献记载，李春的设计是为了山洪暴发时凶猛的河水可以顺

赵县陀罗尼经幢,这是国内最大的经幢
1934年、1937年梁思成、林徽因等山西调查路线图

利通过石桥，且能减轻桥身自重。同时它在工程技术及艺术形象方面也是一个重大的创造。

欧洲古代的桥，如法国14世纪建造的Pont des Consuls，虽然在桥墩之上部发小券，但小券并不伏在主券上。至19世纪中叶以后才盛行于欧洲。在《说桥》（*A Book of Bridges*）一书中则认为1912年落成的Algeria, Constantineis Point Sidi Rached，一道主券长七十米，两端各伏有四小券的桥，是半受法国Ceret两古桥（1321年）影响的产品。但这些桥计算起来，较安济桥竟是晚了七百年，乃至一千二百余年。 除大石桥外，他们还附带调查了其他两个小石桥，济美桥和永通桥。随之又到赵县城内调查了北宋时的陀罗尼经幢，此幢可称经幢中体形最大者，而且形象华丽、雕刻精美，是这一时期经幢的典型代表作。

1934年晋汾之游

1934年梁思成为了整理应县木塔的调查，一直没有离开北平，只到天坛去看了一下祈年殿的修缮工程。

到了8月他正准备邀请他的美国好友费正清夫妇同往北戴河避暑时，费氏夫妇却邀请梁氏夫妻随他们到山西的汾阳城外峪道河去消夏。因为汾阳离赵城不远，赵城的调查本已列入他们的计划，因而也就欣然同往。

山西汾阳城外的峪道河，沿河有数十家磨坊，靠峪道河的清泉为动力，直到电磨机出现，平遥创立了山西面粉业的中心，这些水力磨坊才渐渐地消寂下来。但此处依山靠水，风景优美，于是有不少传教士买下那些废弃的磨房改成别墅。费氏夫妇带他们去的就是一个传教

1932年调查平郊杏子口佛龛时的林徽因

士的磨房别墅。别墅的主人，正是20世纪80年代曾任美国驻华大使恒安石的父亲。

梁氏夫妇与费氏夫妇一行，以峪道河为根据地，向邻近的太原、文水、汾阳、孝义、介休、灵石、霍县、赵城等县做了多次考察，发现古建筑四十余处。正是这次旅行使费慰梅了解了梁思成的研究工作，并对中国古建筑发生了兴趣。因此行未带助手，对发现的古建筑只做了摄影与预测，原计划秋后再来详细调查，但直到1936年5月才成行。

这次发现的古建筑中最重要的有两处，一是太原的晋祠，一是赵城的上、下广胜寺及明应王殿。

晋祠

晋祠在太原近郊，是太原的名胜之一，但梁思成根据以往的经验，认为越是名胜遭重修的可能性越大，因此古建筑最难保存，所以他们并未计划前往考察。直到他们已乘上太原去汾阳的汽车，路过晋祠的后面时，他们惊异地抓住车窗望着那大殿的一角侧影，爱不忍释。

由汾阳回太原的途中，他们便到晋祠去做了初步的考察。晋祠的布置既像庙观的院落，又像华丽的宫苑，全部兼有开敞堂皇的布局和曲折深邃的雅趣。圣母殿是晋祠最大的一组建筑，正殿前有飞梁（即十字桥）、献殿及金人台等。正殿是一接近正方形、重檐歇山顶的殿堂。它面阔七间进深五间。四周有围廊，是《营造法式》中所谓"副阶周匝"形式的实例。所不同的是，它前廊深两间，内槽深三间，故前廊异常空敞，这种布局梁思成还是初次见到。斗拱的做法与隆兴寺摩尼殿相似，但比之更为豪放生动。从殿的结构上看，县志中所说它重建于宋天圣年间的说法是准确的。在斗拱上，首次出现了假昂的做法，这是值得注意的。在

晋祠圣母殿
晋祠献殿

圣母殿前宽阔的前廊
晋祠圣母殿前的飞梁，即一十字桥
飞梁——这种石柱式的桥仅在古画中见过

梁思成、林徽因与费氏夫妇同赴山西调查古建筑

正殿前横跨放生池上的飞梁，在池中立方石柱若干，柱头以普拍枋联络，其上置大斗，斗上施十字相交的拱，以承桥的承重梁。这种石柱式的桥，过去仅在古画中见到，这个石柱桥是惟一的实例，看来也是宋代原物。在飞梁前又有重建于金大定八年（公元1168年）的献殿。

赵城上、下广胜寺

广胜寺在赵城霍山，分上寺与下寺。广胜寺诸门殿在结构上为我国建筑实物中罕见之特例。下寺的山门前后各有垂花雨塔悬出檐柱以外，做法极特殊，而且给人一种简洁的美感。上、下各寺殿堂的结构均施用巨昂，即使用斜梁及圆形的梁栿，都是过去所不曾见到的，可称元代建筑的特征。下寺的正殿为了增加活动空间，采用减柱和移柱法，表现出灵活的设计手法，是明清后正规建筑中所不见的。广胜寺创建于唐，金代曾大修，元大德七年发生剧烈的地震，所以"大刹毁"，现存的殿宇是元延祐六年（公元1319年）重修的。

明应王殿

为广胜寺泉水龙王之殿。我国凡是有水的地方都有龙王庙，但这一处龙王庙规模之大，远在普通龙王庙之上。且除去规模大外，它也是龙王庙中极古的一座。殿内四壁皆有元代壁画，其题材为非宗教的，这在古代壁画中极为罕见。殿建成于元泰定元年（公元1324年），是元朝祠祀建筑殿堂的一种类型。殿前庭院很大，供公共集会和露天看戏之用。中国戏曲在元代有很大发展，许多公共建筑正对大殿建造戏台，成为元朝以来祠祀建筑的特有形式。明应王殿的壁画和上、下广胜寺的梁架都是极罕见的遗物。

太谷资福寺大殿檐下
小相村灵岩寺，大佛在与林徽因说话

考察完广胜寺，他们又满怀信心地出发，到霍山中去寻访唐代的兴唐寺。

"我们晨九时离开广胜寺下山，又折回到霍山时已走了十二小时！沿途风景较广胜寺更佳，但近山时实已入夜，山路崎岖，峰峦迫近如巨屏，谷中渐黑，凉风四起，只听脚下泉声奔湍，看山后一两颗星点透出夜色，骡役俱疲，摸索难进，竟落后里许。我们本是一直徒步先行的，至此更得奋勇前进，不敢稍息（怕夫役强主回头，在小村落里住下），入山深处，出手已不见掌，加以脚下危石错落，松柏横斜，行颇不易。喘息攀登，约一小时，始见远处一灯高悬，掩映松间，知已近庙，更急进敲门。

"等到老道出来应对，始知原来我们仍远离兴唐寺三里多，这处为霍岳山神之庙称中镇庙。乃将错就错，在此住下。

"我们到时已数小时未食，故第一件事便到'香厨'里去烹煮，厨在山坡上窖穴中，高踞庙后左角。庙址既大，高下不齐，废园荒圃，在黑夜中更是神秘，当夜我们就在正殿塑像下秉烛洗脸铺床，同时细察梁架，知其非近代物。这殿奇高，烛影之中，印象森然。

"第二天起来忙到兴唐寺去，一夜的希望顿成泡影。兴唐寺虽在山中，却不知如何竟已全部拆建，除却几座清式的小殿外，还加洋式门面等等。新塑像极小，或罩以玻璃框，鄙俗无比，全庙无一样值得记录的。"

梁思成在这次调查中看到了许多民间的中小古建筑。它们不像大城市的建筑或朝廷赐建的庙宇，必须遵循一定的"法式"、"则例"，匠师在手法上表现出自由、大胆、灵活而富有生命力的精神。发券的建筑为山西一个重要的特征，如太原的永祚寺大雄宝殿，是中国发券建筑的主要作品，也是建筑史研究中有趣之实例。1934年10月，梁思成又率

1934年梁思成等浙江调查路线图
林徽因在延福寺梁上
宜平延福寺

莫宗江、麦俨增到晋汾地区进行考察与测绘。前后两次调查测绘的古建筑有：

  太原 晋祠（宋代）

      永祚寺大殿及双塔（明代，公元1597年）

  汾阳 峪道河龙天庙（元建经后代修葺）

      县文庙

      城隍庙

      善惠寺

      大相村崇胜寺（元建明代修葺）

      杏花村国宁寺

      小相村灵岩寺（毁）

  文水 开栅镇圣母庙（元代）

      文水县文庙

  孝义 吴屯村东岳庙

  霍县 太清观、文庙、东福昌寺、西福昌寺

      火星圣母庙

      县政府大堂

  赵城 上、下广胜寺

      明应王殿（元代）

      霍山中镇庙

  洪洞 泰云寺（元代）、龙祥观（元代）

      弥勒寺（宋代）、火神庙（元代）

      文庙（明代）、东岳庙（明代）

  临汾 平阳府文庙（明代）

梁思成与梁思永在安阳合影(左永右成)

　　　　　县文庙、大云寺砖塔（清代）

　　　　　云泉宫正殿（宋代）、崇宁寺正殿（明代）

新绛　　文庙（明代）、武庙（清初）

　　　　　龙兴寺塔（明代）

太谷　　资福寺藏经楼（元代）

1934年调查浙江古建筑

　　1934年10月，梁思成、林徽因应浙江省建设厅的邀请到杭州商讨六和塔重修计划（详见《杭州六和塔复原状计划》，《梁思成文集（一）》）。刘致平亦同行并负责测绘灵隐寺双石塔及闸口白塔（详见《浙江杭县闸口白塔及灵隐双石塔》，《梁思成文集（一）》）。灵隐双塔建于宋建隆元年（公元960年），闸口白塔也是同一时期的作品。此三塔实际上可说是塔形的经幢，或可说是当时木塔的忠实模型，因此对宋初木塔的研究，是一个极可贵的资料。杭州的工作完毕后，他们又赴浙南的宣平县陶村调查延福寺。从延福寺的月梁、梭柱及柱质等做法上看，鉴定它的确是元泰定三年（公元1326年）的作品。江南的气候本不宜于木建筑的保存，他们此行不但发现了元代的延福寺，还在金华天宁寺发现了一座元代大殿，实属难得。在归途中他们在吴县甪直镇，调研了保圣寺大殿；过南京时往栖霞寺石塔及萧梁忠武王墓摄影。这次赴杭测绘鉴定了以下古建筑：

杭州　　灵隐寺双石塔（宋代，公元960年）、闸口白塔（同前）

宣平　　延福寺（元代，公元1326年）

金华　　天宁寺大殿（元代）

到龙门去

1935年第一次赴河南调查安阳古建筑

1935年5月,梁思成的弟弟考古学家梁思永,在安阳侯家庄主持考古发掘,共发现大墓十座、小墓千余座,发掘规模的宏大、考古收获的丰富在国内都是空前的。梁思成素对考古有浓厚的兴趣,因此他赴安阳去看思永的考古成果,顺便调查安阳的古建筑。天宁寺的雷音殿是安阳最古的建筑,建于辽金时期,寺内砖塔形制奇特,为元代所建。

1935年调查苏州古建筑

1935年8月刘敦桢暑假南下新都,归途中顺便去苏州游览两日,不期发现苏州竟有多处古建筑。"返平后出所摄照片示梁思成先生,相与惊诧,以为大江以南,一城之内,聚若许古物,舍杭州外,当推此为巨擘。适南京中央博物馆征求建筑图案,聘梁先生与余为审查员,因此决计乘南行之便再做第二次考察。"他们邀请社友卢树森、夏昌世二位一起参加测绘工作。从9月7日开始工作,10日晚梁思成因事返京,11日夏昌世亦返南京,刘敦桢与卢树森留下。先量三清殿内檐斗拱及双塔尺寸,又至北塔虎丘塔等处补摄照片,至14日结束工作。经他们调查的古建筑有:

玄妙观三清殿	宋孝宗淳熙六年(公元1179)重建
罗汉院双塔	宋太宗太平兴国七年(公元982年)
报恩寺塔	塔身砖造,重建于南宋,外围采用木构,经多次修葺,最后一次是光绪二十六年(公元1900年)
虎岳云岩寺塔	五代至宋初

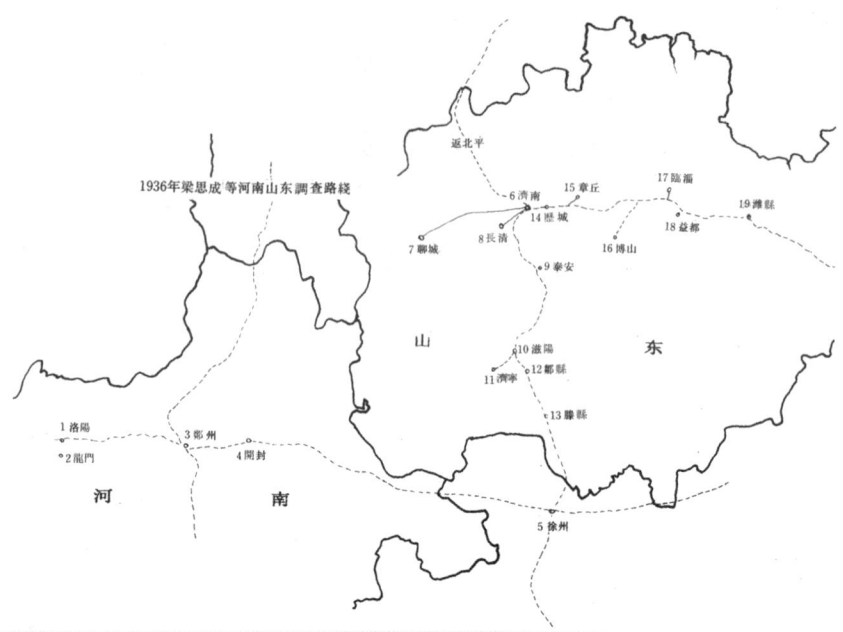

1936年梁思成等河南、山东调查路线图
山东历城神通寺四门塔

虎岳二山门	元顺帝至元四年（公元1338年）
府文庙	内藏平江府图碑刻，南宋绍定二年（公元1229年），为我国官署建筑不可多得之史料
瑞光塔	南宋淳熙年间（公元1174—1189年）
开元寺无梁殿	明万历四十六年（公元1618年）

他们还去调查了留园、怡园、环秀山庄、拙政园、狮子林、木渎花园、严家花园等园林。

调查完了苏州古迹，梁思成又到南京调查了梁陵，并到邢台调查了天宁寺塔，回到北平后又与刘敦桢一同去测绘了正觉寺金刚的宝座塔。

1936年调查龙门石窟并赴山东调查中部11个县

1936年5月刘敦桢率陈明达等赴河南西北部调查古建筑。5月28日梁思成、林徽因抵洛阳，会同刘敦桢等考察龙门石窟，他们对龙门踏勘了4天。刘敦桢编号及记录建筑特征；林徽因记录佛像雕饰；梁思成、陈明达摄影；赵正之抄录铭刻年代。

写生及局部实测，则由大家分别担任。在龙门期间最感苦恼的莫过跳蚤的袭击。刘敦桢在日记中写下"寓室湫隘，蚤类猖獗，经夜不能交睫"。后来梁思成也回忆起这次的跳蚤大战："我们回到旅店铺上自备的床单，但不一会儿就落上一层沙土，掸去不久又落一层，如是者三四次，最后才发现原来是成千上万的跳蚤。"石窟工作完毕，他们又调查了附近的关羽墓。

6月结束了龙门石窟的调查之后，梁思成、林徽因到开封调查了宋代的繁塔、铁塔及龙亭等处，然后从开封直抵济南，与麦俨增会合，继

林徽因在塔内
林徽因在测绘山东历城神通寺墓塔

泰安岱庙山门仍保持方形门洞的古制
林徽因在测绘山东滋阳兴隆寺塔

河北邢台天宁寺塔

续往东，到历城、章丘、临淄、益都、潍县又回到济南，再南下到长清、泰安、滋阳（现兖州市）、济宁、邹县、滕县计11个县。重要的古建筑有隋大业七年（公元611年）建的历城神通寺四门塔，它的外形与云冈浮雕所见极相似。泰安岱庙的山门，仍保持方形门洞的古制，恰似宋画《清明上河图》中所见，也是国内的唯一孤例。

他们原计划还要调查益都云门摩崖雕像。云门雕像是隋代雕像的精品，但已破坏得很厉害，同时途中经常有土匪出没、抢劫。益都当局极力劝阻，他们也就只好作罢。此行调查测绘的古建筑有：

开封　佑国寺铁塔（宋庆历年间，公元1041—1048年）

　　　繁塔（宋太平兴国二年，公元977年）

　　　龙亭

历城　神通寺四门塔（隋大业七年，公元611年）

　　　朗公塔（唐建）

　　　元、明墓塔三十余座、千佛崖唐代造像、勇泉庵等

章丘　常道观元代大殿、白云观、清净观元代正殿

　　　文庙金代大成殿、永兴寺、民居等

临淄　兴国寺遗址、北魏佛像

益都　县文庙

潍县　县文庙、石佛寺明代大殿

长清　灵严寺千佛殿（宋建明代重修）、辟支塔（宋代）

　　　慧宗塔及法定塔（唐代）、宋、元、明历代墓塔一百四十余座

泰安　岱庙、泰山上道观多处

滋阳　兴隆寺砖塔（宋嘉祐八年建，公元1063年）

　　　灵应庙大殿（明代）、泗水桥等

1936年莫宗江(左)、梁思成(中)考察咸阳顺陵
1939年刘敦桢等云南调查路线图

济宁	铁塔寺铁塔（北宋建）、钟楼
邹县	法兴寺（宋塔）、亚圣庙
滕县	龙泉寺（明塔）、兴国寺遗址，此外，民居、桥梁、园林等多处

回京后梁思成又到邢台去调查天宁寺古建。

1936年4月里有一个快乐的间歇，美国建筑和城市规划学家克拉伦斯·斯坦因及其迷人的夫人著名女演员爱琳妮·麦克马洪来到了北京。徽因写道："我们爱上了他们，他们差不多同时也爱上了我们。"

通过克拉伦斯·斯坦因，促使思成阅读和思考了城市规划，一个在他日后的年代里至关重要的课题。

1936年第一次调查陕西古建筑

1936年梁思成与莫宗江、麦俨增赴晋汾地区去测绘1934年发现的古建筑。

11月份结束了山西的工作，梁思成一行继续奔赴西安。当时山西往西安去的火车尚未正式开通，他们只好乘坐四处漏风的铁皮货车前往。时值11月下旬，天气十分寒冷，途中又逢寒流，他们在不很严密的车厢中冻得上下牙直打战，只好把报纸夹在毛毯中围在身上，这样可以不透风，利于保暖，但仍是冻得不能交谈。在西安因已进入冬季，野外调查十分困难，他们只测绘了：

西安	慈恩寺大雁塔，建于唐武后长安年间（公元701—704年），大雁塔门楣石刻忠实地反映了唐代木建筑的形式 青龙寺、卧龙寺、宝塔寺（唐代）

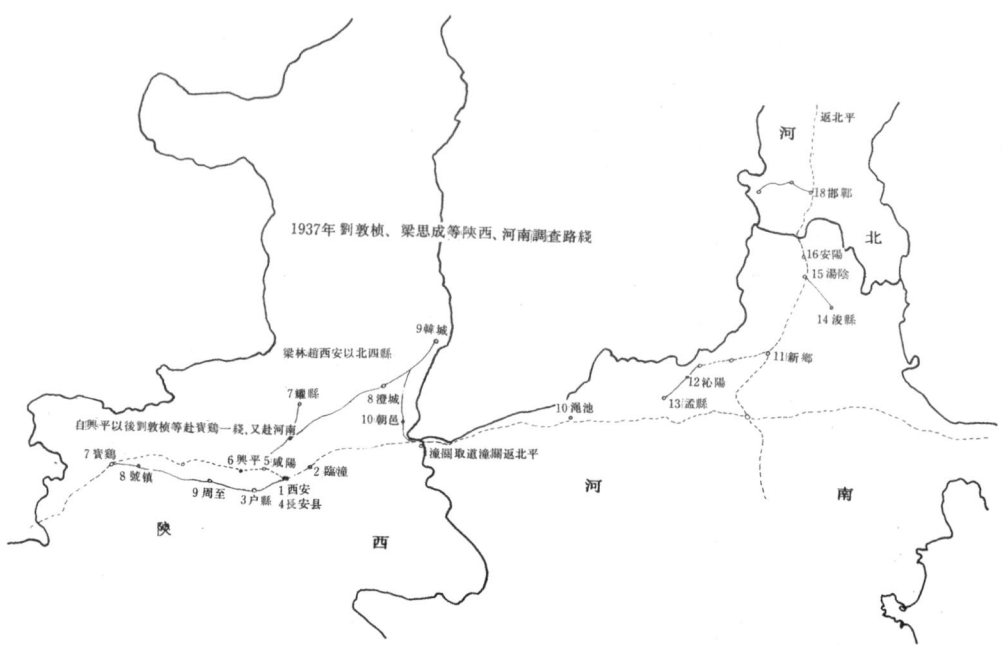

1937年刘敦桢、梁思成等陕西、河南调查路线图
西安华觉巷清真寺礼拜殿

礼拜殿内景

林徽因在药王庙测绘佛像

长安县　　香积寺塔（唐代）

　　咸阳　　　周文王、武王陵、唐武氏顺陵

　　兴平县　　汉武帝陵、霍去病墓（汉代）

1936年以来，日本帝国主义的侵华野心越来越暴露，时局日益动荡紧张，梁思成与刘敦桢也感到时间的紧迫，他们马不停蹄地连续调查，要赶在侵略者入侵以前把华北、中原地区的古建筑全部调查完毕，唯恐战争一旦爆发，这些祖国的瑰宝、民族的珍贵遗产将在战火中化为灰烬。

1937年第二次赴陕西调查

1937年5月刘敦桢与麦俨增再赴河南、陕西调查。

梁思成夫妇亦应顾祝同之邀到西安作小雁塔的维修计划，同时梁思成还为西安碑林工程作了设计。

西安虽是历史名城，但城内最古的木结构建筑只有旧布政司署的府门三间是元代作品，其次是位于华觉巷的东大寺及大学习巷的西大寺，两个清真寺以华觉巷东大寺年代为早，建于明洪武二十五年（公元1392年），西大寺建于明永乐十一年（公元1413年）。这两个寺以东大寺规模较大，但殿堂已大部分于清代改建。西大寺规模略小，但明代建筑保存完好，可惜后来被毁了。西安的木构建筑几乎都是清代重建的，但唐代以来的砖石塔、经幢则比比皆是。在陕西境内，所到各处亦大体如此。

于是他们又一同调查了西安的古建筑。这期间梁思成、林徽因还出长安，到耀县调查了药王庙。

他们原计划继续西行至兰州赴敦煌。但因时局紧张，国民政府为防

前往五台山去寻找佛光寺
山西榆次永寿寺雨花宫（现已毁）
林徽因在雨花宫

止间谍活动，在陕甘一带处处设卡，必须有军事部门的通行证，否则不能通行，至使此行未果，成为梁思成的终身遗憾。

梁思成、林徽因这次陕西之行调查的古建筑有：

西安　旧布政司署府大门（元代）、钟楼（明建清代重修）

华觉巷清真寺（建于明代，清代大部分重修）

大学习巷清真寺（明永乐十一年建，1413年）

卧龙寺、花塔寺（唐代）、大雁塔（唐代）、小雁塔（唐代）

碑林

长安　香积寺塔（唐代）、兴教寺玄奘塔（唐代）

临潼　秦始皇陵、华清池、灵泉观

户县　草堂寺、灵感寺

耀县　药王庙

1937年第四次赴山西调查五台山佛光寺及榆次永寿寺雨花宫

到了1937年，梁思成已经跑了许多地区，有了很多的重要发现。但是最早的木结构建筑仍是初期调查的蓟县独乐寺、应县木塔等宋辽时期的建筑。日本人曾断言，中国已不存在唐以前的木构建筑，要看唐制木构建筑，人们只能到日本奈良去。但梁思成始终有一个信念，相信在国内肯定还有唐代的木构建筑存在。当他第一次阅读伯希和的《敦煌石窟图录》时，注意到第61号窟的宋代壁画"五台山图"中的大佛光之寺。他又在北平图书馆的《清凉山（山西五台山）志》中读到了佛光寺的记载。《清凉山志》中记载佛光寺不在台怀这个中心区，而是地处台外。有可能因为它的交通不便，祈福进香的信徒很少，寺僧贫苦，没

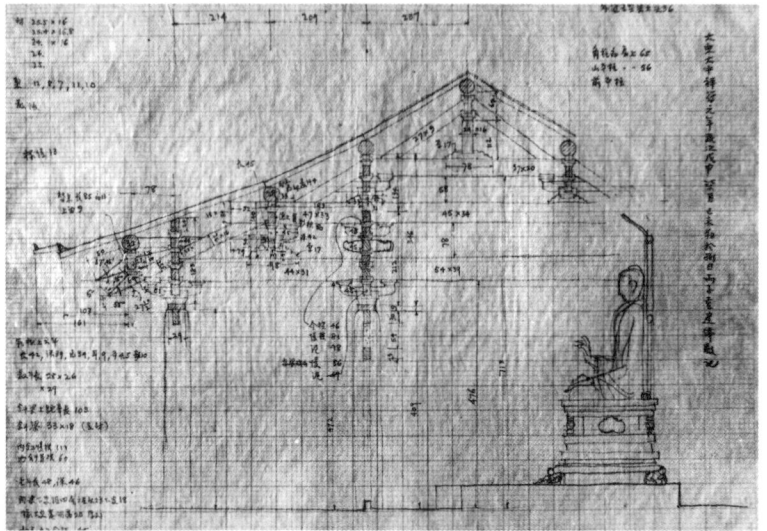

手绘山西榆次永寿寺雨花宫测绘图（雨花宫已被拆除）
佛光寺大殿

雨花宫的结构，最成功的一点是省略掉不必要的构材，那也是它最大的特点。

有力量修装建筑，这就比较有利于古建筑的保存。于是梁思成决定去碰一碰运气。

1937年6月梁思成、林徽因刚从西安返京，立刻与莫宗江、纪玉堂一起奔赴五台山寻找佛光寺去了。雨花宫是他们前往太原途中，经过榆次时，林徽因在车厢内无意中看到的。他们从历年的实地考察经验断定，这座庙宇有不可放过的价值。

他们到达太原后，在等待省政府办理旅行手续期间，前后两天相继到榆次去做了勘察。这座规模不算小的永寿寺，现在只留下雨花宫这个小殿堂了。他们做了必要的测绘，拍摄了照片，准备在回程时再详细考察，但因战争而未按原计划完成工作。1949年后雨花宫因修筑铁路而被拆除了。

雨花宫的结构，最成功的一点是省略掉不必要的构材，那也是它最大的特点。从斗拱使用极度的"偷心制"和补间铺作最简略的做法上可以看到，匠师在处理各构材时，尽可能地和相邻构件取得相辅的功用。由此表现出各构材之间的递相承转和互相协应，产生出纯结构的美，却并没有特加任何装饰。

雨花宫建于宋大中祥符元年（1008年），早于雨花宫的木建筑只有五台山的南禅寺大殿（782年）、佛光寺大殿（857年）、敦煌120窟前木廊（976年）、敦煌130窟前木廊（980年）和独乐寺观音阁及山门（984年）五处。直到现在，雨花宫在已知的遗例中，仍是一个结构简洁的重要例证，也是唐宋间木构建筑过渡形式的重要实例（参阅《营造学社汇刊》七卷二期，莫宗江《山西榆次永寿寺雨花宫》）。

他们结束了雨花宫的测绘后返回太原，前往五台山，他们不入台怀，而是北行趋南台外围，骑驮骡进山。在陡峻的山路上，沿倚着崖边

佛光寺大殿魁伟整饬，从建筑形制特点看，深远的出檐，硕大的斗拱，柱大的卷刹，门窗的形式处处可以证明是唐代建筑。

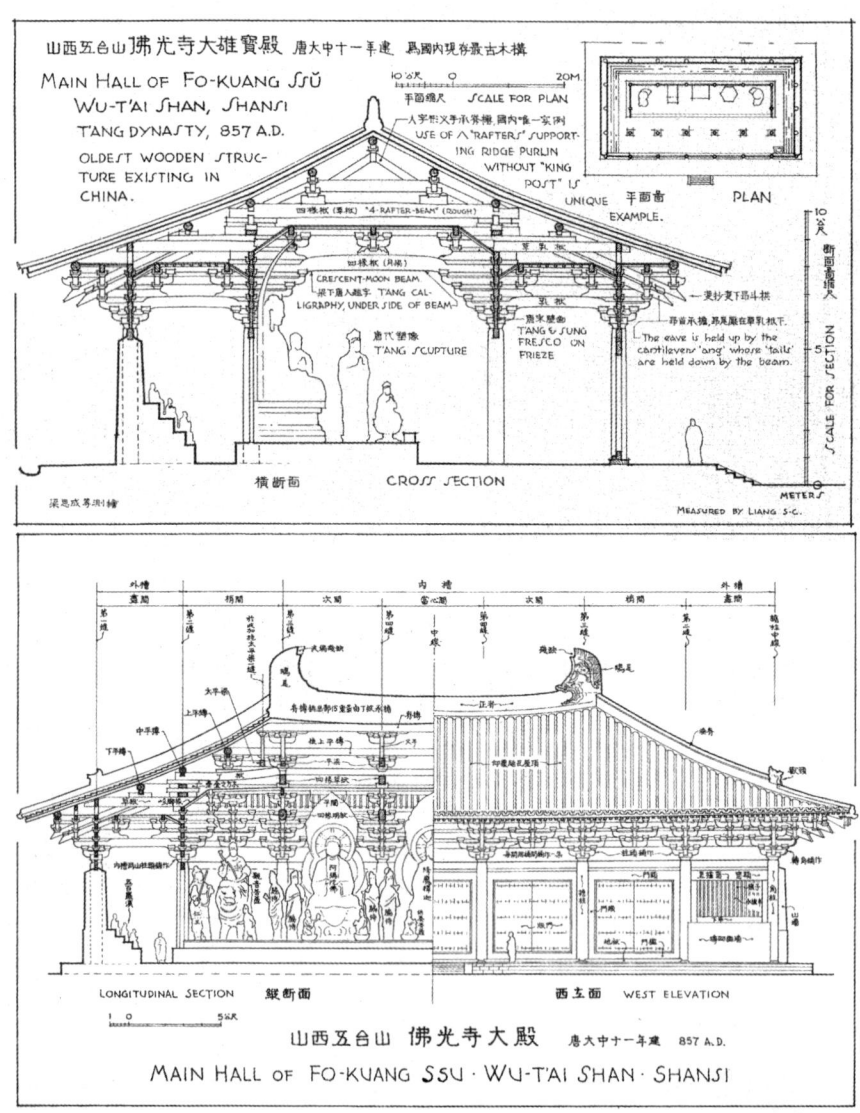

手绘佛光寺大殿测绘图

迂回着走，崎岖危险。有时连毛驴都不肯前进了，他们只好下驴，卸下装备，拉着毛驴前进。如此走了两天，第二天的黄昏时分才到豆村。夕阳中，前方的一处殿宇在向他们召唤，那就是佛光寺吗？！……进入寺内瞻仰大殿，嗟叹惊喜，他们一向所抱着的国内殿宇必有唐构的信念，在此得到了实证。

佛光寺大殿魁伟整饬，从建筑形制特点看，深远的出檐，硕大的斗拱，柱头的卷刹，门窗的形式处处可以证明是唐代建筑。但为取得确凿的证据，他们爬到"平"上面，因为通常殿宇建造年代多写在脊檩上。但殿顶上黑暗无光，他们用手电筒探视，看见檩条被千百成群的蝙蝠盘踞，聚集在上面，无法驱除。脊檩上有无题字，仍无法知道。忽然，他们发现梁架上都有古制"叉手"的做法，这是他们从未见过的实物，是国内的孤例，使他们惊喜得如获至宝。照相的时候，蝙蝠见光惊飞，秽气难耐，而木材中又有千千万万的臭虫，工作至苦。他们早晚攀登工作，或爬入顶内与蝙蝠、臭虫为伍，或爬到殿中构架上，俯仰细量探索，唯恐不周，因为他们知道再次入山的机会恐怕是没有了。

工作了几天以后，才看见大殿梁下隐约有墨迹，因殿内光线不足，字迹又被一层土朱所掩盖，审视了许久只隐约认出官职一二，独林徽因见"女弟子宁公遇"的名字。他们又详细检查阶前经幢上的姓名，果然，幢上除官职外也有女弟子宁公遇，称为"佛殿主"。为求得题字的全文，即请寺僧入村募工搭架，想将梁下的土朱洗去，以穷究竟。不料村僻人稀，和尚去了一整天，仅得老农二人。于是纪玉堂忙着领老农搭架，筹划了一天，才支起一架。梁思成问及原因，纪玉堂笑笑说"可也没闲着"，原因是老农对这种工作完全没有经验。他们忙着将布单撕开浸水互相传递上去，土朱着了水，墨迹就显出来，但是水干之后，

梁思成在大殿内

林徽因在唐代佛像中
林徽因与佛殿主宁公遇

林徽因在佛光寺祖师塔上檐

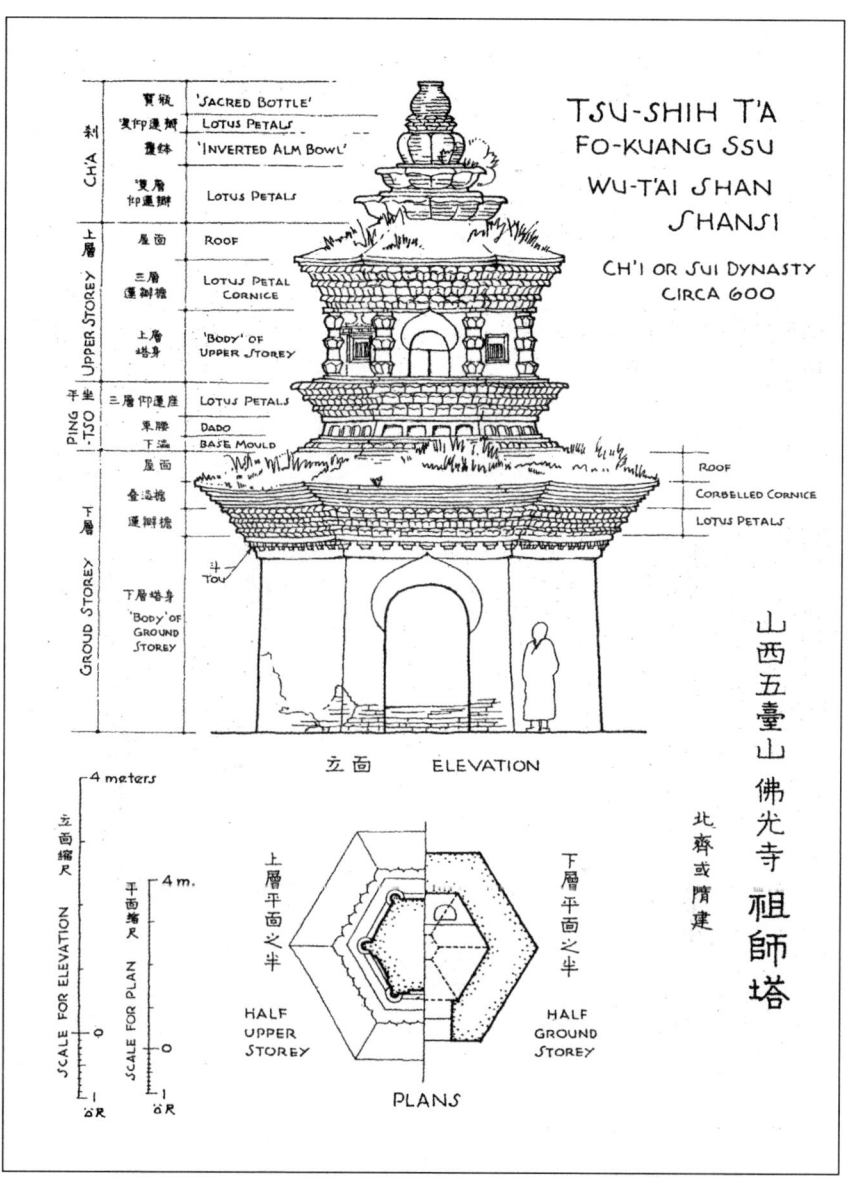

手绘山西五台山佛光寺祖师塔测绘图

（左起村童、莫宗江、林徽因）

林徽因在测绘唐代经幢

又隐约不可见了，费了三天时间才读完四条梁下的题字全文。这才知道大殿建于唐大中十一年（公元857年），梁下题字是列举建殿时当地官长和施主的姓名。宁公遇是出资建殿的施主，而受她好处的功德主是两位宦官，即梁下写的"功德主故右军中慰王"和"功德主河东监军使元"二人。

确证了佛光寺大殿的年代后，他们高兴极了，这是他们开始野外调查以来最高兴的一天。那天夕阳西下，映得佛光寺殿前及整个庭院一片霞光，他们将带去的全部应急食品，沙丁鱼、饼干、牛奶、罐头等统统打开，大大庆祝了一番。

佛光寺大殿内尚存唐代塑像三十余尊，唐壁画一小横幅，宋壁画几幅。寺内还有唐石刻经幢两座，唐砖墓塔两座，魏或齐的砖塔一座，宋中叶的大殿（文殊殿）一座（参阅《梁思成文集（二）》，《记五台山佛光寺的建筑》）。

工作完毕他们才到台怀，调查了台怀的诸寺，又到繁峙、代县调查了两天，才听到"卢沟桥事变"的消息，战争爆发已经五天了。

他们此行调查的古建筑有：

榆次	永寿寺雨花宫
五台豆村	佛光寺
五台台怀	显通寺、塔院寺、镇海寺、菩萨顶、南山寺
	清凉寺、文庙天地阁、店面
繁峙	正觉寺
代县	谯楼圆果寺、城门
	杨延兴墓、店面

4个县共调查建筑物约56处。

1934年以后,文献组的刘敦桢亦把主要精力放到实物的调查测绘上来。1934年、1935年、1936年前后三次赴河北西部、南部调查,1936年、1937年又赴河南、山东、陕西调查,发现的重要古建筑有:河北定兴北齐石柱、曲阳北岳庙德宁殿、安平圣姑庙、定县料敌塔;河南登封太室、少室、启母三石阙,少林寺初祖庵,嵩岳寺塔,周公测景台,净藏禅师塔,登封法王寺塔;山东肥城汉郭巨祠等。至抗日战争前夕,梁思成已与学社同仁完成了华北、西北、江浙一带地区的古建调查,中国建筑史上重要的建筑物几乎全是营造学社在抗日战争前调查发现的。

北平故宫的测绘

1934年中央研究院拨款五千元给学社,要求学社将故宫全部建筑都测绘出来,出一本专著。这项工作由梁思成负责,邵力功协助。所有殿堂及各门由梁思成率邵力功、麦俨增、纪玉堂测绘,次要建筑如小朝房、小库房等由邵力功负责。

他们自1934年开始至1937年测绘了天安门、端门、午门、太和门、太和殿、中和殿、保和殿、后右门、后右门北朝房、西北角库、保和殿西库房、中右门、中右门北朝房、西朝房、右翼门、弘义阁、弘义阁西库房、西南角库、贞度门、贞度门西朝房、东朝房、熙和门、熙和门南朝房、北朝房、协和门、协和门南朝房、北朝房、昭德门、昭德门东朝房、西朝房、东南角库、体仁阁、左翼门、中左门、保和殿东库房、东北角库、后左门、文华门、文华殿、集义殿、文渊阁、传心殿、红木库、实录库、西华门、武英门、武英殿、焕章殿、凝道殿、浴德堂、咸安门、南熏殿、灯笼库、东华门、东西南北四角楼，共计六十余处。除故宫外还测了安定门、阜成门、东直门、宣武门、崇文门、新华门、天宁寺、恭王府等处。可惜因战争爆发，故宫的测绘没有完成，已测绘的图稿也没有全部整理绘制出来。

1936年5月林徽因率刘致平、麦俨增等测绘北海静心斋。

20世纪30年代我们的国家和民族还处于多难、贫穷、落后的时期，野外调查乘坐的是木轮的马车，或骑驴、骑马，或步行。能住宿在学校、庙宇中是较好的去处，否则只能在大车店与蝇蚊壁虱为伍。在刘敦桢先生的调查笔记中我们看到这样一些片断。如5月25日"下午五时暴雨骤至，所乘之马颠蹶频仍，乃下马步行，不五分钟，身无寸缕之干。如是约行三里，得小庙暂避"。6月26日"久雨之后，泥深尺许，曳车之骡，前进为艰，乃下车步行"。6月28日"……行三公里骤雨至，避山旁小庙中，六时雨止，沟道中洪流澎湃，不克前进，乃下山宿大社村周氏宗祠内。终日奔波，仅得馒头三枚（人各一），晚间又为臭虫蚊虫所攻，不能安枕尤为痛苦"。6月27日"……一路岗陵起伏，迂回曲折。中途遇大风雨，飘摇欲坠者再，衣履尽湿，狼狈万分"。

但到了1937年，除了以上困难外，还要办护照、通行证及介绍信，处处受到盘查询问。刘敦桢就曾因为遗失了护照与通行证，被视为形迹可疑分子，在宝鸡至虢镇途中被拘留两天。到西安时从下车到城门内，还需经军警三次盘查询问，搬运工人也需更换三次。出西安城外调查，警察厅要派巡官"导游"，实为监视他们的行动。

由于他们经常跑到最偏僻的山村，接触最基层的劳苦大众，所以他们对旧政府的腐败、帝国主义的侵略有更深切的体会。1937年，刘敦桢等到达登封时，正值登封闹灾，他们亲眼看到农民以树皮、观音粉充饥，致腹胀如鼓、奄奄一息，惨痛万状。梁思成和莫宗江等到雁北调查时，亲眼看到一家人只有一条裤子的惨状，十七八岁的大姑娘，只能畏缩在炕头。这些都激励着他们克服困难去争取胜利的信心和坚决抗击日本侵略者的决心。

从1932年至1937年学社调查过的县市有137个，经调查的古建殿堂房舍有1823座，详细测绘的建筑有206组，完成测绘图稿1898张。

1935年曲阜孔庙的修葺计划及建筑考察

1935年2月，梁思成奉教育、内政两部命，到曲阜勘察孔庙并作修葺计划，同行的有莫宗江。曲阜孔庙占据了曲阜的半个城，南北约六百多米，东西约一百五十多米。他们将孔庙所有门殿的平面都做了详细测量，并在平面上详细注明结构上损坏的情形及位置。其中大成殿奎文阁两座最重要的殿宇及孔庙建筑中最古的金代碑亭，他们都详细地测绘其断面图及斗拱详图。省建设厅于噗民诸人协助将全庙的方位测出，各建筑物墙柱的配置是按照梁思成、莫宗江的测量详图加上去的。他们除测绘孔庙外，还将孔林颜庙视察一遍。共摄影三百二十余幅。在曲阜工作五日，梁思成先行回北平，莫宗江留下工作半月后始归。

此行他们测绘了大小建筑详细平面约四十处，全部详测的有大成殿、奎文阁、金碑亭两座、元代碑亭两座、元代门三座。返回北平后，梁思成立即着手撰写了十三万字的修葺计划（参阅《梁思成文集（二）》，《曲阜孔庙的建筑及其修葺计划》），在这个计划中他初步阐明了对古建筑维修的原则及看法：

"在设计人的立脚点上看，我们今日所处的地位，与两千年以来每

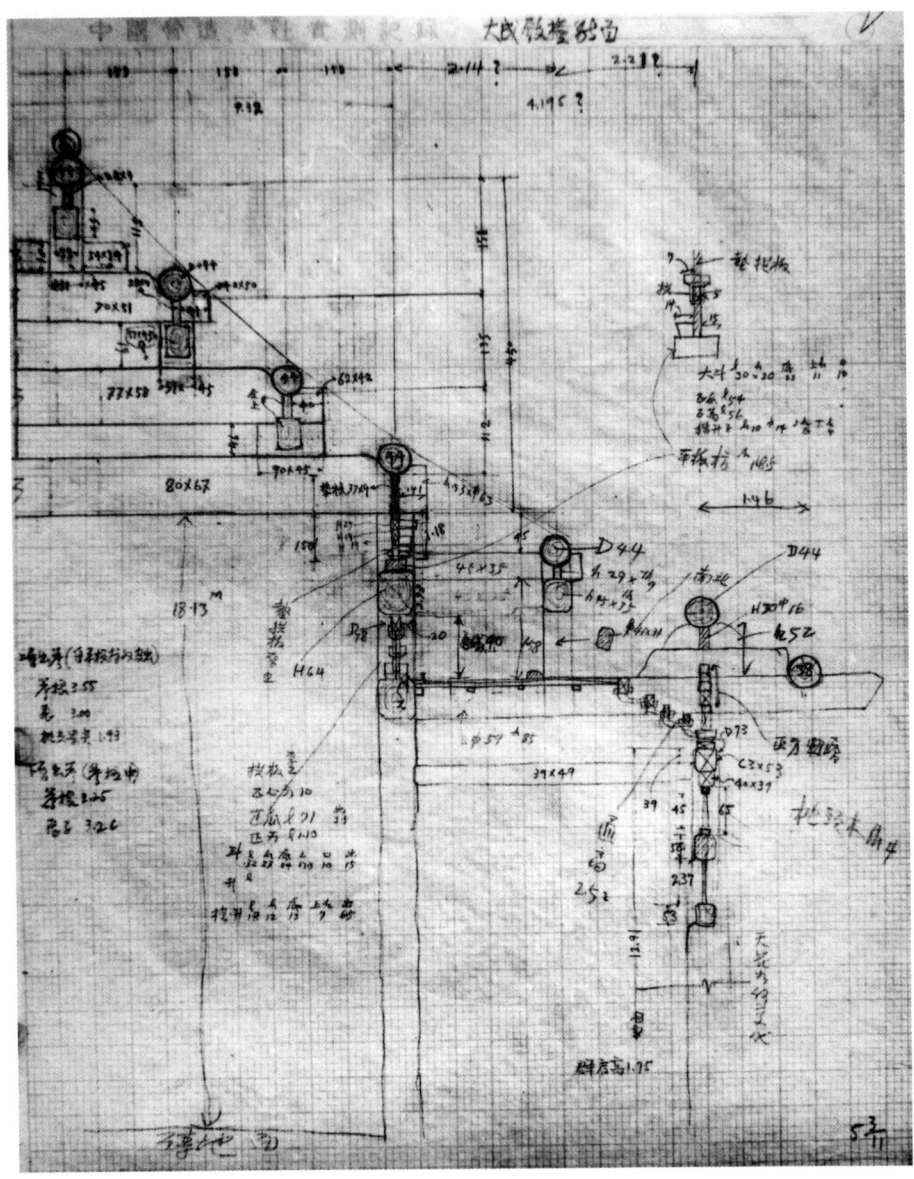

手绘曲阜孔庙大成殿剖面测绘草图

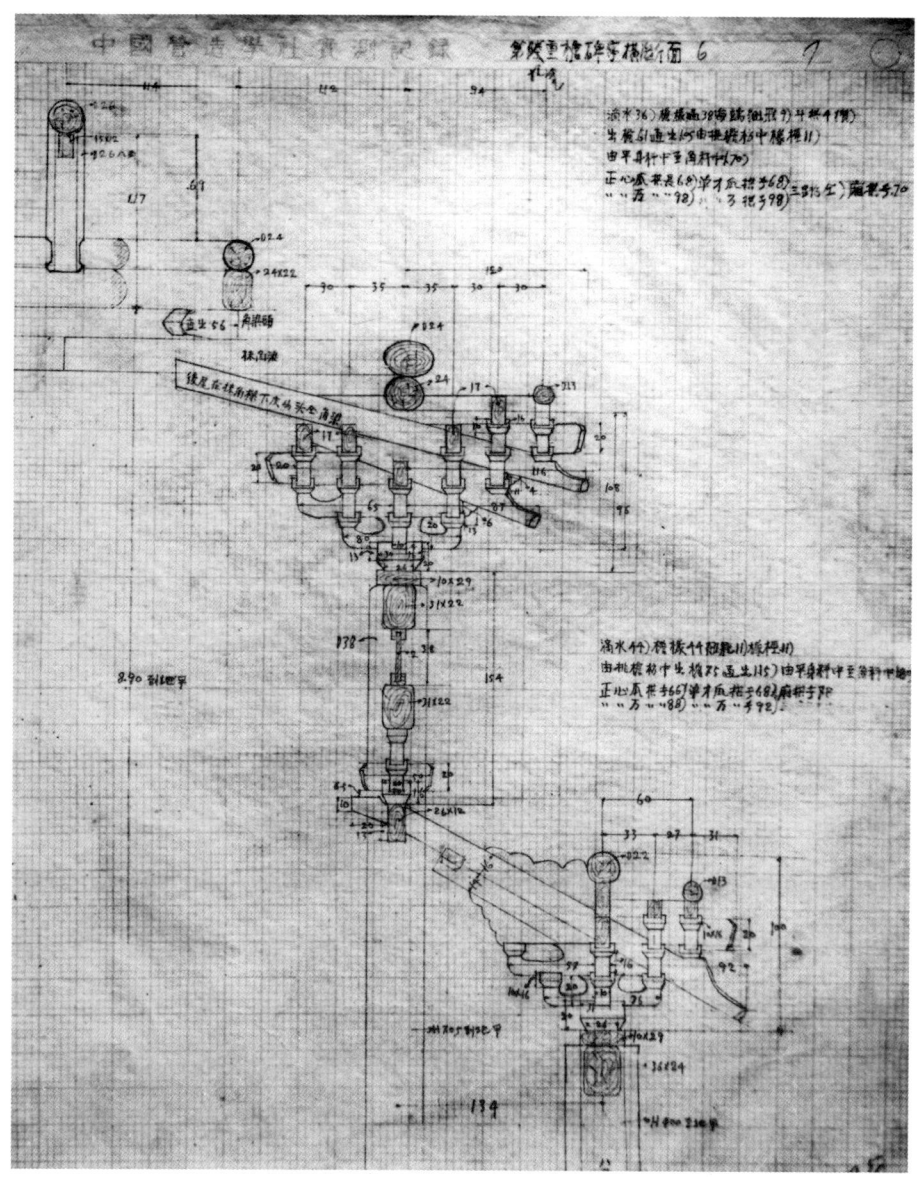

手绘曲阜孔庙金代重檐碑亭测绘草图

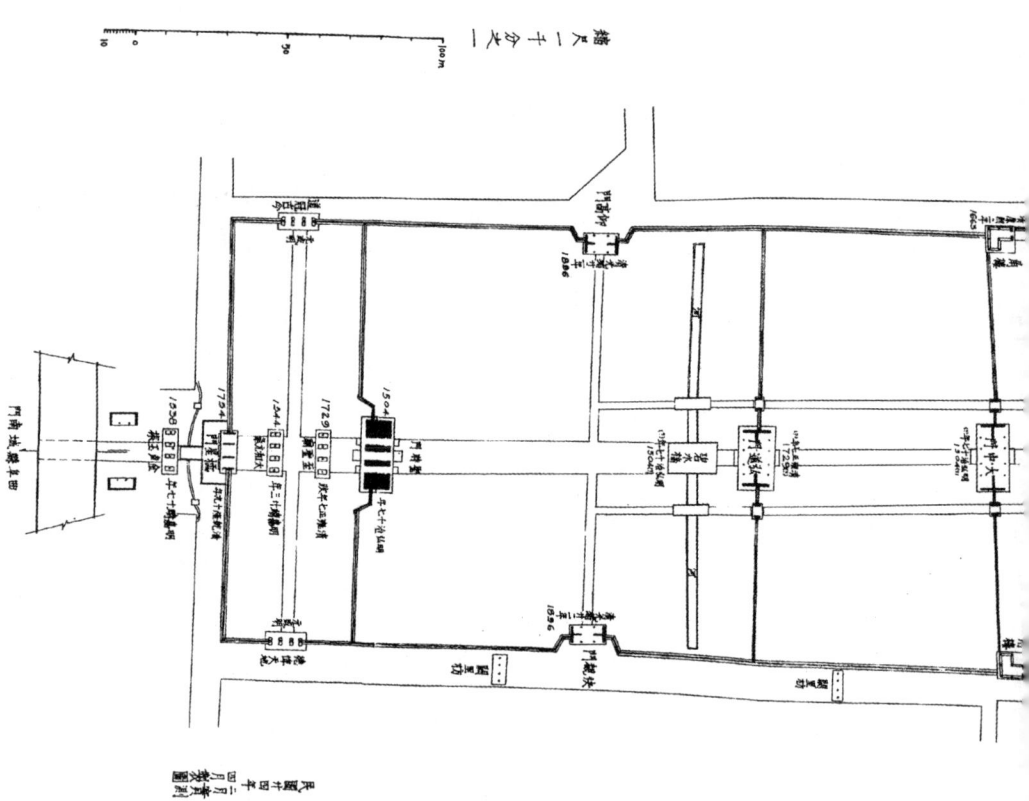

我觉得这一处伟大的庙庭，除去其为伟大人格的圣地，值得我们景仰纪念外，单由历史演变的立场上看，以一座私人的住宅，两千余年间，从未间断地在政府的崇拜及保护之下，无论朝代如何替易，这庙庭的尊严神圣却永远未受过损害，即使偶有破坏，不久亦即修复。在建筑的方面看，由三间的居堂，至宋代已长到三百余间，世代修葺，从未懈弛，其规模制度，与帝王将相不上，曲阜孔庙恐怕是人类文化史中唯一的一处建筑物。

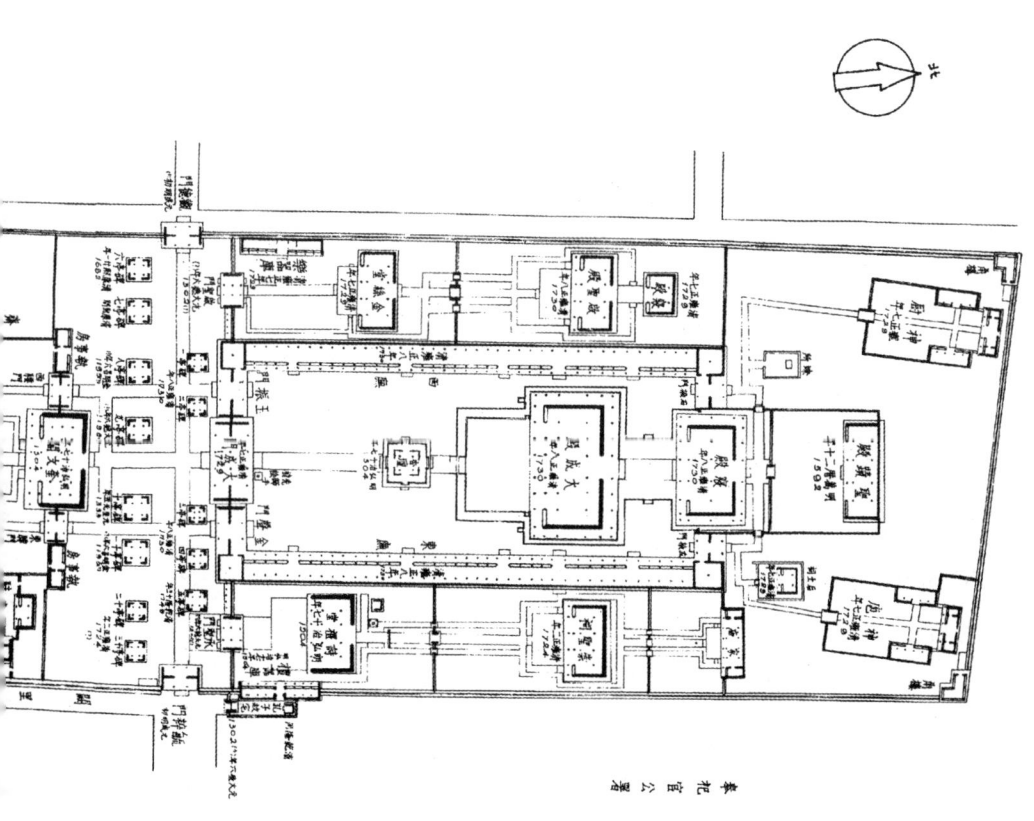

手绘曲阜孔庙平面总图

次重修时匠师所处地位有一个根本不同之点。以往的重修，其唯一的目标，在将已破敝的庙庭，恢复为富丽堂皇、工坚料实的殿宇；若能拆去旧屋，另建新殿，在当时更是颂为无上的功业或美德。但是今天我们的工作却不同了，我们须对于各个时代之古建筑，负保存或恢复原状的责任。在设计以前须知道这座建筑物的年代，须知这年代间建筑物的特征；对于这建筑物，如见其有损毁处，须知其原因及补救方法；须尽我们的理智，应用到这座建筑物本身上去，以求现存构物寿命最大限度地延长，不能像古人拆旧建新，于是这问题也就复杂多了。所以在设计上，我以为根本的要点，在将今日我们所有对于力学及新材料的智识，尽量地用来补救孔庙现存建筑在结构上的缺点，而同时在外表上，我们要极力地维持或恢复现存各殿宇建筑初时的形制。所以在结构上，徒然将前人的错误（例如太肥太偏的额枋；其原尺寸根本不足以承许多补间斗拱之重量者）照样地再袭做一次，是我这计划中所不做的；在露明的部分，改用极不同的材料（例如用小方块水泥砖以代大方砖铺地），以致使参诣孔庙的人，得着与原用材料所给予极不同的印象者，也是我所需极力避免的。但在不露明的地方，凡有需要之处，必尽量地用新方法新材料，如钢梁、螺丝销子、防腐剂、防潮油毡、水泥钢筋等等，以补救旧材料古方法之不足，但是我们非万万不得已，绝不让这些东西改换了各殿宇原来的外形。

"我本来没有预备将孔庙建筑作历史的研究，但是在设计修葺计划的工作中为要知道各殿宇的年代，以便恢复其原形，搜集了不少的材料；竟能差不多把每座殿宇的年代都考察了出来。我觉得这一处伟大的庙庭，除去其为伟大人格的圣地，值得我们景仰纪念外，单由历史演变的立场上看，以一座私人的住宅，两千余年间，从未间断地在政府的崇拜及保护之下：无论朝代如何替易，这庙庭的尊严神圣却永远未受过损害；即使偶有破坏，不久亦即修复。在建筑的方面看，由三间的居堂，至宋代已长到三百余间，世代修葺，从未懈弛；其规模制度，与帝王将相。在这两点上，曲阜孔庙恐怕是人类文化史中唯一的一处建筑物，所以我认为它有特别值得我们研究的价值。

"本文中建筑物各个的研究法，是由结构及历史两方面着眼，以法式与文献相对照，以定其年代，这样考证的结果，在这一大群年代不同的建筑物中，竟找着金代碑亭两座，元代碑亭两座，元代门三座，明代遗构更有多处可数；至于清代的殿宇，亦因各个时代而异其形制。由建筑结构的沿革上看，实在是一群有趣且难得的例子。"

《中国建筑参考图集》的编辑与出版

20世纪30年代正值中国内忧外患最为深重之时，当时的政治环境与社会心理形成国家至上与民族至上的思想。因此在建筑中强调"中国固有式"的呼声日高，不仅建筑师有这个要求，政府官员乃至业主，都在不同程度上要求在建筑上表现我国的民族形式。上海的华盖建筑事务所，十分积极地尝试在新建筑中体现本民族的风格。当时建筑界深感这方面设计参考资料的贫乏，因此请求学社编辑可供建筑师设计参考的图集。自1934年开始，在梁思成主持下，由刘致平将学社历年收集的图片约四千余张，从中选择有设计参考价值的编成专集，供设计人员参考，至1935年已出版了台基、栏杆、斗拱（二集）和店面，到1937年抗战前夕又出版了柱础、琉璃瓦、外檐装修、雀替、藻井共十集。

在《建筑设计参考图集》序中，梁思成对建筑的设计创作做了如下的阐述：

原始时期建筑只取其合用，以待风雨；求其坚固，取诸大壮。后虽逐渐发展，仍受地域人情风俗、政治经济、气候及自然条件的制约，因而所采取的建筑形式，差不多可以说是被环境所逼出来的。如古代的埃及、巴比伦、伊琴、美洲、中国各系建筑，都是这样在它们各自环境之下产生出来。

到各地各文化渐渐会通的时代，一系的建筑，便不能脱离它邻近文化系统的影响。同时在它前一代的遗传，也不容它不承受。一系建筑之个性，犹如一个人格，莫不是同时受父母先天的遗传和朋友师长的教益而形成的。

到了三世纪至十五世纪间，欧洲各不同的区域，又由希腊罗马嫡系中繁衍出初期基督教、拜占庭、罗马、哥特诸式建筑。

近代建筑师的产生及其对于作品样式之自觉，起于欧洲文艺复兴，那是个个性发展的时代，他们以个人的作品，左右了时代的潮流。

十九世纪之初，欧洲建筑界受了新兴科学考古学的影响，感到古典式不单限于希腊罗马，所以除去仍以文艺复兴或罗马式建筑为其正统的图案样式外，有许多比较富于想象力的建筑师，也许因为感到完全模仿一式之单调，又加以照相术之发明，各处特有的建筑形式，都得借以搜集给设计人无数的参考材料，包括希腊、罗马、中世纪、文艺复兴以来各时各地的建筑。于是对于中世纪的各种样式，被他们目为古朴风雅，用为创作的蓝本，而产生欧洲所谓浪漫派的建筑。所以近百年来，欧洲建筑界竟以抄袭各派作风为能事，甚至有专以某派为其设计图案之专门样式者。

但是在中国，数千年来，虽然有二十余朝帝王的更替，虽然在政治上，有汉封建主与少数民族之间的频连战乱；在文化上，先有佛教的输入，后有耶教……教之东来，中国的文化却从来是赓续的。中国的建筑，在中国整个环境总影响之下，虽各个时代有时代的特征，其基本的方法及原则，却始终一贯。数千年来的匠师们，在他们自己的潮流内顺流而下，如同欧洲中世纪的匠师们一样，对于他们自己及他们的作品都没有一种自觉。

至二十世纪初，西方人开始对中国文化发生了兴趣，也就在这个时期，我国一些早期留学的先辈建筑师回国。这可以说是中国建筑术由匠人手里升到"士大夫"手里之始。这些早期的中外建筑师一般来说，虽然对中国建筑有相当兴趣，但对其结构上的美及真正艺术上的成功仍非常缺乏了解。

于是在中国的外国建筑师，也随了那时髦的潮流，将中国建筑固有的许多样式，加到他们新盖的房子上去。其中尤以教会建筑多取此式，如北平协和医院、北平燕京大学、济南齐鲁大学、南京金陵大学、四川华西大学等。这多处的中国式新建筑物，虽然对于中国建筑趣味精神浓淡不同，设计的优劣不等，但他们的通病，则全在对于中国建筑权衡结构缺乏基本的认识这一点上。他们均注重外形的摹仿，而不顾中外结构之异同处，所采用的四角翘起的中国式屋顶，勉强生硬地加在一座洋楼上；其上下结构划然不同旨趣，除却琉璃瓦本身显然代表中国艺术的特征外，其他可以说是仍为西洋建筑。

现在我们又到了一个时期：欧洲大战以后，艺潮汹涌，一变从前盲目的以抄袭古典为能事的态度，承认机械及新材料在我们生活中已占据了主要的地位。这个时代的艺术，如果故意地避免机械和新科学材料的应用，便是作伪，不真实，失却反映时代的艺术的真正价值。所谓"国际式"建筑，名目虽然笼统，其精神观念，却是极诚实的；在这种观念上努力尝试诚朴合理的科学结构，其结果便产生了近来风行欧美的"国际式"新建筑。其最显著的特征，便是由科学结构形成其合理的外表。

因此要"以西洋物质文明发扬我国固有文艺之真精神"，"融合东西建筑之特长，以发扬吾国建筑物之固有色彩"。我们这个时期，也是中国新建筑师产生的时期，他们自己在文化上的地位是他们自己所知道的。他们对于他们的工作是依其意向而计划的，他们并不像古代的匠师，盲目地在海中漂泊。他们自己把定了航向，向着一定的目标走。我希望他们认清目标，共同努力地为中国创造新建筑，不宜再走外国人摹仿中国式样的路，应该认真地研究了解中国建筑的构架、组织及各部做法权衡等，始不至落抄袭外表皮毛之讥。

创造新的须要对旧的有认识，近几年中国营造学社，已将所调查过的各处古建筑整个地分析解释，陆续地发表于《中国营造学社汇刊》上。这些材料可以帮助创造的建筑师们，对中国古建筑得一个较真切、较亲密的认识。现在更将其中的详部照片，分门别类，辑为图集，专供国式建筑图案设计参考之助。我们所收集的材料，多在北方，不敢说对全国具有普遍的代表性，也不敢说全是精品，只是在已搜集的材料中，选其较有美术或结构价值的，聊以表示我们祖先留下的丰富遗产之一部而已。

1933年至1935年梁思成陆续设计了北京大学女生宿舍、地质馆。"仁立公司铺面改建"，就是基本上按照这一思想设计的，特别是"仁立"的业主提出采用"中国固有式"的要求。梁思成没有用宫殿式屋顶来表示中国建筑的民族形式，而是在建筑的全衡比例、门窗的设计上来体现，取得了满意的效果。

推动文物建筑的保护工作

营造学社除了对古建筑的调查研究外,还努力推动文物建筑的保护工作。他们宣传古建保护的意义,并介绍外国古建保护的经验,如邀请关野贞作《日本古建筑之保护》的报告,并将报告全文译出刊登于学社汇刊。梁思成在每一次调研之后都向当地有关部门提出书面的保护措施及长远之保护计划,积极参加文物建筑的维修工作,几年来做过以下工作:

1931年,维修故宫南面角楼。

由美籍华人福开森君劝募美国柯洛齐将军及夫人,捐助修缮费之半数。其余由朱启钤先生在国内发起捐款并联合故宫博物院、历史博物馆、古物陈列所及有关人员组成修理城楼委员会。工程完毕由学社委派专家依法验收。在验收过程中学社提出了修复文物建筑的意见,并将此意见转呈内政部。

1932年,在北平市政府主持下,与各文化机关共同组成圆明园遗址保管委员会,共同议决保管章程十四条,交工务局执行。

1932年,梁思成、刘敦桢、蔡方荫受故宫博物院委托,拟定文渊阁楼面修理计划,并按计划进行修葺。

1932年,梁思成为内城仅存之东南角楼拟定修葺计划。

1932年,梁思成为故宫博物院南董殿拟定维修计划。

1933年,北平市工务局修理鼓楼平座及上层西南角梁。邀学社协助设计,由刘敦桢、邵力功前往勘察,并绘简图说明书,送工务局。

1934年,为故宫博物院拟修理景山万春、缉芳、周赏、观秋、富览五亭计划。由邵力功、麦俨增勘察实物,绘制图表,梁思成、刘敦桢二人拟就修葺计划大纲。于1935年12月竣工。

1934年1月，北平市文物管理实施事务处，函聘学社为该处技术顾问。

1934年，梁思成应中央古物保管委员会之邀，为蓟县独乐寺及应县佛宫寺木塔拟就修葺计划。

1936年，梁思成应中央古物保管委员会之邀，拟定赵县大石桥修葺计划，并赴赵县复勘桥基结构。

1936年，学社应蒙藏委员会邀请，参加北平护国寺修理工程。

1936年2月，在北平万国美术会陈列室举行中国建筑展览会，陈列自汉以来历代建筑图片二百幅。

1936年4月，在上海市博物馆举行中国建筑展览会，展出历代建筑图片三百余幅，观音阁模型、历代斗拱模型十余座，古建实测图六十余张，并由梁思成出席讲演《我国历代木建筑之变迁》。

1937年3月，学社为保护正定隆兴寺佛香阁宋塑壁，于1936年向中英庚款董事会申请专款修葺，经该会拨款四千元。由刘致平携同工匠一名再度复勘，并设计保护方案。

1937年6月，由中央古物保管委员会与中央研究院负责修理河南登封告城测景台，并由刘敦桢拟就计划。

---

[1] 伽蓝：僧伽蓝摩的简称，即僧众所居住的园庭，亦即寺院的通称。
[2] 陈明达（1914~1997），湖南祁阳人，1932年经莫宗江介绍到营造学社工作，成为刘敦桢的助手，并参加考察古建筑，整理绘制资料。随梁思成、刘敦桢考察西南地区40余县的古建筑。

六

最 后 的 一 次 古 建 调 查

　　正当梁思成和林徽因沉浸在发现唐代佛光寺大殿的欢乐中时，日本帝国主义发动了侵华战争。梁思成和林徽因十分焦急，很快返回了北平。

　　回到北平，看到军队已在他们家的胡同口挖了战壕，政府机关已开始疏散、撤退。梁思成和刘敦桢曾在北平教授致政府要求抗日的呼吁书上签过名，自然不能留在沦陷区。学社决定暂时解散。他们最担心的是这几年来学社工作的成果——大量的调查资料、测稿、图版及照相图片等，为了不使这些东西落入日本侵略者手中，他们决定把这些资料存入天津英租界的英资银行保险库中。商定必须有朱启钤、梁思成、刘敦桢三人共同签名，方可提取。

　　当他们正在处理营造学社的这些事务时，政府的不抵抗政策使北平很快沦陷了。一天，梁思成忽然收到署名"东亚共荣协会"的请柬，邀请他参加会议，他知道日本人已经开始注意自己了。要想不当汉奸，必须立即离开北平。第二天，他和家人只带了一些随身换洗的衣服，其他所有的东西，不管贵重与否都只好扔下，告别了古都北平，到后方去了。

　　1937年梁思成带领全家从北平到长沙后又转赴昆明。梁再冰后来回忆这一段的旅程说：

"1937年9月，父亲带领全家（包括外婆在内共五口人）经天津、青岛、济南、徐州、郑州、武汉到达长沙，在火车站附近租了两间房子住。这是一所灰砖楼房，房东就住在楼下，后面有一个狭窄阴暗的天井。这同我们在北平住的那个有丁香花的四合院（虽然也是租来的）相比，差别自然很大。父亲和母亲立即开始学习烧饭洗衣等家务劳动。给我印象最深的是，他们对于生活水平的明显下降毫不在意，而是带着兴奋和愉快的心情来迎接这种变化的。

"使我更难忘记的是父亲教我们唱《义勇军进行曲》的情景。那时，父亲的许多老朋友们也来到了长沙，他们大多是清华和北大的教授们，准备到昆明去筹办西南联大。我的三叔梁思永一家也来了，大家常到我们家来讨论战局和国内外形势，晚间就在一起同声高唱许多救亡歌曲。'歌咏队'中男女老少都有，父亲总是'乐队指挥'。我们总是从'起来！不愿做奴隶的人们！……'这首歌唱起，一直唱到'向前走，别退后，生死已到最后关头！'。那高昂的歌声和那位指挥严格要求的精神，至今仍像一簇不会熄灭的火焰，燃烧在我心中。

"11月下旬的一个下午，突然有大批日本飞机来轰炸长沙。由于事先没有警报，父亲竟以为是中国飞机来了，用手遮额跑到阳台上去看，直到炸弹在他眼前落地起火才跑入房中抱起了我（8岁），母亲抱起了弟弟（5岁），并搀扶着外婆下楼。这时门窗已震垮，到处是玻璃碎片。我们走到楼梯拐角处，第二批炸弹落下，墙上砖头向外飞出，妈妈被震下几个阶梯，落到院中。等我们出门跑到大街上时，飞机再次俯冲，炸弹第三次呼啸而来，父亲估计我们一家人可能'在劫难逃'了，但这批炸弹竟没有爆炸。

"当晚,我们无家可归了。后来,张奚若伯伯把他们租来的两间屋子让了一间给我们,他们全家五口人则挤在另一间里。我们的东西后来都是从泥土瓦砾中掘出来的。

"在这次轰炸后不久,我们就离开了长沙前往昆明。父亲是北方来的这批知识分子中第一个去昆明的。当时同路没有任何熟人,一家人颇有孤单之感。但是,父亲并没有丝毫犹豫。 我们是坐公共汽车走的。开始几天还比较顺利,湘西群山风景如画,常德、沅陵一带的山光水色和黄果树的大瀑布都很引人入胜。我们'晓行夜宿'。早上起床后,父亲很快地就把铺盖卷打起来了,晚上汽车到站后他立即同妈妈一起飞奔着去找那些'未晚先投宿,鸡鸣早看天'的小客店,让我们坐在行李上照顾晕车的外婆。

"在离开北平前,父亲就常常背痛,医生诊断他患了脊椎间软组织硬化症,并为他设计了一副铁架子'穿'在衬衣里面以支撑脊骨。在旅途中当然加重了他的负担,但父亲并不把这放在心上。

"当我们经过湘黔交界的晃县时,母亲突然感染了肺炎,高烧至40度。当时还没有抗生素和其他特效药,肺炎是很可怕的病。县城中没有医院,旅馆拥挤而阴暗,但父亲并不慌乱。他找到同车一位留学日本又懂得中草药的女医生,请她替母亲治疗,根据她开的处方给母亲煎中药服用,使母亲在两周后退了烧。每天下午,他还带弟弟和我到小河边去'打水漂'。我记得他投掷的石子总是飞得很远,有时能跳跃一二十下。晚上他教我们看地图,帮助我们认识自己走过的路,所以至今我还记得沿途许多地名。

"后来的旅途中,汽车经常'抛锚'。有一次,车开到一个地势险峻的大山顶上后,突然站住不动了。当时已是12月份,气候很冷而且天

梁思成在四川考察时乘坐滑竿

色已晚。大病初愈的母亲快冻僵了。听说这一带常有土匪抢汽车，乘客们都很害怕。父亲会开车也会修车，就同司机一起研究车子出了什么毛病，并根据经验把他的手帕放入油箱，发现油已用光。但这里前不着村后不着店，怎么办呢？他只好同乘客们一起推着车慢慢走，突然有个村庄奇迹般地出现在路旁，使我们当晚得免露宿在荒山野岭上。"

在离开长沙整四十天后，梁思成终于在1938年1月把一家五口人带到了昆明。到了昆明不久，他的背痛剧烈地发作了，背部肌肉痉挛，痛得他昼夜不能入睡，经医生诊断是扁桃体脓毒引发的。于是切除了扁桃体，但又引起牙周炎，于是把满口牙也拔掉。大约有一年的时间，他一点也不能在床上平卧，日夜半躺在一张帆布椅上。医生劝他找点手工做分散注意力，免得服用过量的止痛药引起中毒，于是他开始找些袜子来织补。

梁思成到了昆明不久，莫宗江、陈明达、刘致平也先后来到了。原来学社就有对全国的古建筑进行普查的宏大计划，但因华北地区的发现一个接着一个，一时没有力量顾及其他地区。现在几个原在学社工作的同事，既然不谋而合地都到了昆明，思成感到组织队伍对西南地区的古建筑进行调查的任务责无旁贷地落在了自己的肩上。

他函问中美庚款基金会，如果在昆明恢复学社的工作，是否能给以补助。基金会周诒春复信说："只要梁思成和刘敦桢在一起，就承认是营造学社，可以继续补助。"当时刘敦桢从湖南新宁老家来信，同意来昆明，于是在昆明循津街"止园"，昆明市市长府的前院恢复了营造学社，一共有梁思成、刘敦桢、刘致平、莫宗江、陈明达五个人。

西南的调查工作整天在山区中进行，与华北的大平原相比又是另一番景象。一年四季郁郁葱葱的山林，自然景色极美，那时西南地区还没

昆明龙头村营造学社工作室
梁思成一家与朋友们摄于昆明,左起周培源、梁思成、叶企孙、林徽因、梁再冰、金岳霖、吴有训、梁从诫

有开发,马队和双人抬的滑竿是主要的交通工具。在运气好时能拦截一辆军用卡车,载他们一程,否则就只有靠两条腿了。由于山林茂密,他们最担心的就是迷路。云南的疟疾非常可怕,他们走到哪里都背着帐子,带着奎宁和指南针。四川的跳蚤多得惊人,他们每到一个地方,第一件事就是搞一大盆水来,脱了鞋袜站在水盆中央,然后抖动衣裤,不一会儿就能看到水面上浮着一层跳蚤。云南、四川的自然资源十分丰富,但是封建势力还很强大,20世纪30年代买卖人口还是常见的,而且有普遍的吸毒现象。在华北只是大地主、大资本家才吸毒,而西南地区却有相当一部分贫苦的劳动者也吸毒。他们在旅途中常常看到种植罂粟花的大片土地。那些脚夫们一个个骨瘦如柴,白天卖了一天苦力,晚上往往就把当天的收入买了鸦片,在街头找个角落一躺,蒙上毡斗篷,躲在里面吸,看了真叫人心酸。

有一天,在梁家的茶会上,林先生和客人们谈起天府之国的文化。林先生说梁思成在调查古建筑的旅途上,沿途收集四川的民间谚语,已记录了厚厚的一本。梁先生说,在旅途中很少听到抬滑竿的轿夫们用普通的语言对话,他们几乎都是出口成章。两人抬滑竿,后面的人看不见路,所以前后两人要很好地配合。比如,要是路上有一堆牛粪或马粪,前面的人就会说"天上鸢子飞",后面的立刻回答"地上牛屎堆",于是小心地避开牛粪。西南山区的道路很多是用石板铺筑的,时间久了,石板活动了,不小心会踩滑摔跤,或把石缝中的泥浆溅到身上,这时前面的人就会高唱"嗨哟嗨",后面的人就应声答道"踩中莫踩角(guǒ)",诸如此类的对话不胜枚举。有时轿夫们高兴了,前后你一句我一句地唱起山歌,词汇丰富、语言优美。梁公说:"别看轿夫们生活贫苦,但却不乏幽默感,他们决不放过任何开心的机会。要是遇上一个姑娘，他们就会开各种玩笑，姑娘若有点麻子，前面就说'左（右）边有枝花'，后面的立刻接上'有点麻子才巴家'。"林先生接上来说："要是碰上个厉害姑娘，马上就会回嘴说'就是你的妈'。"大家都笑了。林先生又说："四川的谚语和民谣真是美呀！只要略加整理就能成为很好的诗歌与民谣，可以把它编一本《滑竿曲》。"可惜生命之神没有给林先生时间去完成这个有意义的工作。

云南地区因历年民族纠纷、宗教纠纷，特别是咸丰六年杜秀文回民之役，佛教寺院几乎全遭毁灭。因此著名的巨刹很少保存完好，也自然影响了古建筑的保存。但因云南地处边远，所以很多明清的建筑却在构造做法上仍保存唐宋时代的手法，可供研究参考，这是很有趣的现象。难怪日本古建筑专家伊东忠太，千里迢迢从贵州入滇，竟把昆明常乐寺塔（东寺塔）误认为是唐代建筑。其实东寺塔毁于清道光十六年（公元1836年）。现存之塔乃是清光绪九年（公元1883年）重建的。

在昆明工作不久，他们发现了一个严重的问题，在北平时学社有大量的工具书，而且北平图书馆为他们提供了极大的方便。到了昆明，他们没有任何可供查阅的图书资料，无从开展研究工作。于是他们只能和中央研究院的历史语言研究所协商，借用他们的图书设备。从此学社与史语所成了依附关系。当时史语所为躲避敌机轰炸，疏散到昆明郊区的龙泉镇龙头村，学社为了阅读资料的方便，便只好也迁到龙头村，租用了一处尼姑庵做工作室，住房则仿照当地的农村住房，盖了几间夯土墙的简易房屋，这是梁思成第一次为自己盖"住宅"，虽然是小小的但却也十分实用。

1939年9月川康古建筑调查

1939年9月,梁思成、刘敦桢等人开始了他们计划已久的川康地区的调查,但当他们准备于8月27日出发时,不幸梁思成左足中趾擦破,感染炎症,为慎重起见,暂缓出发,俟伤口痊愈后再乘飞机至重庆与刘敦桢等会合。

9月9日,梁思成飞抵重庆。他们开始调查重庆巴县及北碚古建,同时联系去成都的汽车,当时车辆较少需要等候。1939年正是敌机对我国后方狂轰滥炸之时。他们往往因警报,疏散出城半夜始归,或半夜遭遇警报,逃出城外次日始回。

9月26日出发赴成都,但到达两路口车站时车已爆满,他们只好等乘货车。货车仅有油布一层为篷,三十多人挤在箱笼间动弹不得,偏偏又下了大雨。车顶仅一层油布,不一会儿他们就全身湿透了。路经简阳时,路局的职工三人要搭车,因车已满,他们便爬至货箱顶上,但当时的公路很不平坦,颠簸摇晃得很厉害。其中一人不慎被摔下,虽送往医院,却已无生还的希望。

抵成都后他们立刻与省政府联系申报调查地点,在警报的空隙中办完手续。这样从昆明出发到真正开始调查,已是一个月过去了。

完成了成都的调查,梁思成一行10月6日出发到灌县。抗战时期汽油属军用品,当时民用汽车均改装成用木炭为燃料,车速减慢,更发出一种焦油的臭味。灌县的道教建筑很多,他们调查测绘了二郎庙、常道观、都江堰、竹索桥(即安澜桥,此桥是我国索桥中最长的)。从灌县返回成都,一个不幸的消息正在等待他们。林徽因来电报说英资银行经理来信,告因天津大水,学社存在英资银行的资料全遭水泡,必须尽快

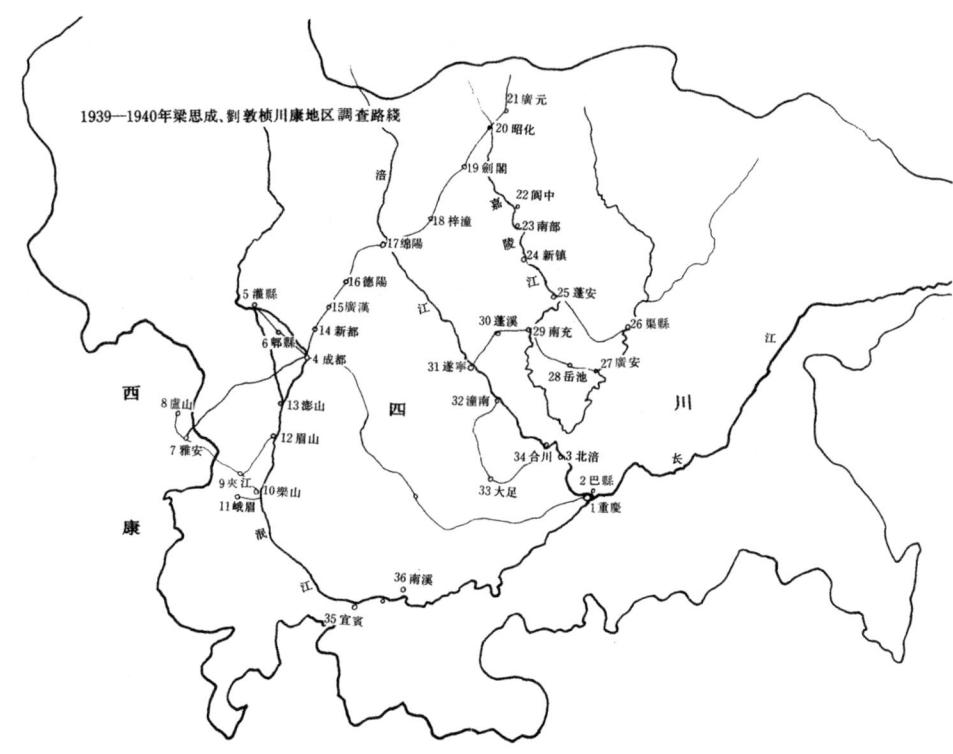

1939—1940年梁思成、刘敦桢川康地区调查路线图

提取。梁思成、刘敦桢当即出具证明寄英资银行经理及朱桂老（即朱启钤），可凭桂老一人签名提取存件。同时向中英庚款董事会申请五千元作为整理资料的费用，但是当时他们还不知道资料被毁得那么惨。

10月18日梁思成一行赴雅安及庐山，成都至雅安的公路比成渝路更糟，不但颠簸，且尘土飞扬，前方若有车辆则连路都看不清。

雅安和庐山地瘠民贫，他们乘滑竿所到各处，在壁上还能看到当年红军留下的标语，虽已经涂抹，但犹隐约可见。

10月25日从雅安乘竹筏，沿青衣江东下夹江。即使在边远的地区，敌机仍未放过，时时听到县城里发出的警报声。他们考察了夹江的千佛崖，又顺流而下到乐山。

在乐山，他们兵分两路，梁思成偕陈明达赴峨眉，刘敦桢偕莫宗江渡岷江北上访崖墓及龙泓寺。刘敦桢、莫宗江11月7日自乐山返回成都。原计划梁思成、陈明达二人也于7日返蓉一同北上，但直到10日梁思成、陈明达二人尚未抵蓉，而且音讯杳然。刘敦桢坐立不安，几次赴车站打听均无结果，直到11日梁思成、陈明达始归，原来峨眉成都间车辆极少，再加上又毁了几辆，因而交通中断。梁思成、陈明达二人只好乘人力车分段更换，行两日半始到成都。

11月16日，梁思成、刘敦桢一行自成都乘人力车赴新都，沿川陕公路北上。他们走一段路，坐一段滑竿，有时能碰上较空的军用汽车载他们一程。就这样，他们调查了广汉、德阳、绵阳、梓潼、剑阁、昭化、广元。从广元回到昭化，顺嘉陵江南下至阆中、南部、蓬安、渠县、南充、蓬溪、遂宁、大足、合川返回重庆，由重庆回昆明。

自1939年9月至1940年2月行期近半年，梁思成一行往返于岷江沿岸、川陕公路沿线、嘉陵江沿岸，跑了大半个四川。四川省的木构建筑

测绘四川雅安高颐阙

几乎全毁于"张献忠之乱",现存的木构建筑多建于1646年以后,早于此的可谓凤毛麟角。成都的清真寺有多处,以鼓楼南街清真寺为最巨,寺内虽有明洪武八年(1375年)的匾额,但从结构形制及各细部做法判断该寺是清初重建的。

蓬溪县内的鹫峰寺大雄宝殿,建于明正统八年(1443年),殿的整体比例相当精美,可称川省稀有的佳作。它的屋顶前后坡于垂脊下端处有阶级一层,有如汉阙所示,这是此殿的一大特点。再有梓潼的七曲山文昌宫天尊殿,也是四川较古的木建筑,建于明中叶。至于砖石建筑,在砖塔中还存有宋代的保留了唐代形制的砖塔,其特点是平面多为方形,如宜宾旧州坝白塔等。

四川境内保存了大量的汉阙,其总数约占全国汉阙总数的3/4。崖墓的数量也很可观,在他们所到的岷江两崖、嘉陵江两岸,崖墓时而散布,时而集中,随处可见。最多的要属摩崖石刻,几乎没有一个县是没有石刻的。因此,他们这次调查的重点是汉阙、崖墓、摩崖石刻。

汉阙

见于雅安、梓潼、绵阳、渠县等处,尤其以梓潼、渠县数量最多,除去有铭文的以外还有无数的无名阙,保存较完好的有雅安高颐阙(汉,准确年代不详)、绵阳平阳府君阙(汉末)、渠县冯焕阙(公元122—125年)。高颐、平阳府君两阙均为子母阙,也是四川阙中仅有的附子阙者。冯焕阙为单阙,也是川境中最常见的一种。在梁思成、刘敦桢以前研究汉阙的学者,多从美术观点着眼,或者从考古的角度去研究铭文和史书对照,他们则从建筑的观点着眼。

高颐阙与平阳府君阙就形制看十分接近,都是下部有台基,台基上

梁思成在测绘四川绵阳平阳府君阙
四川渠县冯焕阙

梁思成、陈明达在测绘无名阙

四川南充西桥,左起陈明达、梁思成、莫宗江

以条石数层累砌，阙身表面隐起地袱枋柱。阙身以上施石五层，仿木建筑之出檐，上刻栌斗、角神、枋、蜀柱及拱。第四层上隐起人物禽兽，第五层刻檐下枋头。阙身上有四注顶，上面檐椽瓦陇仍保存一部分。他们还注意到阙上的柱枋斗拱皆有一定比例，斗拱的各部件均随枋的大小变动，说明枋与其他构件间有连带关系。可能这即是宋代"材"的前身。檐角的角神，也是我国建筑中最早出现的角神实物。在平阳府君阙上，还有梁代大通、大宝年间加镌的造像，虽然梁代造像损毁了阙的一部分，但却是四川省最古的佛教艺术，十分珍贵。冯焕阙在形制上与高颐平阳二阙大体相同，唯阙的全体形制，简洁秀拔，梁思成称它"曼约寡俦，为汉阙中唯一逸品"。

崖墓

川省崖墓多位于彭山、乐山、宜宾、绵阳等处，但其他地区也时有发现。崖墓多为汉代所凿，可能这是当时流行于四川省的殡葬形式，否则不可能有这样大量的崖墓出现。彭山王家坨、乐山白崖崖墓规模为最巨，沿河流两岸开凿，延绵约二里多。中央研究院曾于1942年至1943年在彭山大规模地发掘研究。陈明达曾代表营造学社参加发掘工作。崖墓小的仅容一棺、大的堂奥相连，壁上有雕饰。乐山白崖、宜宾黄伞溪诸大墓，多凿祭堂于前，自堂内开二墓道入，墓室辟于墓道之侧。祭堂内，壁面浮雕枋柱、檐瓦、禽兽等。祭堂门外壁上亦雕有阙、石兽等。彭山江口附近崖墓则无祭堂，墓道外端为门，门上多刻两重檐叠出，下刻兽及斗拱。在墓门上或墓室内的栌斗或散斗下，皆施皿板，这种做法见于云冈石窟、朝鲜双楹冢、日本法隆寺，可见这一做法起源于我国汉代。

四川彭山王家陀崖墓
乐山县白崖崖墓

摩崖石刻

四川省摩崖造像，可谓全国之冠。沿岷江、嘉陵江流域两岸及旧官道的崖壁，比比皆是。保存完好的有以下几处：

夹江千佛崖，在夹江县西北五里，青衣江北岸沿旧官道上下，凿像大小百余窟，东西长约三百米。成像年代有初唐、盛唐，以五代、北宋为最多。

广元千佛崖，位于嘉陵江东岸，大小四百余龛延绵里许。莲宫绀髻，辉耀岩扉，至为壮观。可惜在筑川陕公路时，低处之龛铲削多处，令人痛心。广元千佛崖多凿于唐代，与龙门造像类似。离千佛崖不远又有皇泽寺摩崖造像二十余龛，其中有一塔洞为初唐所凿。

绵阳西山观摩崖造像，位于县西凤凰山，有摩崖造像八十余龛，多为道教题材。其中隋大业六年（公元610年）龛，为国内道教造像最古者。

大足北崖摩崖造像，位于北崖山西侧，凿龛窟百余，长里许，俗称佛湾，最早的龛凿于唐乾宁三年（公元896年）。佛湾南端大都成于唐末五代，中部多为宋代造像。其题材内容有观经变相、孔雀明王、千手观音、被帽地藏、幡竿、挟轼、车、椅等，内容极为丰富。离北崖不远处有宋代宝鼎寺摩崖造像，中央一巨龛就山崖地形凿佛涅槃像，真容伟巨，为国内首选。

乐山龙泓寺摩崖造像，在龙泓寺外山崖上，有大小佛龛数十处。仅观音变相窟为唐末作品，观音的背部配列表示西方极乐世界的殿宇楼阁。中央两层，左右各三层，中央两层屋顶山面向外，左、中、右三处楼阁间以阁道联系，阁道皆弯形，如《营造法式》所载的"圆桥子"，建筑的各细部形制比例逼真。这组雕像虽然规模不大，但内容丰富，可谓川省崖刻之精品，亦是研究唐代建筑的宝贵资料。

乐山县白崖崖墓
彭山崖墓内部八角柱及斗拱

乐山大佛位于凌云寺前崖壁，沿崖还有摩崖造像多处，均已风化。唯大佛较完整，像高约七十一米，为海内最巨大的一尊。像始创于唐开元初年，由海通大师主持，但像凿至膝部海通没，辍工。贞元五年剑南节度使韦皋命工续营，至唐贞元十九年（公元803年）竣工。唐时饰以金碧，履以层楼，称大像阁。明末毁于袁韬之乱。1925年杨森部队炮轰像的面部，后虽墁补，但神态迥异，亦我国佛教艺术之一重大损失。

类似乐山大佛，但规模较小的还有两处，一为潼南大佛寺摩崖造像，创于唐咸通至宋绍兴二十一年竣工，像高二十米，履阁七层。另一处在南部，像高十余米，阁五层，明代造。

从1939年9月出发，到1940年2月返回昆明。历半年之久的川康两省考察，梁思成等人共计跑了三十五个县，调查古建、崖墓、摩崖、石刻、汉阙等约七百三十余处，其中重要的有：

巴县　崇胜寺石灯台及摩崖造像、缙云寺残石像

重庆　五福宫、长安寺、老君洞

乐山　凌云寺白塔及摩崖造像、白崖山崖墓、龙泓寺摩崖造像

峨眉　飞来寺飞来殿、圣积寺铜塔、城隍庙门神

夹江　店面、杨公阙、千佛崖摩崖造像

眉山　蟆颐观大门

彭山　王家坨崖墓及出土瓦棺、寨子山崖墓、江口镇后山崖墓
　　　仙女山摩崖造像、象耳山摩崖造像

新津　观音寺、大雄宝殿及观音殿

成都　明蜀王府故基、鼓楼南街清真寺大殿文殊院、民居大门
　　　民众教育馆梁代造像

郫县　土地庙

调查四川广元千佛崖
四川绵阳西山观唐代道教摩崖造像

灌县	二郎庙、珠浦桥
新都	寂光寺大殿、宝光寺无垢塔及经幢、正因寺梁代千佛碑
广汉	龙居寺中殿、金轮寺碑亭及大殿、龙兴寺罗汉堂
	广东会馆、乡间民居、张氏亭园、文庙棂星门、石牌坊
	开元寺铁鼎
德阳	鼓楼
绵阳	汉平阳府君阙、白云洞摩崖、坟墓、西山观摩崖造像
梓潼	七曲山文昌宫玛瑙寺大殿、汉李业阙、南门外无名阙
	西门外无名阙、北门外无名阙、坟墓、牌坊
	卧龙山千佛崖摩崖造像
广元	唐家沟崖墓、千佛崖摩崖造像、皇泽寺摩崖造像
昭化	观音崖摩崖造像
阆中	清真寺大殿、久照亭、观音寺化身窟、幡龙山崖墓
	间溪口摩崖造像、青崖山摩崖造像、铁塔寺铜钟及铁幢
	桓侯祠铁狮
南部	大佛寺造像、坟墓
渠县	汉冯焕阙、汉沈府君阙、拦水桥无名阙
	赵家坪南侧无名阙、赵家坪北侧无名阙、王家坪无名阙
	岩峰场石墓、坟墓、文庙棂星门
乐池	千佛崖摩崖造像、坟墓
南充	西桥、坟墓
蓬溪	鹫峰寺大雄宝殿兜率殿及白塔、宝梵寺大殿、定香寺大殿
潼南	仙女洞、大佛寺摩崖造像、千佛崖摩崖造像、牌坊
大足	报恩寺山门、北崖白塔、北崖摩崖造像

四川大足北崖摩崖造像

周家白鹤林摩崖造像、宝鼎寺摩崖造像

合川 桥梁、濮崖寺摩崖造像

雅安 汉高颐阙

川康的调查是学社最后一次野外调查。

朱启钤将学社资料从天津取出来后，发现资料已完全泡毁，但他仍带领乔家铎、纪玉堂等将已泡毁的测稿等精心整理，并找到赵正之，请他将一些重要的测稿描下来，寄到李庄去。又把一些重要的建筑照片加以翻拍后再复制两份寄给梁思成、刘敦桢各一份。正是有了这些资料，梁思成、刘敦桢二人的研究工作才有可能进行。

1940年冬，中央研究院历史语言研究所决定迁往四川南溪县李庄。学社为了依靠史语所的图书资料，也就不得不被迫跟史语所迁往四川。这时建筑界同仁知道学社的困难，自动捐助学社由滇入川的迁移费，中央研究院史语所借给车辆运送。在南溪李庄，学社租了两个相连的小院作为办公室和宿舍，前院一排中间是办公室，左、右为梁思成、刘敦桢两家。刘致平、莫宗江等住在侧面的一组小院，院内还有一棵大桂圆树。他们在树上拴了一根竹竿，梁思成每天领着几个年轻人爬竹竿，为的是日后有条件外出测绘时，没丢掉爬梁上柱的基本功。

林徽因到李庄后不久就病倒了，李庄没有任何医疗条件，梁思成只好自己学会给林徽因打针，他学会了肌肉注射和静脉注射。夏季李庄酷暑难熬，但他更怕阴冷难度的冬天，病弱的林徽因再也经受不起感冒和咳嗽了。每当他看着妻子痛苦地挣扎时，他会在心底呼喊："神啊！假使你真的存在，请把我的生命给她吧！" 为了保证林徽因的药不间断，也苦了孩子。梁从诫几乎长年穿着草鞋或赤脚，只有到了最冷的冬天，才会穿上外婆给他做的布鞋。那个时候他们真正体会到"捉襟见

四川李庄学社工作室里正在工作的莫宗江（前）梁思成（后）
病中的林徽因和两个孩子

肘"的滋味。

梁再冰回忆李庄苦难的岁月时说：

"四川气候潮湿，冬季常阴雨绵绵，夏季酷热，对父亲和母亲的身体都很不利。我们的生活条件比在昆明时更差了。两间陋室低矮、阴暗、潮湿，竹篾抹泥为墙，顶上席棚是蛇鼠经常出没的地方，床上又常出现成群结队的臭虫，没有自来水和电灯，煤油也须节约使用，夜间只能靠一两盏菜油灯照明。

"我们入川后不到一个月，母亲肺结核病复发，病势来得极猛，一开始就连续几周高烧至四十度不退。李庄没有任何医疗条件，不可能进行肺部透视检查，当时也没有肺病特效药，病人只能凭体力慢慢煎熬。从此，母亲就卧床不起了。尽管她稍好时还奋力持家和协助父亲做研究工作，但她身体日益衰弱，父亲的生活担子因而加重。

"更使父亲伤脑筋的是，此时营造学社没有固定经费来源。他无奈之下只得年年到重庆向'教育部'请求资助，但'乞讨'所得无几，很快地就会被通货膨胀所抵消。抗战后期物价上涨如脱缰之马，父亲每月薪金到手后如不立即去买油买米，则会迅速化为废纸一堆。食品愈来愈贵，我们的饭食也就愈来愈差，母亲吃得很少，身体日渐消瘦，后来几乎不成人形。为了略微变换伙食花样，父亲在工作之余不得不学习蒸馒头、煮饭、做菜、腌菜和用橘皮做果酱等等。家中实在无钱可用时，父亲只得到宜宾委托商行去当卖衣物。我们把派克钢笔、手表等'贵重物品'都'吃'掉了。父亲还常开玩笑地说：把这只表'红烧'了吧！这件衣服可以'清炖'吗？

"三叔到李庄后肺病也复发了，病情同母亲非常相似。父亲对兄弟和妻子的病都爱莫能助。他自己的体质也明显地下降，虽然才四十多岁，背已经驼得很厉害，精力也大不如前了。

"1941年春天，正当母亲病重时，三舅林恒（空军飞行员）在一次对日空战中牺牲，外婆和母亲后来得知都为此伤痛不已。三舅的后事是父亲在重庆时瞒着母亲到成都去办理的。

"后来，又传来了天津涨大水的消息。营造学社的一批无法带到后方的图片资料当时寄存在天津一家银行的地窖中，涨水后全部被淹毁，这是父母和学社成员多年心血的积累，所以父亲和母亲闻讯后几乎痛哭失声。

"尽管贫病交加，挫折一个接一个，但父母亲并不悲观气馁，父亲尤其乐观开朗。他此时常教我读些唐诗，杜甫的'剑外忽传收蓟北，初闻涕泪满衣裳。……'是全家最喜爱的诗句之一。生活愈是清苦，父亲愈相信那'即从巴峡穿巫峡，便下襄阳向洛阳'的日子即将到来。他从来不愁眉苦脸，仍然酷爱画图，画图时总爱哼哼唧唧地唱歌，晚间常点个煤油灯到他那简陋的办公室去。他仍在梦想着战争结束后再到全国各地去考察。有一次我听到他对母亲说：如果他今生有机会去敦煌一次，他就是'一步一磕头'也心甘情愿。母亲不发烧时也大量读书做笔记，协助父亲做写《中国建筑史》的准备。她睡的小小行军帆布床周围堆满了中、外文书籍。

"1945年8月，日本投降了。父亲所盼望的'朝辞白帝彩云间，千里江陵一日还'的日子快要到了。但是，他已衰老许多，母亲的身体也很难恢复了。这一年，他陪母亲到重庆检查一次身体，医生悄悄告诉他，母亲将会不久于人世。"

这时美国的一些大学和博物馆写信来邀请梁思成到美国去访问讲学。费正清夫妇和一些美国朋友，知道他们的情况后也力劝他们到美国

去工作并治病。梁思成复信说:

"我的祖国正在灾难中,我不能离开她;假使我必须死在刺刀或炸弹下,我要死在祖国的土地上。"

后来梁公曾对我说:"我当然知道这个决定所付出的代价,我不能不感谢徽因,她以伟大的自我牺牲来支持我。不!她并不是支持我,我认为这也是她的选择。如果说,我从李白、杜甫、岳飞、文天祥这些伟大的民族英雄那里继承了爱国主义思想,而徽因除此之外,比我更多地从拜伦、卢梭等伟大的诗人、哲学家那里学习了反侵略、反压迫的精神。她对祖国的爱,是怀着诗人般的浪漫主义色彩的。后来有朋友责备我,说我的选择使得徽因过早去世了。我无言以答。但我们都没有后悔,那个时候我们急急忙忙地向前走,很少回顾。今天我仍然没有后悔,只是有时想起徽因所受的折磨,心痛得难受。"

由于战争关系,庚款来源下降,学社经费主要来自庚款,自然也就受到较大的影响。

大约自1941年起,梁思成每年都要到重庆向行政院及教育部申请经费,但学社仍没有固定的经费来源,只能维持短期的开支。经教育部与中央研究院等单位协商,决定将学社主要成员的薪金,分别编入史语所及中央博物院筹备处编制内,以维持学社同仁的生计。但是研究工作所拨的经费,却少得可怜,加上通货膨胀,每年的经费,很快就变成一堆废纸,所以外出调查是根本不可能的了。尽管如此,他们还是在宜宾地区就近调查了一些古建筑。

1941年,学社招聘了最后一名工作人员罗哲文[1]。罗哲文原名罗自福,当时我国与英、美、法结为盟国抗击德、意、日侵略者,因此在后方,美国总统罗斯福、英国首相丘吉尔、苏联领袖斯大林三人的名字家喻户晓,罗自福与罗斯福谐音,因此大人们常亲热地逗他,称他"罗总统",梁思成听到后,便将他的名字改为罗哲文。这虽是一件小事,但也看出梁思成是很关心爱护青年人的。在昆明期间,莫宗江突患腹痛。送至惠滇医院(昆明最大的医院)就诊,医生诊断是轻度盲肠炎,当时的情况可以不必切除,但考虑到经常要外出调研,如果恰巧在乡村小镇,急性发作,则要送命。因此,梁思成请了昆明最有名的外科大夫范秉哲大夫,亲自为莫宗江动手术。20世纪30年代盲肠切除算是一个大手术,医药费也很可观,这笔费用也是由梁思成支付。所以莫宗江常说:"梁先生不仅是我的严师,也是兄长。"

1942年,中大毕业的卢绳[2]和叶仲玑[3]到学社来进修中国建筑。学社增加了两个热爱中国建筑的新生力量,梁思成非常高兴。当时后方的生活虽然清苦,但是大家互相关心,十分融洽,也不无乐趣。那时罗哲文只有十几岁,还是稚气未尽的孩子,常常和梁从诫(梁思成之子)、刘叙杰(刘敦桢之子)三人趴在地上玩弹子。卢绳看到后作了一首打油诗送给他们:"早打珠,晚打珠,日日打珠,不读书。"并把这首诗抄写在一张纸上贴在树上。当时伙食标准很低,叶仲玑是个瘦子,很希望自己胖起来,于是有一天他心血来潮也写了一张条子贴在树上,"出卖老不胖半盒"。梁再冰常患感冒,于是她也写了一张条子贴在树上,"出卖伤风感冒"。这些条子使整个小院活跃了起来,大家吃过晚饭都在那里休息闲谈。就在这样困难的情况下梁思成仍努力完成了以下工作。

组织力量测绘宜宾古建筑

1943年莫宗江、卢绳测绘了宜宾旧州坝白塔及李庄旋螺殿。1944年莫宗江、罗哲文、王世襄测绘李庄宋墓。刘致平详细调查了成都的清真寺并对我国伊斯兰教建筑产生兴趣，后来成为我国伊斯兰教建筑的专家，他还调查测绘了李庄的民居。罗哲文就在参加这些测绘工作中渐渐成长了起来。

举办设计竞赛

抗战时期，梁思成虽然致力于古建筑的研究，但他也注意到当时的建筑教育，担心学校教育缺少传统建筑设计的训练，提出桂辛奖学金的设想。并于1942年、1944年举办了两届建筑设计竞赛。两次都是与中央大学建筑系合作，当时杨廷宝先生在中大兼课，梁思成与杨廷宝商定，由杨廷宝辅导选定三年级学生参加竞赛，题目是"国民大会堂设计"，要求做传统的建筑形式。1942年的得奖人是郑孝燮。郑孝燮还清楚地记得评图的那天，梁思成身着中式长袍，温文尔雅，在学生作业前反复地看过以后和杨廷宝先生交谈了一会儿，便走到郑孝燮的图前，在上面画了一个红星，注明桂辛奖学金第一名。

1944年的竞赛题目是"后方某农场"。评委有中大教授童寯、李惠伯及学社梁思成。第一名获奖人是朱畅中，第二名王祖堃，第三名张琦云。

终于征服了"天书"

梁思成除了以上工作外，还继续研究《营造法式》，胜利地征服了这本天书，并在莫宗江的协助下用现代工程制图法将法式大木作的全部插图绘制完毕。后因抗战后的复原工作及创办清华大学建筑系，因而这项研究工作暂时搁置了起来。直到1962年3月广州会议后，才由梁思成、莫宗江及梁的助手楼庆西、徐伯安、郭黛姮三人组成研究小组继续工作。到1966年，除小木作和彩画作有待实例的补充外，其他诸卷已全部完成，不过因"文化大革命"而停顿直至1983年才出版了上卷。《营造法式》的研究工作，自朱启钤开始，至梁思成、莫宗江、楼庆西等可谓前后经历了三代人的努力，但仍未最后完成。

1941年以后学社已无力量外出野外调查，刘敦桢集中精力，整理西南地区的调查资料。到了1943年因学社缺少经费，研究工作难以开展，刘敦桢遂决定离开学社到中央大学建筑系任教。离开李庄的前一天晚上，梁思成、刘敦桢两人促膝长谈，他们自1931年开始，为了同一个目标，共同奋斗了十一年，这时却不能不分别了，两人边谈边流泪，直至号啕痛哭。不久陈明达也离开了学社赴西南公路局就职。

我国第一本《中国建筑史》

1939年，中央博物院聘请梁思成担任建筑史料编纂委员会主任。梁思成于1942年开始编写《中国建筑史》，林徽因、莫宗江、卢绳都参加了这项工作。林徽因负责收集辽、宋的文献资料，卢绳负责收集元、明、清的文献资料，莫宗江负责绘制插图，于1944年完书。这是我国第一本由中国人自己编写的比较完整、系统的中国建筑史，梁思成实现了"《中国建筑史》要由中国人来写"的夙愿。

在新中国建立初期，中国科学院编译局曾建议出版该书，但梁思成认为它是1944年完成的，部分观点有待修正没有同意。鉴于当时各校教学上急需中国建筑史的教材，经高教出版社和梁思成协商，决定先油印五十份，供各校教师备课参考，待修改完了后，再正式出版，后因种种原因没有完成修改工作。直到梁思成去世后，才将此稿收入

《梁思成文集（三）》。

在梁思成编写《中国建筑史》的同时，国立编译馆又委托梁思成编写英文版的《中国建筑及雕刻史略》，这部书就是等于是英文版的中国建筑史，亦于1944年完稿。

英文版的《图像中国建筑史》——A Pictorial History of Chinese Architecture 是一部以精美的建筑绘图和实物照片为主，辅以简要的文字说明的中国建筑简史。它系统地论述了"与中国文明同样古老"的中国建筑体系在各个历史时期的演变。所有图注都采用英汉对照的形式，梁思成准备在抗战胜利后把书稿送到国外出版。1946年，他把稿子带到美国，因为印刷成本高，找不到出版人，就把它留在费慰梅处。1948年，留英学生刘某为了写毕业论文，来信向梁思成要资料查看，虽然梁思成和刘某素不相识，但他仍写信给费慰梅请她将稿子寄给刘某，嘱刘某用过后将稿件交给我国驻伦敦代办处带回。后来刘某并未将稿件交给代办处，也未寄回给费慰梅，她本人也没有回国而到马来西亚去了，这份稿子也就遗失了。

1979年费正清夫妇访问中国时，得知梁思成并没有收到这份稿子。慰梅又焦急又气恼，但是事隔三十多年到什么地方去找这位刘某呢？她写了许多信给有关单位都无结果，幸亏她还保存着刘某当年的地址及收到资料后的回信。于是慰梅打电话给她在伦敦的一位朋友，请求他扮演"福尔摩斯"的角色。大约两周以后，慰梅接到那位朋友的电话："亲爱的慰梅，你交给我的任务太简单了，我只打了两个电话就解决了。第一个电话打给英国的皇家建筑师协会，请他们查找一下1949年至1954年间，有无接受从英国某大学毕业的刘某为会员。如果有，请查一下她的下落。皇家建协果然在三十多年前的档案中查到这位刘小姐，并注明她已迁往新加坡。于是我又打第二个电话给新加坡建协,请其代查找刘某。一个星期后又得到新加坡的回答,告诉我刘某现在的通讯处。"

找到刘某的下落后,慰梅又与刘某交涉多次,终于迫使她交还了原稿。费慰梅又从波士顿飞到北京,亲自查阅图纸是否完整。返美后,她又为该书在美国的出版而奔走。终于和美国麻省理工学院出版社谈妥出版。从1980年至1984年间我与慰梅就图书的内容编排等等,书信不断。有趣的是我给她写中文,她给我写英文,我们各自抱着一本字典工作,这本凝聚着中美友谊的书,终于在1984年出版了。

这一著作问世后,在美国得到极高的评价。普林斯顿大学的中国文化史教授莫特、华盛顿费利尔美术博物馆馆长劳敦、哈佛大学的东方美术教授雷尔等专家都表示了高度的赞赏,认为它"对中国文化的理解作出了最宝贵的贡献","不仅是对中国的叙述,而且可能成为有重要影响的历史性文献"。此书还获得了1984年"全美最优秀出版物"的荣誉。

著名建筑师陈植先生说:"这一名著是中国建筑学家第一次以英文撰写的、具有权威性的中国建筑简史。它以近代的建筑表达方式,分析了中国建筑结构物的基本体系及其各类部件的名称、功能与特点,叙述了不同时代的演变,阐明了主要建筑的类别,图文并茂,相互印证,深入浅出地作出系统性的论述,使中国建筑在国际上闪耀着灿烂的光辉。"

1943年一位显要的来访者,打破了李庄单调的生活。他就是英国生物化学家李约瑟教授,他作为英国驻重庆大使馆的战时科学参赞来华亲见了中国的国土和人民(后来他回到剑桥大学以后,他的多卷本《中国科技史》的出版给他带来了世界声誉。在这本书中,他谈到梁思成对中国建筑史的研究工作,并称

他是研究中国建筑史的祖师爷)。尽管在他整个访问期间林徽因还在卧床休息,她还是写信给费正清描述了当时的情况:

"李约瑟教授来过这里,受到烤鸭子的款待,已经离开。一开始人们喜欢彼此打赌,李教授在李庄逗留期间会不会笑一笑。我们承认李庄不是一个特别使人兴奋的地方,但是作为一个对中国早期科学的爱好者,又不辞劳苦在这样的战时来到中国,我们也有理由期待他会浅浅一笑。最后,这位著名的教授在梁先生和梁夫人(她在床上坐起来)的陪同下谈话时终于笑出了声。他说他很高兴,梁夫人说英语还带有爱尔兰口音。我从前真不知道英国人这么喜欢爱尔兰人。后来在他访问的最后一天下午,在国立博物馆的院子里,当茶和小饼干端上来的时候,据说李教授甚至显得很活泼。这就是英国人爱好喝茶的证明。"

恢复《营造学社汇刊》七卷

1944年学社的经费已经到了几近枯竭的地步,学社仅有的五六个成员,又走了刘敦桢、陈明达二人,可谓惨淡经营到了顶点。但梁思成仍认为一个学术团体不能没有学术刊物,遂决定恢复《营造学社汇刊》。建筑界同仁及学社社友都积极赞成,并慷慨捐助了印刷费22 500元。当时后方的条件极端困难,连最普通的报纸都没有,印刷更是难上加难。于是他们经再三踌躇考虑之后,决定改弦更张,因陋就简,降低印刷标准,改用石印。他们将插图直接绘版,而不用照片,文字也直接抄录,而没有铅字的排版。从制版、印刷到装订、发行全部由学社同仁亲自干,还加上老少家属一起动手。终于在后方出版了七卷第一期和第二期两期汇刊,著名的唐代佛光寺、榆次雨花宫、成都清真寺等重要的调查报告都发表在七卷汇刊上。还有费慰梅写的《汉武梁祠原形考》也由王世襄译成中文刊载在七卷第二期上。费慰梅的这篇论文原发表在美国《哈佛亚洲研究集刊》1941年六卷第一期上，在欧洲学术界引起很大反响。学社也因此吸收费慰梅为学社社员。她是最后一个加入学社的社员。

罗哲文至今回忆起学社自己动手办刊时全体成员团结一致、拼命要把汇刊发出去的热情，仍然激动不已。

到1945年抗日战争胜利，学社只有梁思成、刘致平、莫宗江、罗哲文四人。经费来源已到了山穷水尽的地步。国民政府教育部建议将学社与中研院史语所或中央博物院合并。梁思成考虑到战后国家建设将需要大批建筑人才，因此决定到清华大学去创办建筑系。刘致平、莫宗江、罗哲文也都随梁思成到清华大学。中国营造学社从此结束了。

美国著名学者费正清，曾这样评价抗战时期的梁思成和林徽因："第二次世界大战中，我们又在中国的西部重逢，那时他们都已成了半残的病人，却仍在不顾一切地、在极端艰苦的条件下致力于学术研究。在我们的心目中，他们是不畏困难、献身科学的崇高典范。……不论是疾病还是艰难的生活都无损于他们对自己的开创性研究工作的热情。就是在战时的这一时期，梁思成写成了《图像中国建筑史》。他用英文写这本书，就是为了向世界介绍中国建筑的宝藏及其结构原理。……这因为他们既通晓中国古典文化，又懂得作为艺术和科学的外国建筑。在忧患的战时生活中能获得如此成就，说明他们不仅具有极高的学术水平，而且还有崇高的品德修养，而正是后者使他们能够始终不渝地坚持自我牺牲，坚定地为中国的现代化做出了自己的一份贡献。"

中国营造学社从1930年正式命名成立，到1945年结束，前后共十五年，但成果最丰硕的，还是在1931年至1937年这六年间。十五年来他们调查过河北、河南、山西、山东、陕西、浙江、湖南、江苏、辽宁、云南、四川等省共计190个县，经过详细测绘的建筑，1937年以前的有206组大小不同的建筑群，所调查的建筑物有2738处。完成测绘图稿1898张。1937年以后西南地区的测稿，因没有集中保管，散在个人手中，因此无从统计。抗日战争胜利后，营造学社的主要成员已各奔东西，虽然在1946年以后，朱启钤还想努力恢复营造学社，但从经费上及原有人员的集中上均是不可能的了。

1961年朱启钤先生九十寿辰，当年学社成员都在朱家相聚，这是学社成员的最后一次欢聚，刘敦桢因患病不能前来，他送给桂老一份苏绣做礼物，信中说：

桂师尊鉴旬前奉上寸柬计达

座右回忆民国初季

先生发现营造法式抄本究心宋法式与清做法进而组织营造学社以完成中国建筑史

勉励后进培养人才

今日建筑学术界在党领导下蓬蓬勃勃一日千里

然当年

先生筚路蓝缕之功固亦垂诸不朽

敦桢亲聆教益三十余年于兹受惠之深楮墨难罄

际此九秩大庆理应赴京祝嘏乃疾病纠缠不克北上而朱君鸣泉来信云苏州绣影不能如期付邮下怀尤为不安

谨此专函祝寿兼述歉忱尚恳

1961年朱启钤九十岁生日时与前来恭贺的梁思成等人合影（中坐者为朱启钤，朱身后为梁思成）

海函于格外临颖不尽万一专肃敬叩

寿安

　　　　　　　　　　　门人刘敦桢上　陈敬同叩

　　　　　　　　　　　一九六一年十一月十六日

梁思成送给朱桂老一本精装的《建筑十年》，在扉页上写道：

一九三一年，初随桂师治我国古代营造之学，倏忽三十载。解放以来，百废俱兴，建筑事业百花齐放，推陈出新，卓有成绩。辛丑初冬，欣逢师九秩大庆，谨奉此册，祝

杖履康健，松柏长寿。谆谆不倦，教我后学。

　　　　　　　　　　　　弟子梁思成　敬祝

　　　　　　　　　　　一九六一年十一月十九日

莫宗江晚年回忆学社工作时说：

"常有人问我，梁思成是怎样培养我的，回想起来，梁先生是不爱讲大道理的，一切都是自己示范。如我画图时他常常来看，看着看着就说'宗江你起来'，于是他就坐下来画给我看，而我也就是这样每天到梁先生的绘图桌前去读图，看他每天完成了哪些图，怎样完成的。

"梁思成对建筑制图独具匠心。除了要准确地表现建筑的结构、构造外，还对线条的粗细、均匀、交点等等一丝不苟。他作出的图纸不仅在学术问题上能表达清楚，具有相当的科学性，同时在画面的构图上也精心安排，从艺术角度来看，是一幅耐人寻味的建筑图。梁先生画完《清式营造则例》的插图，我也对清式做法开始入门。在周末梁先生常带我到他家去，于是他就和林先生把他们收集的最好的速写、素描、渲染，都是些精品，拿来给我看。这些就是我的教材，我喜欢哪张，他就让我带走拿回去细看。梁先生还把Fletcher著的建筑史给我看并告诉我

1961年朱启钤先生九十寿辰时受到周总理的接见

说，Fletcher这本书的插图全部是由他的一位助手画的，他希望我好好学习，日后能为他写的建筑史画一套插图。他还说我们的绘图水平一定要达到国际最高标准。林徽因是善谈的，她往往结合一张画谈到中西建筑的特点，东西文化的比较。从建筑到美学、哲学、文学无所不谈。"

在梁思成、林徽因的指导下莫宗江很快地成长起来。营造学社的测绘图纸，形成了自己的独特风格，特别是莫宗江的图，在科学中融入艺术，形成了他的个性。这虽然和梁思成、林徽因二人对他的培养分不开，但更主要的是莫宗江自己的努力。在莫宗江到学社的第一年年底，学社为了奖励他的进步，给他发了双工资40元，他用这40元买了一套《世界美术全集》、一把小提琴、一盒德国名牌绘图仪器。

莫宗江回忆起当年的野外调查时说，那几年给他印象最深刻的是祖国的极端贫穷与落后。在雁北地区，他们拿着比实物价格高十几倍的钱，求老乡给做一顿饭吃而不能，因为那里穷得连一粒商品粮都没有。再多的钱也买不到粮食，农民只有堆在屋角的一小点土豆，那是他们全家的口粮，给别人吃了自己就得挨饿。在雁北不管走到哪里，只要一停下来，同行的纪玉堂先生就得立刻奔走，设法弄吃的，但他再神通广大，能搞到的最丰盛的饭食，无非就是一钵黑糊糊的说不清是什么做的面条。

一次，当他们正要上马出发时，梁公从马后走过，不慎被马狠踢一脚，当即倒下，大粒的汗珠从头上落下。大家都以为走不成了，没想到梁公挣扎着起来，瘸着腿爬上马背，按时出发了。

莫宗江还告诉我，在野外调查中印象最深的另一件事，就是梁思成、林徽因二人的奋斗精神。他说："梁公总是身先士卒，吃苦耐劳，什么地方有危险，他总是自己先上去。这种勇敢精神已经感人至深，更可贵的是林先生，看上去是那么弱不禁风的女子，但是爬梁上柱，凡是男子能上去的地方，她就准能上得去。"

记得金岳霖先生曾告诉我说："在北总布胡同住时，有一天，我听到门外有人叫'老金，老金'，出了房门一看谁也没有，回到屋来又听到有人叫，我又出来左右看看还是没有人，可是还有人在叫'老金'，我抬头一看，原来林徽因站在房顶上。"他哈哈大笑起来。

梁思成、林徽因两位是出身名门的世家子弟，能够以这样忘我的精神，投身到事业中去，可见他们对祖国文化的无限热爱。他们这种忘我的工作精神，对学术的执著追求，是分外感人的。

[1] 罗哲文，1924年出生，四川宜宾人，中国古建筑学家。1940年考入中国营造学社，师从著名古建筑学家梁思成、刘敦桢等。1946年在清华大学与中国营造学社合办的中国建筑研究所及建筑系工作。1950年，先后任职于文化部文物局、国家文物局、文物档案资料研究室、中国文物研究所等，一直从事中国古代建筑的维修保护和调查研究工作。
[2] 卢绳，江苏南京人，是中国现代建筑史上一位很有影响的建筑史学家与建筑教育家。在建筑理论、建筑教育、建筑历史研究等领域都起到了承前启后的作用，并取得了显著成就，对我国古代建筑的保护和研究做出贡献。
[3] 叶仲玑，安徽黟县人，1942年毕业于中央大学建筑系。1949年获美国堪萨斯州立大学建筑学硕士学位。建国后历任重庆大学、重庆建筑工程学院副教授、建筑系主任。中国民主同盟盟员。1955年主持武汉长江大桥桥头堡建筑艺术设计。

荣　　誉

抗日战争胜利后,对梁思成来说有两条路可供选择,一是继续研究建筑史,二是去创办一个建筑系。

梁思成虽然从1930年至1945年,把主要的精力放在中国建筑史的研究上,但他的视野从没有局限于古建筑的研究。他始终关注我国新建筑的创作及城市规划这一新学科的进展。这是他与我国其他建筑史学家所不同的。

梁思成注意到第二次世界大战刚开始时,英国、苏联已经着手研究战后的复兴计划,而我国抗日战争进行了八年,不但没有任何复兴计划,而且缺少人才。梁思成认为在各大学中增设建筑系培养人才已是燃眉之急。

如果继续研究古建筑,以营造学社的形式是无论如何也维持不下去了,只有干脆把学社的人员并入中央研究院历史语言研究所去。梁思成认为虽然中国古建筑还有很多课题有待深入研究,但是从中国建筑发展史的角度看,已基本上理清各个时期的体系沿革、历史源流,看出了整个历史发展的脉络,可以告一段落。两相比较他认为对国家来说,更需要培养建设人才,特别是建筑师。因此他向梅贻琦（1931年至1948年任清华大学校长）建议在清华大学增设建筑学院,首先在工学院开办建筑系。梅贻

1946年梁思成在美国耶鲁大学讲授中国艺术和建筑

琦很快就接受了这个建议，聘任他为建筑系主任。

1946年梁思成赴美考察"战后的美国建筑教育"，他同时收到了耶鲁大学和普林斯顿大学的邀请函。耶鲁大学邀请他作为客座教授到纽黑文去讲授中国艺术和建筑；普林斯顿大学则希望他参加1947年4月"远东文化与社会"国际研讨会的领导工作。两份邀请函都赞扬了梁思成不畏各种艰难险阻，坚持对中国建筑史进行研究并发表研究成果的顽强毅力。他战前的论文引起了国际学术界的注意，战时出版的两期《营造学社汇刊》赢得了赞扬。他忽然间成了一个国际知名的人物，为他的西方同行所关注。作为两所权威大学的嘉宾去美国，也使他此行有了完全不同的意义。

1947年2月梁思成被外交部推荐，任联合国大厦设计顾问团的中国代表。联合国大厦设计顾问团汇集了许多现代建筑的权威人物，如勒·柯布西耶、尼迈亚等。

当时还年轻的美国建筑师和协助纽约建筑事务所的华莱士·K·哈里逊和掌握联合国总部工程的乔治·杜德莱在1985年写下了他们对1947年的梁思成的回忆：

"他的加入对联合国大厦设计委员会是一大好事，尽管很遗憾，我们当中没有人知道他或他的事业。他给我们的会议带来了比任何人都多的历史感，它远远地超越了勒·柯布西耶所坚持的摆脱巴黎美术学院运动的态度，也超越了对我们的文化变迁的尚无定论的反应。梁思成建议联合国大厦要像历代重要的中国建筑那样坐北朝南，以便给长长的前厅入口留下朝南的温暖的门厅。但大厦既然选址在东河之滨，那四十层的大厦最好是坐落在地基的四十二街那一头，使多数公务人员可以直接进来，照这样设计就意味着北面整个地区都要常年笼罩在阴影之中。于是

1946年梁思成在纽约美国建筑师协会

他悄悄地（又是大方地）撤回了他的意见。"

杜德莱说："梁思成对尼迈亚的从北到南高层平板的建筑方案给予热情支持，方案最后得到委员会的一致批准。"

梁思成对于联合国工程是非常认真的。他对于城市规划、建筑和自然环境关系的兴趣，不仅由于委员会的一般讨论而大大增强，也由于有机会与背景如此不同的人物接触而受到激励。

费慰梅后来回忆梁思成在美国时的活动说：

"1947年4月初，普林斯顿大学关于'远东文化与社会'的研讨会是该校200周年校庆为期一年的纪念活动的一部分。大约有60名专家受到邀请，他们大部分都和中国研究有关。其中包括美国在这一领域中的领先人物以及一些欧亚的著名学者：里顿大学的杜维文达克教授、瑞典的喜龙仁教授和牛津大学的休斯教授；中国方面则有陈梦家、冯友兰、陈述、屈栋子和梁思成这些著名学者参加。

"丰富多彩的会议日程涉及中国研究的各个侧面，但对于会议的组织者、普林斯顿大学中国艺术专家乔治·劳利教授来说，梁思成才是尖子。劳利曾在20世纪30年代中期访问过北京，对于梁思成修复中国建筑遗存和他对更广泛的中国艺术的兴趣印象颇深。劳利的亲密合作者、研究中国和日本建筑的美国专家亚历山大·索佩尔教授多年来通过《营造学社汇刊》中文本，包括在李庄印行的最后两期，一直跟踪着梁思成的发现。他们两位对梁思成的开拓精神、后来在战时所承受的磨难和匮乏中的执著追求都十分钦佩。他们很高兴地把他介绍给参加这次盛会的同行们，其中许多人了解他的研究成果，有的还在他与世隔绝的8年前在北京见过他。会议期间举行了一次他的图片和照片的展览，他作了关于他在建筑上的发现的讲演，还作了关于前此未见报道的四川大足石刻的

梁思成与国际著名建筑师勒·柯布西耶（左二）、尼迈亚（左五）等讨论
联合国大厦设计方案
1947年梁思成在讨论联合国设计方案时发言

另一场讲演。他还出席了其他人的讲演会并参加了讨论。

"研讨会结束时,普林斯顿大学在拿召厅举行了特别仪式,授予杜维文达克和梁思成两人名誉学位,以表彰杜维文达克在传统汉学方面和梁思成在中国建筑史方面的显著研究成果。仪式开始由身着大礼服的校长和教职员为前导的大学生列队入场,佩戴中世纪头饰身着长袍的、高大的、白发的杜维文达克和比他瘦小、看上去显得年轻、身着普林斯顿提供的、过于长大的黑色长袍和帽子的梁思成形成了鲜明的对照。对梁思成的赞词是这样写的:'文学博士梁思成,一个创造性的建筑师,同时又是建筑史的讲授者、在中国建筑的历史研究和探索方面的开创者和恢复、保护他本国的建筑遗存的带头人。'和这一赞词相配的,是他拥有的众多头衔,只要举出其中一些就够显眼的了:中国科学院院士、中国建筑研究所所长、清华建筑系主任、清华建筑研究所所长、联合国咨询委员会委员以及耶鲁大学访问美术教授。

"在普林斯顿大学,保存着梁思成当时写给多兹校长表示接受名誉学位的一封信。他的话表现出典型的礼貌、谦虚和机智:'对于一个只不过是花费了太多时间和精力来满足其好奇心的人来说,这样的奖赏实在是太高了。'

"我也出席了普林斯顿的研讨会,看到思成很健康,情绪高涨。他在美国期间所得到的肯定使他欣慰。

"他在普林斯顿忙碌一阵以后,又花了几个星期来结束在耶鲁的事务和往返纽约参加联合国咨询委员会的会议。尽管如此,他还是设法来到剑桥,和我们度过一些时光。他告诉我们说,不管内战结局如何,他都想待在北京。他的专业生涯使他对政治的兴趣和经验都很少,他自己对共产党人没有什么了解,但就像许多在蒋政权下受尽敲诈勒索和贪污

梁思成（前排左六）参加普林斯顿大学召开的"远东文化与社会"研讨会

腐化之苦的同胞一样，他很难相信事情还会变得更糟。"

正如费慰梅所述，梁思成参加了1947年4月普林斯顿大学成立200周年的盛大庆祝活动，包括一系列的学术活动，在"远东文化与社会"研讨会上，梁思成应邀作了《唐宋雕塑》与《建筑发现》两个学术报告，是所有与会学者专家中唯一作两个学术报告的人。普林斯顿大学因他在中国建筑研究上的贡献，授予他荣誉文学博士学位。与他同时获普大学位的中国学者还有冯友兰教授。

在美国的一年多，他还参观考察了近20年来的新建筑，同时访问了国际闻名的建筑大师莱特（F.L.Wright）、格罗皮乌斯（Gropius）、沙里宁（E.Saarinen）等，出席了在普林斯顿大学召开的"体形环境"学术会议，接触了许许多多、大大小小的建筑师及有关住宅、城市规划、艺术和艺术理论、园艺学、生理学、公共卫生学等等方面的专家、权威。尽管他们各有派系、风格不同，但有一点是相同的：他们规划、设计的目标，就是生活以及工作上的舒适和视觉上的美观，强调对人的关怀。

尽管梁思成一向关注城市规划及建筑理论的动向，但经过这一年多在国外的考察，更深入了解到国际学术界在建筑理论方面的发展。建筑的范畴已从过去单栋的房子扩大到了人类整个的"体形环境"，范围小自杯盘碗盏，大至整个城市，以至一个区域。建筑师的任务就是为人类建立政治、文化、生活、工商业等各方面的"舞台"。

现已在美国定居的王尔宇先生，1947年时正在耶鲁任教，他回忆说梁思成当时显得很年轻，精力充沛，虽然梁思成在耶鲁仅仅几个月但办了很多的事，也很会生活。梁思成常常忙里偷闲，和几个中国朋友聚在一起说说笑笑轻轻松松。当时老舍、罗常培也在美国，有一天罗常培来找梁思成不遇，在门上留了一个字条：

梁思成成天乱跑

罗常培

几天后梁思成去看罗常培也不遇，梁也留了个字条：

罗常培常不在家

梁思成

后来他们见面了又互送了一句戏言，成了一副对联，上联是：

罗常培常不在家

大儒常培女弟子

下联是：

梁思成妄思伏骥

拙匠思成联国楼

王尔宇先生还记得梁思成给他们背了一些中学时的顺口溜，其中一首是这样的：

先生说我No good,

我说先生是dog。

先生给我一hand,

我给先生一foot。

先生把我开除了，

可怜有家归不得。

父亲母亲饶恕我，

还念孩儿尚younger。

他 给 了 学 生 们 什 么

创建营建系

梁思成从美国考察回来后,他总结了在美国考察一年多的收获,博采众长,并以他自己的建筑观为核心,提出"体形环境设计"的教学体系。认为建筑教育的任务已不仅仅是培养设计个体建筑的建筑师,还要造就广义的体形环境的规划人才,因此他将建筑系改名营建系。

梁思成回顾我国建筑教育的状况,决心要办一个达到国际最高水平的建筑系。耶鲁大学的邬敬旅教授是梁思成在美国讲学时的助教,他深情地回忆起当年曾与梁思成反复讨论、比较美国各校建筑系的教学计划与各门课程教学的情景,他当时准备和梁思成一起回国从事清华的教学工作,但因时局变化,未能成行,这使他至今仍对梁思成怀有负疚感。

梁思成下决心对清华建筑系的教学计划做大幅度的修改,决定在营建系下设"建筑学"与"市镇规划"(这是我国高校第一个城市规划专业)两个专业。他认为从长远看,应设营建学院,下设建筑系、市镇规划系、造园系和工业技术学系。

梁思成说:"建筑师的知识要广博,要有哲学家的头脑、社会学家的眼光、工程师的精确与实践、心理学家的敏感、文学家的洞察力……

解放前夕，建筑系同学们举办的化妆晚会

但最本质的他应当是一个有文化修养的综合艺术家。这就是我要培养的建筑师。"所以他将营建系的课程分为：文化及社会背景、科学及工程、表现技巧、设计课程、综合研究五大类。

梁思成在创办清华建筑系之初非常注意树立民主的学风。他平易近人，又很诙谐。在评图讨论时，鼓励大家畅所欲言，年轻人在他面前从不感到拘谨。他也很信任大家，不管是教师或是学生在系里都感到很自由，很舒畅。他是以他的思想和理论来领导全系的。梁友松回忆说："那时四个年级在一个大教室里，我觉得很有好处。高年级的同学常到我们的图板边提意见，或者在做渲染透视图时助一臂之力。我们也常常对高年级的作品评头论足，言之有理也好、胡说八道也好，至少系里形成了一种学术民主、互相切磋的风气。……因为我和比我高的几个年级的同学老混在一起，一道听梁先生和林先生讲课，听蔡方荫、侯仁之的讲座，一道跳土风舞，一道和老师们过节联欢，一道进城去游行，所以虽然在年龄和学识上有差异，但四个年级的同学感情竟如同班一样。我后来觉得这正是梁先生施教的方式：一方面学术民主，鼓励学生表达不同意见；另一方面让大家互相影响，互相取他人之长，使学生在不知不觉中养成一种朴质的学风，就是不苟同也不固执拘泥，心胸开阔，接纳百川汇集。"

梁思成非常重视培养学生的动手能力，他常和营建系的教师谈起宾夕法尼亚大学美术学院为培养学生动手能力设置的一个大工作室：学生随时可以进去做自己设计的作品，那个工作室的设备非常齐全，从木工用的斧锯到陶瓷的塑形、上釉、烧窑直到金属的铸模、翻砂、仿古等各种材料设备一应俱全。

1926年他曾自制了一面仿古铜镜送给林徽因，那面小镜子就是在宾夕法尼亚大学的工作室制作的。那是一面奇特的镜子，它是用一个现代的圆玻璃镜面镶嵌在仿古的铜镜框里合成的。铜镜框的中心刻有两个云冈石窟中所见的飞天浮雕，组成圆形图案。飞天外围一圈卷草花纹，花纹外圈是两条线脚，两线中间均匀地铸一圈字，写着"徽因自鉴之用民国十七年元旦思成自镌并铸喻其晶莹不玷也"。有一次，他和几位教师谈到要在清华建筑系成立类似宾夕法尼亚大学的手工室时，曾把那面镜子给大家看，且十分得意地说："我差不多用了一周的时间雕刻、铸模、翻砂。铜镜做好后，再经过仿古处理，就成现在这样的假古董。我拿去宾夕法尼亚大学请美术系研究东方美术史的教授鉴定这个镜子的年代，他不懂中文，我说只能看，不能动。这位教授看了半天，说从来没有见过这么厚的铜镜。"梁思成笑得更得意了，说："当然了，这里面还镶着一块玻璃呢！教授看了又看，说：'从图案看像是北魏时期的物品，但从没有见过这样的文字，对不起，我不能帮助你。'我看他越来越认真，反而不敢翻过来给他看，只好赶快溜掉。后来那位教授从同学那里知道了实情，每次看见我就说，'Hey! mischievous imp（淘气鬼）！'"可惜梁思成设置工作室的设想始终没能实现。

1949年是他实现新教学计划的第二年，他曾在文汇报上发表《清华大学工学院营建系学制及学程计划草案》一文，比较全面地阐述了他的建筑教育思想及计划，从他的教育计划中可以看出以下几个特色：一是理工与人文的结合，表现在重视社会科学，如在学科中加设了社会学、经济学、人口问题、土地利用、社会调查等。这是他将"体形环境"作为学科对象的必然结果。二是重视历史课，如中外建筑史、中外美术史、雕塑史，都是作为文化及社会背景必修课来要求。这种对历史课的重视，与当时现代建筑运动的反历史倾向相比非常令人注意。第三是重视艺术训练与创作实践的结合，他设置了建筑画、素描、水彩、雕塑、建筑图案等课程。同时还聘请了侯仁之教授来讲授市镇的地理基础，又请了经验丰富的优秀建筑师戴念慈、严星华等人兼任建筑设计课教师。

梁思成在教学上进行的一系列的变动，是我国建筑教育中的重大革新。其中一些课程的设置也是很有远见的，它至今对建筑教育的发展方向仍有参考价值。那个教学计划执行到1952年开始全面学习苏联时停止。

赖德霖总结梁思成的教育思想时说：

"梁思成的建筑教育思想是他建筑思想的一部分，集中体现了他对建筑学科研究对象的全面认识，也反映了他作为一个杰出的建筑家对学科发展方向的敏锐把握。这是他作为教育家的成功之处，也使他的建筑思想明显超越于大多数的同辈建筑家。在相距近半个世纪的今天，这些思想仍不失其活力。

"梁思成的建筑教育思想也是中国近现代建筑思想的一部分，代表了近代中国建筑家对现代主义认识的一个高度，同时也表现出早期受学院派教育的中国建筑家在接受现代主义思想时的取舍与选择，这一点，也是非常值得深思的。"

他多么爱他的学生

1932年梁思成在给东北大学第一届毕业生的信中写道：

诸君：

我在北平接到童先生和你们的信，知道你们就要毕业了……

我还记得你们头一张 wash plate（古典水墨渲染图），头一题图案，那是我们"筚路蓝缕，以启山林"的时代，那么有趣，那么辛苦。那时

梁思成在学生中

我的心情，正如看见一个小弟弟刚学会走路，在旁边扶持他、保护他、引导他、鼓励他，唯恐不周密。

现在你们毕业了，毕业二字的意义，很是深长。美国大学不叫毕业，而叫始业（Commencement），这句话你们也许已经听了多遍，不必我再来解释，但是事实还是你们"始业"了，所以不得不郑重地提出一下。

你们的业是什么，你们的业就是建筑师的业，建筑师的业是什么，直接地说是建筑物之创造，为社会解决衣食住三者中住的问题，间接地说，是文化的记录者，是历史之反照镜，所以你们的问题是十分的繁难，你们责任是十分的重大。你们创造力产生的结果是什么，当然是"建筑"，不只是建筑，我们换一句话说，可以说是"文化的记录"——是历史，这又是我从前对你们屡次说厌了的话，又提起来，你们又要笑我说来说去都是这几句话，但是我还是要你们记着，尤其是我在建筑史研究的立场上，觉得这一点是很重要的。几百年后，你我或如转了几次轮回，你我的作品，也许还是供后人对民国二十一年中国情形研究的资料，如同我们现在研究希腊罗马汉魏隋唐遗物一样……

我以上所说的许多话，都是理论，而建筑这东西，并不如其他艺术，可以空谈玄理解决的。它与人生有密切的关系，处处与实用并行，不能相脱离。课堂上的问题，我们无论如何使它与实际问题相似，但到底只是假的，与真的事实不能完全相同。……必须在社会上服务，经过相当的岁月，得了相当的经验，你们的教育才算完成，所以现在也可以说，是你们理论教育完毕，实际经验开始的时候。

……

现在你们毕业了，你们是东北大学第一班建筑学生，是"国产"建筑师的始祖，如一艘新舰行下水典礼，你们的责任是何等重要，你们的前程是何等的远大！林先生与我两人，在此一同向你们道喜，遥祝你们努力，为中国建筑开一个新纪元！

梁思成
民国二十一年七月

这封七八十年前写的短信，今天读来梁思成对学生的深情依旧跃然纸上。正如梁思成所希望的，他的学生如一艘艘新舰下水，乘风破浪，为中国的建筑开辟了一个新纪元。

如果说在1932年梁思成把他的学生当成自己的小兄弟，那么他1947年以后对待清华的学生则如同自己的子女。六一届的学生难忘他们与先生的第一次见面。1955年他们考上清华大学建筑系，报到之后还没有开学，于是便一同到颐和园去玩。那时颐和园比现在清静得多，特别在非假日更加幽静，当这伙青年步入谐趣园时看见一位长者正坐在那里聚精会神地画水彩。于是他们便走过去观看，不知哪位同学冒出一句："这老头儿画得不错！"长者回过头来看看这伙青年人，见他们一个个胸前都佩着清华大学的校徽，于是长者笑着说：

"哎呀，清华大学的学生不简单哪！"

孩子们都得意地笑了。"你们是新同学？"

"是。"

"哪一系的？"

"建筑系。"

长者惊讶地抬起头笑着说：

"建筑系的学生入学要加试美术的，这么说你们全是呱呱叫的小画家了。"孩子们叽叽喳喳地笑了起来。"见过你们的系主任了吗？""还没有。"于是他们开始攀谈起来。长者结束了水彩画请他们到他的房间里去玩，还搬出些糖果点心来招待这帮小客人。他们也就自由自在地同这位和蔼可亲的长者玩开了。当时新同学在一起为了能尽快记住彼此的姓名，他们开始玩丢手绢的游戏，手绢落到哪个人处，哪个人就站起来自报姓名。六一届的同学回忆说："不少次手绢落入先生的座位上，先生报了'梁思成'的名字，但我们这班傻瓜还不知道这位'梁思成'就是鼎鼎大名的建筑师，我们的系主任。"直到开学典礼这一天，系主任梁思成走上台和新同学见面并讲话时，同学们才大吃一惊，原来那个住在谐趣园的可爱的老头就是他们的系主任。

梁友松回忆自己第一次见到梁思成是在1949年，先生刚参加了国宴回来。他说："这是我第一次见到我们的系主任，他身材瘦小，眼镜后面双目炯炯有神，还带着一丝孩子气的笑意，这是个和蔼可亲、乐天淳厚的长者。他说话时表情丰富，一手挟着香烟打手势，极富幽默感。我也夹在老同学中出神地听着，一下子我就觉得和这位高不可攀的系主任的距离拉近了，以后我在先生面前就一直是自自在在的，我相信所有的同学都会有同感。"

"自在"这个词用得太贴切了，一个受钟爱的孩子，在父母跟前哪能不自在呢？

建筑系成立之初，系图书室还没有什么书，特别是一些绝版的善本更是没有，因此梁家的藏书就成了全系的财富，不论哪一个学生，都可以到梁家去借书看。如已绝版的Vigal水彩集、Flinr的英国水彩人物集整天都在学生手中传阅，学生们也自然而然认为梁家的书也就是系里的书。

他除了关心学生的学业外，对学生毕业后的去向也很关心。

在梁思成的心目中学生是占首位的，他平时很少和亲戚及一般的朋友应酬，但是学生，任何时候他都是欢迎的。记得我们结婚后他曾嘱咐我，不管哪位亲戚来请求帮助解决调动工作等问题，都不许允诺。他的儿子长期在昆明工作，夫妇两地分居，他没有向领导提过一个字。他的外甥曾一度调往贵州工作，病中的姐姐多次请求他帮忙将外甥调回北京。他总是多方开导姐姐，以国家需要为重。他的侄子大学毕业后分配到工厂工作，请求思成协助他调到科研单位去，思成没有答应。然而每当他知道他的学生学用不一，或未能发挥他们的专长时，他却会毫不犹豫地为之奔走。

记得约在1962年时，有一天我拆开一封信，得知是我系毕业生萧默写来的。信中说他毕业后分配到新疆伊犁哈萨克自治州设计室工作。但因设计室撤销了，他被调去当中学教师，希望先生能协助他回到专业工作的岗位上去。在我的记忆中，萧默和思成是一般的师生关系，没有什么特殊的往来。思成看了信，显得很不安，他停止了工作，连续不断地抽着烟，过了一会儿他说：

"我们培养一个建筑人才要花六年时间（1966年以前清华大学建筑系制6年），培养一个建筑师国家要花好几万元，怎么能随随便便地使这些宝贵的专业人才学非所用呢？你替我写一封信，问他愿不愿意去敦煌工作。"他解释说："两年前常书鸿先生曾向我要一名建筑学的毕业生去敦煌工作。因为建设单位对人才的需求量大，一直没有满足常书鸿的要求。现在萧默也许可以去，新疆和甘肃是一个行政区，调动起来也方便些。"他又说："你告诉他敦煌工作比较艰苦，要有吃苦的准备，在工作没有调动以前，还要做好当前的工作。"接到萧默信不久，梁思成恰巧在一个会议上碰到了常书鸿先生。事后他非常高兴地告诉我，萧默的工作已和常先生谈妥，并到文化部请王冶秋先生予以妥善办理。萧默没有辜负老师的关怀，1986年一本优秀的著作《敦煌建筑》问世了。

建筑师是个很可爱的职业

梁思成很重视学生的专业教育，在解放前学生可以随便转系，建筑系的学生有很多都是其他系转来的，每转来一个学生，他都是热情地、不厌其烦地向学生说明建筑系的专业内容，建筑师的工作是什么，要学生慎重考虑，告诉他们如果后悔了再转走还来得及。一年级学生的建筑概论课他必定亲自讲授。很多学生对建筑学的正确认识及对建筑专业的热爱，都是从建筑概论课开始的。

张翔先生已是八十多岁的老人，他是1929年考入东北大学的。张翔的叔叔是学电机专业的，他在中学时看到叔叔整天拉计算尺觉得很神气，决定自己也要当一个电机工程师。没想到考入东北大学后报到时，电机系已满额，他只好报了一个当时没有什么人知道的建筑系，准备在暑假后再转入电机系。没想到第一天上课，是梁思成给新同学作入学报告，他回忆说："先生虽然个头不大，但两眼炯炯有神，而且带着对建筑学专业的无比热爱和自信，给人以很大的感染力。先生的第一句话就说：'建筑是什么？它是人类文化的历史，是人类文化的记录者，它反映时代的步伐和精神。'最后他总结说：'一切工程离不开建筑，任何一项建设，建筑必须先行，建筑是工程之王。'听了先生的这一篇讲演，我下决心一定要学好建筑不再转系。"张翔先生后来成为美国夏威夷的一位著名建筑师。

费康也是梁思成在东北大学的开门弟子，他也从梁思成那里接受了对专业的热爱，他的夫人张玉泉是中央大学早期的建筑系女学生，是我国建筑学会第一位女理事。他们夫妇二人在抗日战争极端困难的情况下没有放弃建筑，并且影响到他们的小儿子费麟。可惜费康在抗日战争时期感染了白喉，过早地去世了。20世纪50年代，费麟考入了清华大学建筑系，也成为梁思成的学生。20世纪80年代，费麟的女儿费青又考入清华建筑系，可惜她已不能直接受教于梁思成。一家人祖孙三代都是优秀的建筑师，成为建筑界的佳话，点燃这个火种的人就是梁思成。

关肇邺教授回忆说："1948年春我在燕京大学理学院读一年级。一天，校长邀请刚从美国参加联合国总部设计回国的梁先生来校作学术讲演。我因仰慕先生的名气，也去听了。那次讲的题目是《中国建筑的特征》。这个题目，对于一个学理科的学生本不易引起太大的兴趣，但我却深深地被先生那渊博的学识和学者风度所折服。特别是先生以大量的事实，论述了'建筑是一面镜子，它忠实地反映着一定社会的政治、经济、思想文化'。会后许多进步学生均赞扬他的观点与他们偷偷学习的历史唯物主义原理相吻合，这更加深了我对先生的钦敬，并暗暗决心转到清华去学建筑。在那年清华校庆时，我到旧水利馆楼上那狭窄的建筑系馆去参观，看到建筑系所学的内容和涉及的各种学科领域后，更加坚定了学建筑的决心。虽然清华不承认我一年的学历，要重新报考一年级，我还是转了学。

"开学之际，我第一次见到梁先生，他首先对我说，'祝贺你是今年考进的唯一新生，希望你能学好。'原来那一年我们同年级十多人，全部是清华其他系的学生因对建筑有兴趣而放弃原来专业转来的或是由清华'先修班'来的，正式考入的只我一人。接着先生便把这十来个一年级学生都找来，简要地说明了建筑学的内容，最后说，'你们要仔细考虑好，愿不愿学这样的学科，若不合意，现在转走还来得及'。并着重对我说，'特别是新来到清华的你'。我连忙说，'我认真想过了，我愿意'。先生是深感不少人因对建筑学的误解而投错了门，白白浪费了时间，因而在开学之初提出警告。

"他常常对学生说：'希望你们喜欢自己的职业，建筑创作要有激情，就像画家一样，一张好的作品，得有那么一种激情，否则这张画在技巧上不论多高明也是只有匠气，而无灵气。同样建筑师不是把一些东西堆砌起来，画出来。建筑师得有想法，有立意，创作在其中，有激情在里面，才能满怀热情地去做。不要挑挑拣拣的，认真对待每一件工作，你才能体会到，你是一个很可爱的建筑师，这个职业是个很好的职业。一定要把感情放进去，比如巴黎的公共厕所就设计得非常好嘛。'"

梁思成的学生黄汇，现在已经是个十分优秀的建筑师了，她的建筑创作得过许多奖，但最使她快乐的却不是她的得奖作品，而是北京市德胜门外第四小学，一个很不起眼儿的小学校的设计。

她说当时她手头有六个工程同时进行，已经忙得不可开交。教育局的同志知道她非常忙，不敢提出请她设计的请求，但是一定要请她去看一看那个即将拆建的校舍现场，她只好去了。到那里一看，这是个什么学校啊？她出发前约半小时刚下过一阵雨，她到学校时发现所有的教室内都有积水，小学生们只好把脚放在桌子下面的横撑上。上厕所就得过院子里的积水，屋顶还在不停地滴着水。原来这个学校的地面，比排水口低九十厘米，破烂的校舍，夹在两个工厂之间，只有四十多米间距，可是就在这样的条件下要盖一个向南的教室楼，工期又非常紧，还没有充足的经费。

黄汇想，这样的工程也许不会有人愿意接，于是她只好把这个工程接了下来。从此她每天利用晚上休息的时间冥思苦想，终于想出了办法：把教学楼设计成一个坝，就是说从校园内看是四层楼，而临街的一面只有三层，这样就把雨水顺利地挡住排走，而流不进校园内去。同时还采用了一些新技术，如采用亮度最好的黄色墙面，同时配以绿的保护色，一反过去全是白色墙面的做法。她又设计了单面走廊，而没有简单地沿用北京市的两面教室中间夹走廊的标准设计。

这个校舍设计得非常成功，得到当地居民的交口称赞。开学的那一天，黄汇来到德外四小，她看到教师们全站在校门口迎接学生，学生们也个个穿新衣、背上新书包来上学，他们都为能在这个学校工作、学习而自豪。这个意外的场景，使黄汇激动得不能自已。她想到了梁先生的教导："要把自己放进去，要把感情放进去，不要挑挑拣拣，认真地对待每一件工作，你才能体会到你是一个很可爱的建筑师。"这一天，黄汇觉得作为一个建筑师，她太幸福了。

梁思成的学生有不少人在反右时期，在十年动乱时期，个人遭到种种不幸，甚至"家破人亡"，但他们对建筑的热爱却没有动摇，始终抱着有朝一日还能回归到建筑队伍的信念。董旭华就是在十年动乱中以"莫须有"的罪名，被判为现行反革命，并判刑十年，弄得"家破人亡"。在狱中他从没有放弃回到建筑队伍的希望，尽管他在狱中，但《建筑学报》却一期也没错过，每一期都按时购买认真阅读。他这种对专业的热爱是多么感人。果然在落实政策后不久，董旭华于1984年12月调去参加组建苏州城市建设学院的工作并做出了优异的成绩。

富有特色的讲课

梁思成非常重视学生的启蒙教育，每届学生的建筑概论课他必亲自讲授。沈三陵回忆他讲的概论课时说："先生的第一句话说，不满18岁的同学请站起来，呼啦一下站起了约1/3的同学。先生温和地笑了笑说，果然你们是年龄最小的一班。于是他转身在黑板上只一笔就勾画出了一只可爱的小狗,问我们这是什么?我们说是狗,他又在黑板上画了个与狗同等大小的小屋,问我们这是什么?我们说是狗窝。他点了点头,又在狗的旁边画了一个大的房子问我们这是什么?我们说是房子。先生笑了,在黑板上写上'尺度'两个字,然后说,'这就是尺度'。"

沈三陵说,"现在我也是教师了,感到给初学的同学讲清'尺度'的概念颇费口舌,但先生当年那么简单生动地帮我们了解了什么是'尺度',这一课我真是一辈子也忘不了"。

接着,她又讲先生讲课怎样深入浅出一听就懂,而且他不停地在黑板上画:"一次先生画了一个小婴儿和一个成年人,然后又在成年人旁画了一个和成年人同等大小的婴儿,问我们这两个谁是大人谁是小孩,我们回答了,他说这就叫'比例'。建筑也和人一样,各种建筑有自己的特点和比例,如果尺度弄不好,让人看起来像个拔高了的小孩或缩小的大人,会很不舒服。"

我国著名的建筑师张镈先生回忆自己早年在东北大学的学习时说,有一次交作业时,他把插图的四角加上压片的三角。梁公看后一方面肯定了他的努力,同时又在三角旁眉批"费而不惠"四个字。张先生说:"这四个字对我一生的发展起了极大的影响。"

他还说:"梁公当时只有27岁,却已经学问渊博。梁公讲课的一个大特点是高度的'视觉化',每讲到一个实例都要在黑板上准确地把建筑的平、立、断面画出来。"梁思成曾对他的助教胡允敬说:"别看我在黑板上画得这样熟练,在讲课前,不知默画了多少次呢。"

梁思成讲课善于用比喻来帮助学生理解和记忆,记得他讲中国建筑史时,常常用阿拉伯少女的面纱来形容我国古建筑中回廊和竹篱的作

梁思成在给学生们讲建筑设计原理

用，很能唤起学生对祖国建筑的美感及设计手法的理解。他还喜欢从中西文化的差异来讲建筑史。比如他在讲西方建筑史时，把雅典卫城中伊瑞克先神庙的女神柱廊上的女神雕像和我国古建筑中的力士雕像对比。他在讲台上像演员一样，自己做了一个悠闲自若、亭亭玉立的少女姿态和一个骑马蹲裆式、咬牙切齿举千钧的姿态，引得哄堂大笑，给学生印象极深。

关肇邺教授说："我正式听过先生讲的课有西洋建筑史、建筑设计原理和中国绘塑史三门。课时不多，但给我的印象很深刻。常说好的教师若倒给学生一杯水，自己要有一桶水。但我感到对先生来说，至少应说是一大缸。他在讲课中时时涉及有关联的外围领域有中外历史、语言、艺术、书法、音乐、佛教哲学、工程技术、城市规划等。我们学生不多，大家围坐一桌，先生娓娓而谈，如谈家常，如数家珍，大家无不被他那极高的文化艺术素养所感染。先生所讲到的内容，这些人类创造的文化结晶，大部分不只是来源于书本，而是经过先生的亲自观察、细心揣摩，有的是亲手测绘摹写甚至是他第一个发现论证的，是真正兼有丰富的感性和理性认识的。由于学贯古今，兼通中西，所以他能旁征博引，一件事物可以和不同时代、不同地域、不同文化背景的相应事物进行比较分析，从而使学生加深理解，印象深刻。

"先生有极深厚的功底，这对我们更是最有影响力的样板。记得在西洋建筑史课里，当先生讲到罗马建筑如何发展成为哥特式的，他边讲边画，从如何减薄了墙壁，出现了大窗，到如何加强壁柱，出现了扶壁、飞扶壁，如何加上小尖塔、吐水兽以及如何拉长了柱子，调整了比例，出现了筋肋和各种装饰，短短十多分钟工夫，把哥特式建筑形象的来龙去脉讲得一清二楚，同时黑板上也一步步地出现了一个极完整、极准确、极精美的哥特式教堂剖面图和天花板仰视图。从大的间架比例到细部装饰，无不惟妙惟肖。这堂课给我的印象实在太深了，真是终生难忘！

"但是使我们得益更多的，还是在课外各种场合的接触中先生所给予我们的影响。先生对社会主义祖国的热爱，对民族文化的深厚感情，他严谨的学风、严格的科学的工作方法，以及对青年学生的爱护培养等，无不给我深刻的感染，时时成为无言的教诲。"

建筑系六一届的学生都记得梁思成给他们做有关美学的讲座：他先在黑板上画了一串小人儿，从唐俑中的侍女，到敦煌的飞天，宋明画中的仕女，清代身着满服的女子，直到当代穿旗袍高跟鞋的摩登女郎，然后在黑板上写上"美是有时代感的，它反映时代的精神"，使学生们很容易就领会了这个有关美学的抽象的概念。

又如说到"美的应用"，他举了一个亲身经历的例子说：一次在一个宴会上，一位贵夫人穿了一件极其讲究的缎子绣花旗袍，那缎子的颜色、质地都特别高级，而且旗袍上还绣了一个孔雀开屏的图案。但是这位夫人把孔雀的头正好放在她的肚子正中，可以说是肚脐的位置，而把那最美丽的屏放在身后的臀部。这位夫人的身材已略显肥胖，这么一件昂贵的绣花旗袍，恰恰把她身材中最不应当强调的部位给强调了，令人看了极不舒服，弄得很惨。于是他总结说，建筑也一样，装饰不要乱用。要装饰一个结构的构件，但不要为了装饰去作假。不同的场合、不同的对象，需要各种不同的装饰，不要滥用。这个例子很深刻，也很有说服力。同学们常常在处理建筑细部时，回忆起先生讲的这个故事，于是也就很自然地多了一份思考。

梁思成不仅喜欢用绘画来表示他的意图，即使是对孩子，他也常常以漫画来和他们游戏。吴荔明（梁思庄之女）现在还记得小时候二舅给她画的耗子娶亲的漫画：在一条长长的纸上画着一长串各式各样的耗子，敲锣的、打鼓的、吹喇叭的、抬轿子的，还有送亲的、迎亲的，它们穿着不同的衣服，表情各异，真是滑稽有趣到了顶点。吴荔明至今对那张漫画还记忆犹新，并极为惋惜地说，那时候太小，不懂得把那张画保存起来。

他的学生费麟说："先生讲课没有什么大道理，深入浅出，以小见大，且极富幽默感，但你仔细琢磨起来就会感到内容丰富。记得1958年设计国庆工程时，梁思成曾来辅导，他从不直说谁的方案怎样怎样，而是仔细地把每个人的图都看一遍，然后很快地总结出设计中的几种现象。比如我们在设计人民大会堂方案时，先生来评图，他看了每个人的图，然后把大家找到一起说出设计中几种现象——'中而新'、'中而古'、'西而新'、'西而古'（中、新、西、古指设计方案中采用的中国古代建筑形式、中国现代建筑形式、西方现代建筑形式和西方古代建筑形式），这是设计的立意。我听了觉得很有道理。然后先生又谈到某些具体手法，那时我才注意到建筑立面檐口的手法。先生说檐口的处理离不开托枋（这多数是西方的形式）和插枋（这多数是中国的形式），这种手法的处理上就存在采用传统形式或外来形式的问题。后来我自己观察建筑物的柱枋处理果然离不开这两种手法。在国庆工程时先生只这么一席话，自己就开窍了，搞建筑首先要有立意，然后还要有设计手法。那一次先生还专门和我们谈了彩画，他很忙，没有准备，但随手拿起彩色笔来告诉我们说，颜色不能随便乱用。他很简洁地勾出几个中国梁枋的彩画图案，边画边告诉我们怎样用红、怎样用绿，暗的地方反而要用点红的，只几笔几句话，就把中国彩画的精华说得很清楚。这一次的评图辅导给我的印象极深刻，突出地感到先生学问的渊博。"

左起李道增、梁思成、林志群

要扩大知识面

梁思成很注意指导学生的学习方法，鼓励学生注意课外阅读，并多接触社会，他鼓励学生参加各种社团活动，做社会调查。他常常说作为一个建筑师要广而博，眼光要宽一点，知识面要宽一点，建筑师的用户是世界上各行各业、各地方来的人，有时甚至不知道自己的服务对象是谁。一个音乐家和一个矿工对住房的要求是很不相同的，所以要有一个非常广的知识面，应当什么都知道，不能想象一个不会跳舞的人能设计出一个好舞厅，或一个体育不及格的人能设计出一个好体育场。

李道增回忆说："1956年，搞十二年科学规划期间，梁先生是土建组副组长，我是小组秘书之一，同住在西郊宾馆。晚上有空，常去他房间聊天，有一次，他跟我说：'不要轻视聊天，古人说：与君一夕谈，胜读十年书。从聊天中可学到许多东西。过去金岳霖等人是我家的座上客。茶余饭后，他、林徽因和我三人常常海阔天空地神聊。我从他那里学到不少思想，是平时不经意的。学术上的聊天可以扩大你的知识视野，养成一种较全面的文化气质，启发你学识上的思路。聊天与听课或听学术报告不同，常常是没有正式发表的思想精华在进行交流，三言两语，直接表达了十几年的真实体会。许多科学上的新发现，最初的思想渊源都是先从聊天中得到的启示，以后才逐渐酝酿出来的。英国剑桥七百年历史出了那么多大科学家，可能与他们保持非正规的聊天传统有一定联系，不同学科的人常在一起喝酒、喝咖啡，自由地交换看法、想法。聊天之意不在求专精，而在求旁通。'听了这席话，我有茅塞顿开胜读十年书之感。

梁思成在辅导研究生（右起刘先觉、沈玉芝、梁思成）

"无论在什么场合，只要梁思成一说话，大家都自然屏息静听，他的即兴讲话，从来都十分生动、风趣，从不干巴巴。他旁征博引，妙趣横生，譬喻典故还来得多，间而引得哄堂大笑，笑过之后，发人深省。他的确是位艺术家，讲话的'形象感'特强，情理交融，能以情感人，以理服人。他的'理'，闪耀着知识与智慧的光辉，他的'情'又像一团火一般的'热'。"

梁友松是梁思成的第一个研究生，他说：

"从先生那里与其说是学到很多具体的知识，还不如说是学习到了他的治学态度和方法。这在我一生的工作和学习中受用不尽。我作为他的研究生第一次去拜访他时，他对我说：'你们现在有如小鸟，过去是老鸟到外边捉了虫来喂你们，现在不能这样了，现在该教你们学会捉虫子的本事，你们的羽毛已经丰满，不能老等着吃现成的。'这个比喻很生动，其实大学里已经开始了这个"学捉虫子"的过程，不过没那么自觉罢了。从此，我看书时不那么囫囵吞枣了，开始注意序言、章节的安排，书后的参考书目，从这里出发可以扩大知识来源。我有时看书是什么都看，兴趣也很广泛，想学提琴，上音乐室听乐理课，看小说，看美术史，沉湎在系里举办的常书鸿敦煌壁画展，看FORUM杂志，看毕加索和达利的画册，常被同学们取笑为走火入魔的杂学家。我现在不后悔，仍觉得这些时间花得不冤，这些兴趣和爱好能使自己站在与作者同样的起点上，同时也改变了我对铅印字的敬畏之感，知道印成书的未必都是真理，我也学会了从圣贤学者和智者的著作中认识他们，接受他们的智慧光照，从而看到自己的贫乏和无知。"

怎样去获取知识

梁思成常常在课外和学生交谈。有一次，他把一些唐朝佛像的绘画展开，又展开了几张魏碑的拓片对学生说："今天我不给你们讲，请你们用眼睛看，看看唐朝的佛像和魏碑字的味道有什么不一样，你们不用说，因为这个感觉是说不出来的。但是你们要仔细看，来回来去地看。以后我再给你们看其他的作品，让你们来鉴别，你们就能看出来其中的不同。这没有公式可求，只有一种感觉。"

过几天他果真又拿出几张佛像来让学生鉴别。有同学说感到很像魏碑的味道。他笑了，说："对了，你有感觉，你将来去看建筑的时候，就能有时代感，看出它是否是早期的建筑。建筑是文化的记录，是历史，它反映时代的步伐。有些同学对建筑历史缺乏正确的认识，以为搞建筑史的都是些老头。这是不对的，搞建筑史的人绝不能是那些老学究。就像中医大夫一样，人们往往以为中医都是长着长胡子的老头，却不知道相当多的中医大夫要会武术、推拿，范畴很宽的。建筑史今天真正需要的人才，是要很活跃的、有充沛的体力、会动脑子、有研究才能、能把问题搞清楚的人。绝不是别人把一件古董摆在你面前，让你坐在那儿，慢慢地去品味它。不是这样的，研究建筑史的人，要能敏锐地区别时代的艺术特点，能感到历史的步伐。"

1961年正是我国农业上的三年困难时期，梁思成常常在晚上去给学生作学术报告，有一次他讲《魏晋南北朝的佛像雕塑》。那天他带了几件雕像去。他讲完以后又让学生们传阅，他说你们只看不行，还要去摸一摸，体会一下它那线条的流畅回转与变化。费麟回忆说："这次讲座使我深切地体会到先生在雕塑方面的造诣很深很深。有些事是无法言传的，而是要学生自己去体会、去琢磨，这对一个教师来说很重要。教师不仅是教你知识，而且是教你怎样去获取知识，梁先生更是能够启发学生进行深一层思考与探索。他教书教人，他给我们的启发，使我们终生受用不尽。"

罐子的哲学

一次，二年级的学生正在上水彩课，梁思成正好经过美术教室，他顺便进去看了看学生的水彩，和学生谈完了色彩的运用后，他看到学生写生的教具是一个陶罐和一个瓷盘子，话题一转，指着罐子和盘子对学生说："今天老师给你们挑了两个很好的教具，罐子和盘子它们放在一起，这里面就有很深的哲理。一个盘子，你滴上几滴水就看见一个很大的水面，你可以一眼就看见它有多少水。但是一个小口的罐子，你却看不见它有多少水，即使装满了，你看见的水面也只是一点点，你把它碰翻了，它洒出来的水也只是一部分，还有很多留在里面。所以要知道盘子里的水绝对不如罐子里的水多，你要想喝到这些水并不容易。你们考上了清华大学，自己觉得很了不起，但那只是一个盘子，是你自己看得最清楚的，一点一滴你都看见了。但是你们的老师则是一个罐，首先你要认识到他们的容量是很大的，要知道他们的学问都装在肚子里，你是看不见的。老师所具有的本事和美好的东西不是你在课堂上就能看到的。不要只重视名人专家，要学会尊重你周围的人，而且要看到你周围人的本事，不要把自己的分量看得太重了。现在大家都很重视文凭，但是莫宗江先生没有那张可爱的文凭。他有时说说俏皮话，但从不宣讲什么，可是莫先生肚子里装着的几乎是仅只他才有的本事。《营造法式》一书彩画的颜色是错误的，谁又知道对的是什么样，但是莫先生知道。

梁思成在和学生讲罐子的哲学

这些在他那小口的罐子外是看不见的，所以你们应当尊重周围的人和你们的老师。不要很浅薄，看不到这一点就很浅薄，这事很重要，尊重你周围的人、尊重一下你的老师。"

梁思成本人也就是这样去做的，尽管莫宗江初到学社时只是个初中生，正是梁思成手把手地一点一点把他教会，但是莫宗江的勤奋使他自己很快成长起来，在他担任梁思成的助手时，梁思成从来都没有对他发号施令，总是和他一起切磋讨论。1962年，为了发挥老一辈科学家的作用，清华成立了《营造法式》课题研究小组，并派了三个年轻人来担任他的助手，梁思成每次和助手讨论问题都把莫宗江请来参加。虽然陈明达、刘致平、罗哲文都是他的学生，我却常常听到他对他的助手说：陈明达有奇才，常有些独到的见解；刘致平学问渊博；罗哲文解放后搞了很多古建维修，有丰富的经验。于是他要求助手们带着问题去向这些专家请教。

要说真话，要有自己的观点

梁思成总是谆谆教导他的学生要说实话："说真话，要学会表达自己的意见，说得别人能听得进去，这就不容易，所以不仅是要说实话，还要学会表达能力。给领导、给上级、给业主介绍你的方案，你想得很美没有用，你得能说出来，说得很简短很清楚，说得别人能接受，这是很不容易的。"

费麟说："梁先生作为一位建筑师，从不隐瞒自己的观点，坚持自己正确的，改正自己错误的，这是给我印象最深刻的。我在学校时读了维特路威的《建筑十书》，但在学生时期对《建筑十书》理解得不深。

梁思成在辅导青年教师
梁思成在辅导越南留学生

随着年龄经历的增长，我越来越觉得当一个建筑师很不容易。正如《建筑十书》中说的，古往今来，最富的人不会是建筑师，他的名誉地位也不会像音乐家、画家那样高，那样得到皇帝的赏识。不能为了个人名利去当建筑师，抛开个人名利或者能有所成就。建筑师要有事业感，建筑师的事业也往往是不顺利的。建筑师的知识要广，上至天文，下至地理，从宏观到微观都要知道。还有一点最重要的，就是做人的品格，应当敢于发表自己的意见，不管上级采纳与否，都应当发表自己的意见。这些年来我越来越体会到《建筑十书》中的这些道理。梁先生不仅学问渊博，更可贵的是做人的品格，从梁先生发表的文章中，我们可以清楚地看到，尽管他受到批判，但有些观点他仍然坚持。在我个人学习建筑和成长的道路上，先生的这种品德，对我的教导和启发犹深。"

梁友松回忆说："我认为，梁先生对我的教诲中最使我受益的乃是要有自己的观点。在同样的原始基础材料上，不同的人有不同的见解，所谓见仁见智之不一，但最不可取的乃是罗列獭祭、鹦鹉学舌、拾人唾余的做法。但要按先生的要求做到这点，却也颇招物议，几十年的大动荡中，先生更是一只出头鸟，累遭枪打。我于今已是花甲开外了，才稍加收敛。我觉得还是上算的，因为我还一直保有追求真理和良知的执著，在缧绁中也未消沉过。如果这也算是清华的学风，那就让它留着吧！"

聪明的人只是不再重犯自己的错误

梁思成常常对学生说："世界上绝对聪明的人是没有的，绝对正确的人也是没有的，重要的是你能够不再犯同样的错误，并善于改正自己的错误。可能别人看你有错误，觉得你不怎么样，但对你来说，你扔掉了错误，你就前进了一步。所以要经常寻找自己的不足，寻找自己的错误。你们很容易只看到别人的错误，只看到自己的辛苦和努力。这是不对的，你自得其乐自以为是，其结果就永远看不见、抛不掉自己的错误，永远不能进步。"

黄汇曾提起，通过自己三十多年来的设计工作，深深体会到先生的教导是真理。她说："一个人天生会犯错误，或者在你探讨新事物时，也不可能一下就成熟，需要不断地去克服错误，只有这样才能进步。每当一个工程来了，在开工以前我可以说出自己方案的许多优点，一旦建成了，我就要去寻找设计的不足。比如北京四中的设计，介绍方案时我显得劲头十足。等建完了后，我去做了另一件事，就是去寻找设计的失误，结果我发现了三十多处，这使得我再也不愿去介绍四中的经验了。我认为这很重要，正如梁先生说的那句格言'最聪明的人只是不再重复自己犯过的错误'。有时我去回访，真有人当面毫不客气地批评我，让别人当面骂你的确很不舒服，但是建筑师除了寻找一些想法，还要找骂。这是你进步的一个立足点，如果你害怕知道自己做错了，你就很难进步，因为有的错是自己发现不了的。"正是因为黄汇能不断地总结自己的错误，所以她才能成为一位优秀的建筑师。

梁思成和学生的故事太多了，每一个和他接触过的学生都能谈个没完，但是我终究要结束这个章节了，梁思成当年那些调皮可爱的学生们，他们成群结队地在我眼前跳动着欢笑着，但事过境迁，尽管我的心情是这样惆怅，我仍不能不离开他们。有人问梁思成到底给了学生什么？请允许我用梁友松的一句话来回答："梁先生给我的教导，最主要的还不只是在业务上，而是对知识孜孜不倦的追求，对祖国和党的热爱和信赖，以及在逆境中，带点幽默感的泰然自若。"

九

国 徽 和 人 民 英 雄 纪 念 碑

清华园解放了，但北平尚在国民党军队的控制下，梁思成和林徽因几乎日夜难寐，他们为这个世界闻名的伟大古都的命运担忧。

一天晚上，张奚若带着两个解放军来到梁家。他们说明来意，是为攻占北平城做准备，万一与傅作义将军和平谈判失败，被迫攻城时，他们想尽可能地保护古建筑。他们摊开一张军用地图，请梁思成在地图上标出重要的古建筑，并画出禁止炮击的地区。这使梁思成夫妇惊诧得几乎跳了起来，简直感觉是喜从天降。试想，他们的前半生就是为了保护这些古建筑而奔走、测绘和研究。过去，他们每发现一座有价值的古建筑，必向当地政府书面报告它的价值，提出保护的措施，但是这些报告全都石沉大海。今天共产党的军队居然自己找上门来，请教如何保护北平的古建筑，这使他们在感情上一下子就和共产党接近了。当时攻城尚属军事机密，梁思成不能将此事告诉我们，等到北平一解放，他就再也憋不住了，他人前人后地谈这件事，并由此认为共产党是个了不起的政党。

北平终于和平解放了，新中国诞生了！多少惊心动魄、天翻地覆的变化，使一切善良的人们以为可以在一夜之间就"换了人间"。仿佛旧中国的一切污泥浊水——腐化堕落、贪污浪费、官僚主义、专制独裁，

国徽设计图

一切一切都随着国民党一起被赶走了。那时候人们对这场"社会主义改造"还丝毫没有认识,更没有想到,在和平建设中人们付出的牺牲与代价并不亚于战争年代。

当时,中央领导人常常就建筑方面的问题找梁思成咨询,梁思成常常积极地献计献策。如对怀仁堂的改建设计就是梁思成领导清华营建系的教师完成的。在基建方面,除了要求控制经费外,还要求控制水泥钢筋等建材指标,这个重要措施也是他直接向周总理建议的。梁思成还担任了中央直属修建处(中央直属修建处,是解放后第一个负责管理建筑工程方面的机构,即1952年成立的建筑工程部的前身,中直的设计部门即后来建工部直属的建筑设计院)的顾问,并为它的设计部门请到了戴念慈、严星华等优秀设计人才。不久,他又主持了人民英雄纪念碑的设计任务。

后来,梁思成被聘为全国政协特邀代表,参加了政协"国旗、国歌和国徽小组"的讨论,在讨论中,热烈争论的民主气氛使他感动。他是积极主张把《义勇军进行曲》定为国歌的人之一,这一意见被采纳后,他感到极为高兴。

在1949年国庆前夕政协的宴会上,他和周总理坐在一桌,席间毛主席曾到他们桌上来鼓励大家吃辣椒,毛主席笑着说:"这个菜是革命菜,革命的人都喜欢吃。"主席还指着周总理说:"他就不吃。"大家都哈哈大笑。梁思成每次开会回来,不管多晚多累必会到系里来看看同学们,并向大家介绍全国政协第一次会议的团结、民主的气氛,共产党领导人谦虚、民主与亲切的作风。那时,他的心完全向共产党敞开了。

梁思成怀着激动的心情,关注着人民政府为维持社会治安、恢复生产、安置失业贫民做的一系列工作。他以城市规划学者所特有的敏感,注视着北京市的市政建设。他首先注意到民生问题最根本的卫生工程方

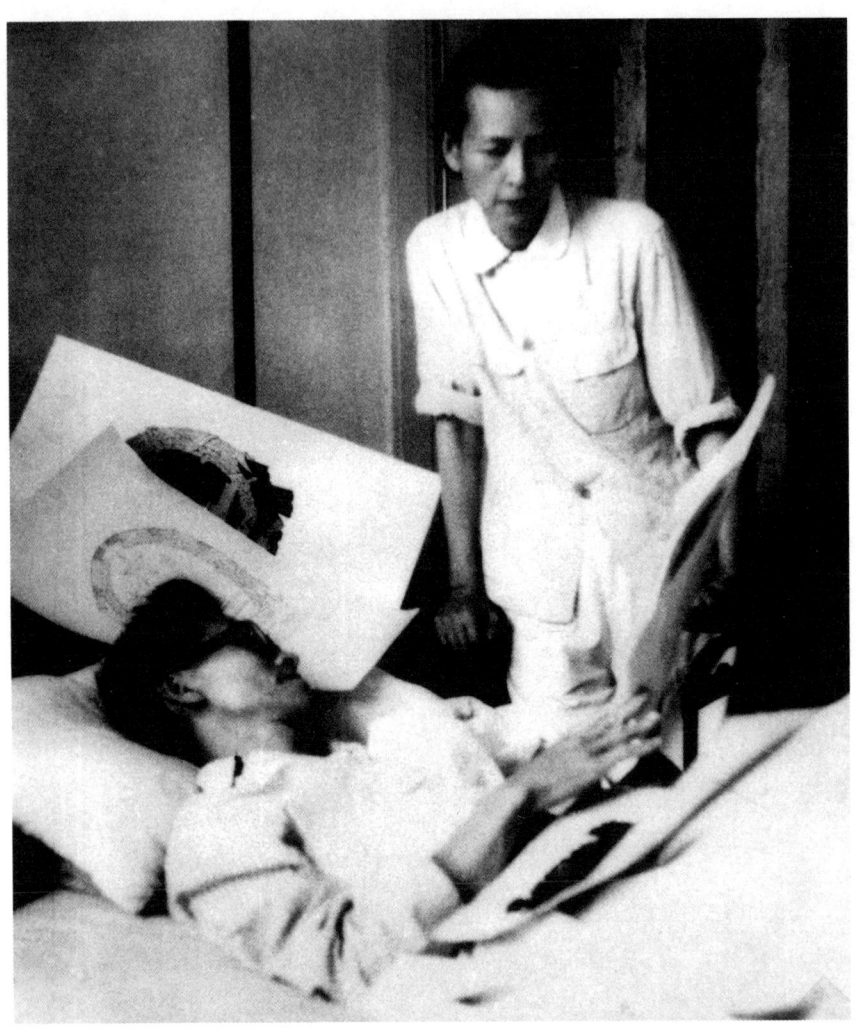

梁思成在病中和林徽因讨论国徽图案

面。旧政府留下的北平城到处是垃圾堆、污水塘和粪坑。在解放后的一年内，人民政府就清除了33万余吨包括从明代就积存下来的垃圾；取消了市内的粪坑、粪箱、粪厂809个，清除了61万吨城内积存的大粪；修复疏通下水道约16万立方米；修筑平整大小街道、胡同路面252万平方米。正如列宁所说："工程师……将通过自己那门科学所达到的成果来承认共产主义。"梁思成也是通过这一切，开始承认共产党是伟大的，是为中国千千万万劳苦大众服务的。

设计国徽

全国政协成立后，立即公开向全国及海外侨胞征求新中国国旗、国徽的图案及国歌词谱。梁思成被聘为政协的国旗、国徽评选委员会顾问，他几乎每天都要进城工作。当时清华和城里交通很不方便，幸亏梁思成自己有一辆微型小轿车，而且他自己会开车。

清华营建系也在梁思成、林徽因二人的领导下成立了国旗、国徽设计小组参加竞赛。我记得主要人员有莫宗江、汪国瑜、朱畅中、胡允敬、张昌龄、李宗津等。

一天，梁思成从城里回来告诉朱畅中他们说："国旗、国歌已经定下来了，国徽图案决定邀请专家另行设计。"后来全国政协邀请中央美术学院和清华大学营建系分别组织人力重新设计。梁思成还带回来一本《国徽图案参考资料》，那是评委们从应征的图案中选出来的。我们都围拢去看那本国徽图案。我站在林徽因后面俯视着，我没有看到很突出的图案，有一部分图案明显是模仿外国，特别是社会主义国家的国徽，更有一些画得花花绿绿很不庄严。林徽因一面翻阅着一面和大家评论

清华大学营建系国徽设计小组部分成员（前排左起罗哲文、朱畅中、张昌龄、胡允敬、李宗津，后排左起汪国瑜、莫宗江、高庄）

着。忽然一张色彩夺目的图案吸引了大家的注意，它的右上角画了一个光芒四射的红太阳，下面是蓝色的海洋，两只海鸥在飞翔。海水是碧蓝的颜色，和鲜红的太阳对比非常刺眼。林徽因一看就说："天哪！这简直就是阴丹士林布（解放前流行的一种平纹布）的商标。"不知谁说了一声"七折大拍卖！"大家都笑了。真的，林徽因的批评太贴切了，那海水的蓝色和当时流行的阴丹士林布一模一样，整个图案充满商品味儿。

接着林徽因又和大家谈论商标和国徽的区别，她发表了很多精辟的见解。梁思成讲到，我国的国徽应具有中国的民族特色，并能表现中国人民的自豪感，后来林徽因又专门就这个问题和国徽设计小组的同志们开过讨论会。

在讨论时梁思成发表了这样的意见：

（1）国徽不是一张图画，更不能像风景画。长城也好，天安门也好，中国人能画，外国人也能画。国徽主要是表示民族的传统精神，所以我们的任务是要以国旗为主体，国旗下方有天安门但不要成为天安门的风景画，若如此则失去了国徽的意义。用天安门图案必须把它程式化，而绝不是风景画。

（2）国徽不能像商标，国徽与国旗不同，国旗是什么地方都可以挂的，但国徽主要是驻国外的大使馆悬挂，绝不能让它成为商标，有轻率之感。

（3）欧洲十七八世纪的画家开始用花花带子，有飘飘然之感，但国徽必须是庄严的，最好避免用飘带，颜色也不宜太热闹庸俗，否则没有庄严感。

（4）要考虑到制作，太复杂的图案在雕塑上不容易处理，过多的颜色在大量制作时技术上也存在困难，十几种乃至几十种颜色无法保证

建筑系50班与林徽因（前排居中）合影

它制作时每次都绝对的相同。

经过讨论他们决定放弃用多种色彩绘制图案，转而采用我国人民千百年来传统喜爱的金、红两色。这是我国自古以来象征吉祥喜庆的颜色，用于国徽，不仅富丽堂皇，庄严美丽，而且醒目大方，具有鲜明的民族特色。

那一年梁思成、林徽因两人的身体都不好，几乎轮流生病。尽管如此，他们还是和大家一起出方案、画图，通宵达旦地工作。我每次去梁家都看到屋子里铺天盖地的摆满图纸。林徽因半卧在床上，伏在一个特制的能在床上用的小桌上画图，累了就往后一躺。她见到我，总是对自己的狼狈状态说几句自嘲的笑话。这种情景我见到过三次，这是第一次，第二次她是为景泰蓝的存亡而奋斗，第三次也是她最后的一次拼搏，是为设计人民英雄纪念碑浮雕的花纹。

不知经过多少个日日夜夜的思考、试做、讨论，最后全组确定了国徽图案。图案的下方是金色浮雕天安门立面图，象征"五四"运动发源地和宣告新中国诞生之地。天安门上方是金色五星表示国旗和工人阶级领导的政权，图案外圈环以稻穗、麦穗，下端用绶带绾结在齿轮上，象征工农联盟。

1950年6月23日，召开全国政协一届二次大会。在毛主席提议下，全体代表以起立方式一致通过了梁思成所领导的、林徽因参加的小组设计的国徽图案。林徽因被特邀列席参加这次大会，当代表们全体起立时，她禁不住激动得热泪盈眶，那时她已经病弱到几乎不能从座椅上站起来了。这一对夫妇在国徽的设计中，倾注了他们的全部心血，表现了他们对祖国的挚爱之情。

现在当人们看到金、红两色嵌有国旗及天安门图案的国徽时，人们

全国政协会上，毛主席举起清华大学国徽设计小组设计的国徽方案以示通过
周恩来总理和全国政协国徽组正在讨论清华大学国徽设计小组设计的图案（左起朱畅中、张奚若、周恩来总理）

很难想象当年梁思成、林徽因及清华大学国徽设计小组的莫宗江、朱畅中、汪国瑜、高庄等同志们为此付出了多少的心血与智慧。

过去我仅把"爱国主义"局限在对敌斗争的战场上，在维护国家主权、民族利益的政权问题上，而现在我清晰地看到，艺术家们怎样通过对国徽设计的艺术处理，来表现我国伟大的民族精神，来表现爱国主义思想。

今天看着国徽，我想人们也许不会同意给林徽因冠上"民族英雄"的称号，但是我的头脑中不断地闪现出这个词汇。虽然她不是"飒爽英姿"的战士，但却同样以生命为代价，唤起人们对自己民族的自豪感。

设计人民英雄纪念碑

1949年9月30日下午，中国人民政治协商会议结束。会议一致通过了建造人民英雄纪念碑的提案，并通过了纪念碑的碑文。傍晚时分，毛主席和全体代表来到天安门广场，举行了纪念碑破土奠基典礼。

接着北京市都市计划委员会，开始向全国征求纪念碑设计方案。不久，收到方案约一百八十份，大致可分为几个主要类型：

（1）认为人民英雄来自广大工农群众，碑应有亲切感，方案采用平铺在地面的方式。

（2）以巨型雕像体现英雄形象。

（3）用高耸矗立的碑形塔形，体现革命先烈高耸云霄的英雄气概和崇高品质。至于艺术形式，有用中国传统形式的，有用欧洲古典形式的，也有"现代"式的。

都委会邀请各方面单位、团体的代表以及在京的一些建筑师、艺术

北京钟楼与鼓楼的关系

家会同评选。平铺地面的方案很快就被否定了，于是用雕像形式或用碑的形式就成为争论的中心问题。在争论过程中，大多数意见同意以下几个根本观点：

（1）政协会议同意建碑，通过了碑文。碑的设计应以碑文为中心主题，碑文中所述三个大阶段的英雄史迹，可用浮雕表达。

（2）考虑到古今中外都有"碑"，有些方案采用埃及"方尖碑"或"纪念柱"的形式，但这些形式都难以突出作为主题的碑文。以镌刻文字为主题的碑，在我国有悠久传统，所以采用我国传统的碑的形式较为恰当。

（3）中国古碑都矮小郁沉，缺乏英雄气概，必须予以革新。

（4）考虑到碑文只刻在碑的一面，另一面拟请毛主席题"人民英雄永垂不朽"八个大字。后来彭真市长又说周总理写得极好的颜体，建议碑文请总理手书。

此后，即由都委会参照已经收到的各种方案拟"碑型"的设计方案，但雕刻家仍保留意见，认为还是应该以雕像为主题。

梁思成虽然主张采用碑的形式，但考虑到雕刻家的意见，所以他又请清华的青年教师收集了很多欧美、苏联诸国的雕像以供参考。

梁思成在1951年8月致彭真市长关于人民英雄纪念碑设计问题的信中，详细阐述了他对碑的设计意见，这封信是一篇极精湛的设计理论短文，现抄录于下：

彭市长：

都市计划委员会设计组最近所绘人民英雄纪念碑草图三种，因我在病中，未能先作慎重讨论，就已匆匆送呈，至以为歉。现在发现那几份图缺点甚多，谨将管见补陈。

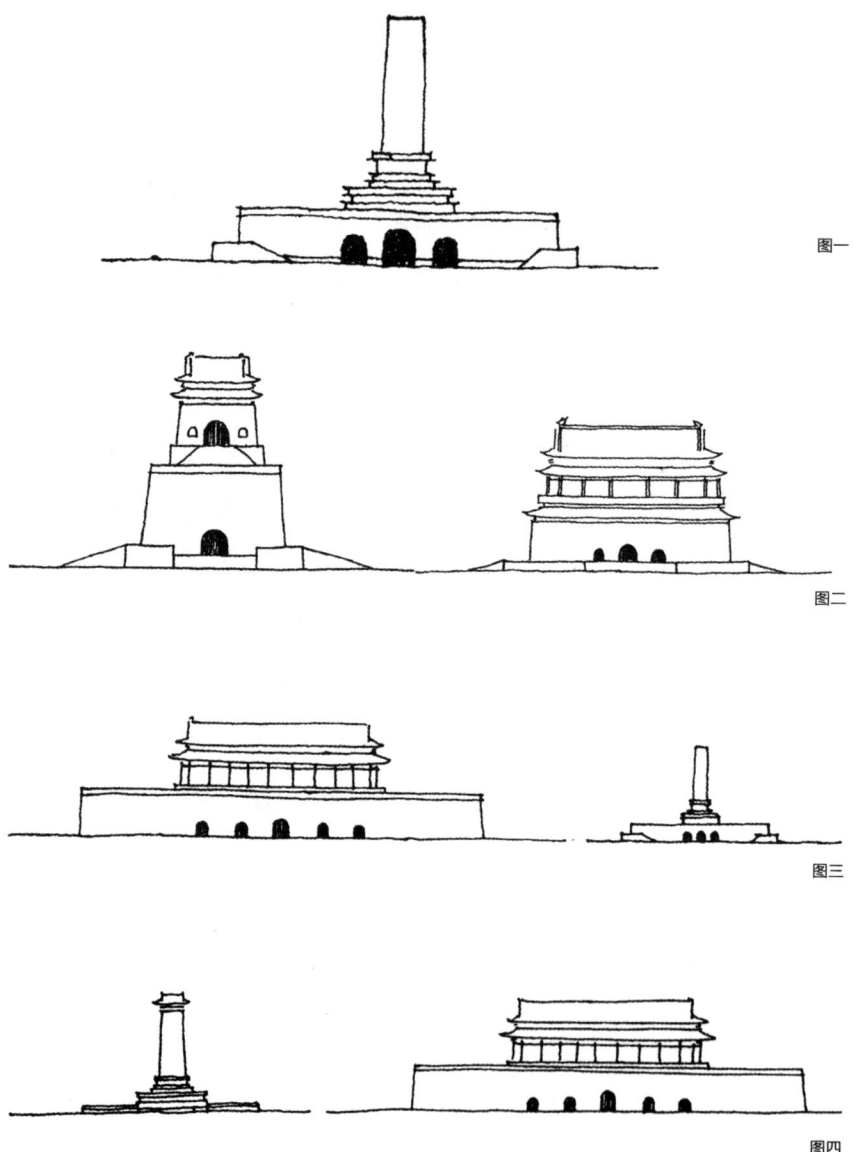

图一

图二

图三

图四

以我对于建筑工程和美学的一点认识，将它分析如下。

这次三份图样，除用几种不同的方法处理碑的上端外，最显著的部分就是将大平台加高，下面开三个门洞（图一）。如此高大矗立的、石造的、有极大重量的大碑，底下不是脚踏实地的基座，而是空虚的三个大洞，大大违反了结构常理。虽然在技术上并不是不能做，但在视觉上太缺乏安定感，缺乏"永垂不朽"的品质，太不妥当了。我认为这是万万做不得的。这是这份图样最严重、最基本的缺点。

在这种问题上，我们古代的匠师是考虑得无微不至的。北京的鼓楼和钟楼就是两个卓越的例子。它们两个相距不远，在南北中轴线上一前一后鱼贯排列着。鼓楼是一个横放的形体，上部是木构楼屋，下部是雄厚的砖筑。因为上部呈现轻巧，所以下面开圆券门洞。但在券洞之上，却有足够的高度的"额头"压住，以保持安定感。钟楼的上部是发券砖筑，比较呈现沉重，所以下面用更高厚的台，高高耸起，下面只开一个比例上更小的券洞。它们一横一直，互相衬托出对方的优点，配合得恰到好处（图二）。但是我们最近送上的图样，无论在整个形体上、台的高度和开洞的做法上、与天安门及中华门的配合上，都有许多缺点。

（1）天安门是广场上最主要的建筑物，但是人民英雄纪念碑却是一座新的、同等重要的建筑；它们两个都是中华人民共和国第一重要的象征性建筑物。因此，两者绝不宜用任何类似的形体，又像是重复，而又没有相互衬托的作用（图三）。现在的碑台像是天安门的小模型，天安门是在雄厚的横亘的台上横列着的，本身是玲珑的木构殿楼。所以英雄碑是石造的就必须用另一种完全不同的形体：矗立峭峙、雄朴坚实、根基稳固地立在地上（图四）。

若把它浮放在有门洞的基台上，实在显得不稳定、不自然。也可说

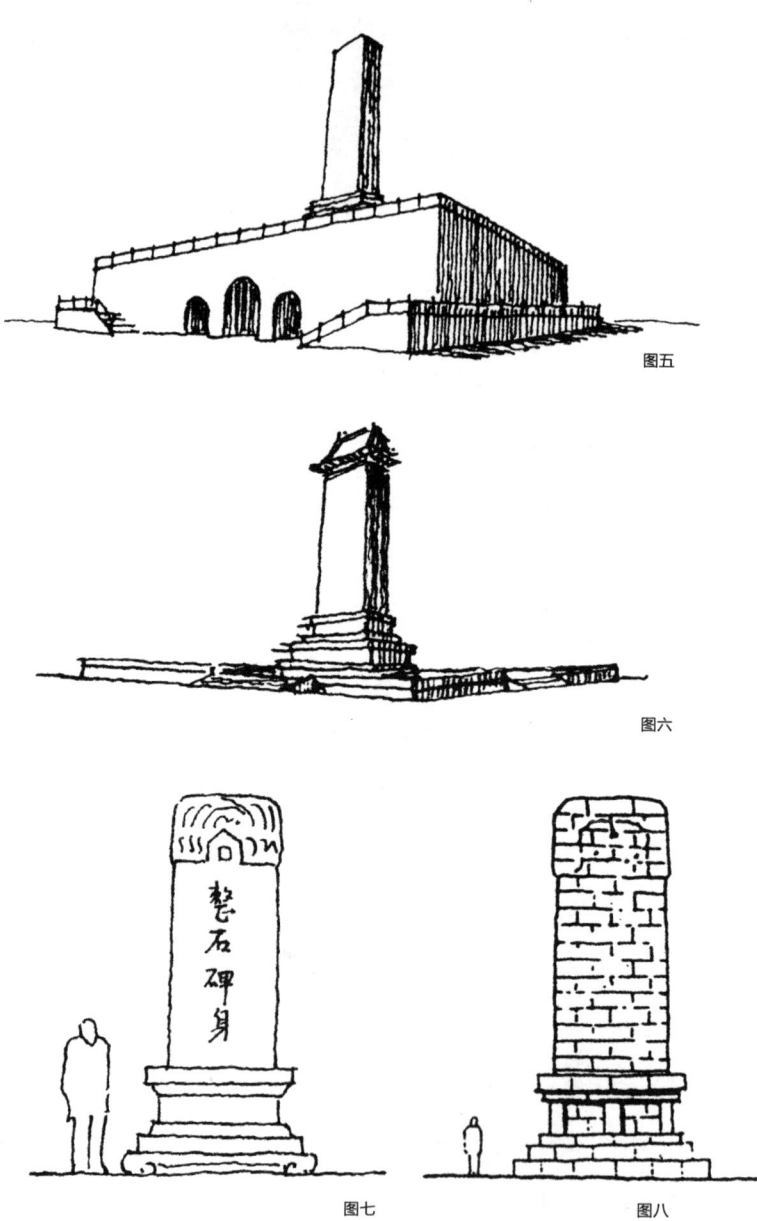

图五

图六

图七　　图八

是很古怪的筑法。

由上面两图中可以看出，与天安门对比之下，上图的英雄碑显得十分渺小、纤弱，它的高台仅是天安门台座的具体而微，很不庄严。同时两个相似的高台，相对地削减了天安门台座的庄严印象。而下图（图四）的英雄碑，碑座高而不太大，碑身平地突出，挺拔而不纤弱，可以更好地与庞大、龙盘虎踞、横列着的天安门互相辉映，衬托出对方和自身的伟大。

（2）天安门广场现在仅宽一百米，即使将来东西墙拆除，马路加宽，在马路以外建造楼房，其间宽度至多亦难超过一百五六十米左右。在这宽度之中，塞入长宽约四十余米，高约六七米的大台子，就等于塞入了一座约略可容一千人的礼堂的体积，将使广场窒息，使人觉得这大台子是被硬塞进这个空间的，有更使广场透不出气的感觉。由天安门向南看去或由前门向北望来都会失掉现在辽阔雄宏之感。

（3）这个台的高度和体积使碑显得瘦小了。碑是主题，台是衬托，衬托部分过大，主题就吃亏了。而且因透视的关系，在离台二三十米以内，只见大台上突出一个纤瘦的碑的上半段（图五）。所以在比例上，碑身之下，直接承托碑身的部分只能用一个高而不大的碑座，外围再加一个近于扁平的台子（为瞻仰敬礼而来的人们而设置的部分），使碑基向四周舒展出去，同广场上的石路面相衔接（图六）。

（4）天安门台座下面开的门洞与一个普通的城门洞相似，是必要的交通孔道。比例上台大洞小，十分稳定。碑台四面空无阻碍，不唯可以绕行，而且我们所要的是人民大众在四周瞻仰。无端端开三个洞窟，在实用上既无必需，在结构上又不合理；比例上台小洞大，"额头"极单薄，在视觉上使碑身漂浮不稳定，实在没有存在的理由。

人民英雄纪念碑

总之：人民英雄纪念碑是不宜放在高台上的，而高台之下尤不宜开洞。

至于碑身，改为一个没有顶的碑形，也有许多应考虑之点。传统的习惯，碑身总是一块整石（图七）。这个英雄碑因碑身之高大，必须用几百块石头砌成。它是一种类似塔形的纪念性建筑物，若做成碑形，它将成为一块拼凑而成的"百衲碑"（图八），很不庄严，给人的印象很不舒服。关于此点，在一次讨论会中我曾申述过，张奚若、老舍、钟灵以及若干位先生，都表示赞同。所以我认为做成碑形不合适，而应该老老实实的多块砌成的一种纪念性建筑物的形体。因此，顶部很重要。我很赞成注意顶部的交代。可惜这三份草图的上部样式都不能令人满意。我愿在这上面努力一次，再草拟几种图样奉呈。薛子正秘书长曾谈到碑的四面各用一块整石，四块合成，这固然不是绝对办不到，但我们不妨先打一个算盘。前后两块，以长十八米，宽六米，厚一米计算，每块重约二百一十五吨；两侧的两块，宽四米，各重约一百三十七吨。我们没有适当的运输工具，就是铁路车皮也仅载重五十吨。到了城区，四块石头要用上万的人力兽力，每日移动数十米，将长时间堵塞交通，经过的地方，路面全部损坏。无论如何，这次图样实太欠成熟，缺点太多，必须多予考虑。英雄碑本身之重要和它所占地点之重要都非同小可。我以对国家和人民无限的忠心，对英雄们无限的崇敬，不能不汗流浃背、战战兢兢地要它千妥万帖才敢喘气放胆做去。

此致

敬礼！

梁思成

1951年8月29日

1952年5月，人民英雄纪念碑兴建委员会组成，其主要成员如下：

主任彭真，副主任郑振铎、梁思成；

秘书长薛子正；

工程事务处处长王明之，副处长吴华庆；

建筑设计组组长梁思成，副组长莫宗江；

美术工作组于6月19日成立，组长刘开渠，副组长滑田友、张松鹤；

土木施工组组长王明之；

当时还有设备组、采石组、财务组、记录组（当时组长均未定）。

此外还设有：

史料专门委员会，召集人范文澜；

建筑设计专门委员会，召集人梁思成。

7月中旬，史料委员会初步提出浮雕主题方案共九幅。1953年1月19日薛子正传达毛主席关于浮雕主题的指示："井冈山"改为"八一"；"义和团"改为"甲午"；"平型关"改为"延安出击"；"三元里"是否找一个更好的画面？"游击战"太抽象，"长征"哪一个场面可以代表？

史料委员会又经过多次讨论，原先提出的浮雕主题又经过多次改变，才决定用现在雕成的八幅。

大约于1952年夏，由郑振铎主持召开会议，最后决定采用梁思成建议的这一设计方案（即现在已建成的方案），但对碑顶暂作保留，碑身以下全部定下来，并立即开始基础设计并施工。这个方案碑高约40.5米，是按广场扩建为宽200米至250米，由北面任何一点望过去，在透视上碑都比正阳门城楼高的考虑设计的。结构方面考虑到土壤荷载力和地震等问题。

1954年11月6日北京市人民政府委员会开会，彭真市长指示碑顶采用现在的"建筑顶"，即梁思成最初的建议。原因是碑40米高，上面再放上群像，不管远近都看不清楚，而且主题混淆，不相配合。同时也把浮雕的主题定为"虎门销烟"、"金田起义"、"武昌起义"、"五四运动"、"五卅运动"、"南昌起义"、"抗日游击战争"、"胜利渡长江"八幅。1956年人民英雄纪念碑胜利完工。

景泰蓝啊！景泰蓝

在我的书桌上放着两个精美的景泰蓝小罐，它们的造型有点像出土的殷商彩陶罐。这两个小罐的下半部是素净的浅驼色，上半部是黑底嵌有铜丝及赭色图案的花纹。它们造型优美，图案简洁典雅，带着浓厚的民族风格，这是林徽因亲自设计的产品。有一段时间我把它视为纪念林徽因的珍贵物品，包好收藏起来。不想"文革"中被红卫兵抄出来，要作为文物没收，我再三解释说这是解放后的新工艺品，才被扔了回来。

我久久地凝视着它，眼前呈现出林徽因为恢复濒于停产的景泰蓝手工艺呕心沥血的日日夜夜。如果编写《中外历史之谜》的作者知道林徽因晚年的健康情况，一定会写一条"林徽因健康之谜"编入书中。医生们一次又一次地对她发出病危的"黄牌"警告，她都闯了过来。她不但活了下来，而且是怎样的活啊！她的肺已布满了空洞，肾也切除了一侧，结核菌已从肺转移到肾、肠。她一天吃不了二两饭，睡眠不到四五个小时，但却在梁思成陪同下，带着她的助手莫宗江、常莎娜等人，多次跑到景泰蓝工厂去调查，了解它的工艺程序及材料特点。她很快就得

林徽因设计的景泰蓝小罐

出结论：工人师傅的手艺是高超的，但是由于传统产品的造型庸俗、色彩单一、图案繁琐，致使这一具有民族特色的手工艺品濒于停业。于是她以惊人的毅力和她的助手们一起研究设计出适合景泰蓝生产工艺的造型、图案及配色。为了探索和发展民族传统的优良图案，她对我国历代图案进行了研究。她已不能像设计国徽时那样亲自画图了，她的意图常常是由她最亲密的助手莫宗江来完成。我不止一次在林徽因处看到莫宗江画的工笔图案，那真是一张张极美的艺术品。

她如愿以偿了。当苏联著名芭蕾舞演员乌兰诺娃接过林徽因设计的景泰蓝礼品时，高兴地说："这是代表新中国的新礼品，真是美极了！"

景泰蓝现在已被认为是具有中国民族特色的手工艺品，立于世界手工艺品之林。有朝一日人们也许会专为北京景泰蓝写一本书，但是人们会不会记得有一位被结核病苦苦折磨的弱女子，为它献出了自己最后的心血。

我这样写，请不要以为林徽因是个整天痛苦地哼哼唧唧、紧锁眉头工作的人。啊，不！她永远快乐，任何美的东西都能使她兴奋和愉快。为了景泰蓝，她常跑到最基层的作坊去，并以此为乐。

有一次她与我们谈陶瓷器皿的造型，谈起在昆明时她曾为了想要一个好看的陶罐，亲自跑到郊外一个陶罐作坊去。

"你们知道吗？烧窑和制坯过去是传男不传女的，而且妇女是不许进作坊的。"她说，"我好不容易花了大价钱才买通这一关，进作坊以前还要对祖师牌位磕头。制坯师傅的那一双手呀！真了不起！他把坯泥放在一个转盘上，用脚踩来控制转动，两手不停地上下抟着塑形。"

她越说越兴奋，双手学着师傅的动作，往下说："多少次出现了优

梁思成、林徽因在调查天坛祈年殿时合影

美的造型，我在一旁求师傅'停下来，停下来，就要这个'。但是那师傅半闭着眼，脸上毫无表情，根本不理睬我。他的手仍在不停地动作。"她像演员一般模仿着师傅的表情和动作。

"我不知道他要做什么。那些优美的造型一次又一次地出现，一次又一次地消失，我抱的希望也越来越大。"

她满脸淘气地说："最后只见他的手从下往上快速而熟练地一捋，这才停了下来，露出笑容得意地看着我。啊！原来是一个痰桶！"我们都忍不住大笑了起来。林徽因是快乐的，和她在一起也永远是快乐的。当然最快乐的是梁思成。

陈占祥[1]

[1] 陈占祥（1916~2001），浙江奉化人，1943年毕业于英国利物浦建筑学院建筑系，1944年获该校都市计划硕士学位。1944年入伦敦大学研究都市计划的立法，师从英国著名规划大师阿伯康培爵士。1945年至1947年任第一届世界民主青年大会副主席。曾任上海市建设局都市计划委员、总图组组长。建国后，历任北京市都市计划委员会企划处处长，北京市建筑设计院副总建筑师、中国城市规划设计研究院总工程师、高级工程师、北京大学名誉教授、中国建筑学会第五届常务理事。

北京啊北京！——未被采纳的"梁陈方案"

新中国诞生后，北平恢复了北京的名称，成为新中国的首都。梁思成最关心的自然是新中国首都的建设。1949年5月，梁思成被任命为北平都市计划委员会副主任，当时中央领导同志曾委托他组织清华营建系师生对北京城的规划进行研究。梁思成也常就这个问题为各报刊撰文，发表自己的见解，梁家的茶会也总是围绕着这个中心问题谈论。当时"城市规划"尚未被我们的社会所认识，不知道什么是城市规划，也分不清建筑师和土木工程师的工作有什么区别。

20世纪20年代，当梁思成还是一个学生在美国学习及在欧洲游历时，已感到欧美大城市的紊乱。1945年，他曾撰文呼吁重视城市的体形环境。他说欧美的大城市大都是无计划地蔓延滋长，它们大半是由中世纪的古城堡，围绕以集市又杂以18世纪后仿建的古宫殿大苑囿混杂而成。到19世纪初期工业发展后，又受到工厂的掺杂密集和商业化沿街建设高楼的损害。资本主义的盲目发展造成城市惊人的拥挤现象，工业发展又产生了对环境的污染，工厂区四周贫民窟的滋生，城市区域的紊乱，交通阻塞拥挤……造成欧美大城市的种种弊病。尤其是土地私有制度，始终妨碍着任何改善都市环境的企图。近三十年来，欧美各国才又设法整顿改善，以求建立城市合理的体形环境秩序，但是至少要付出几十年乃至上百年的时间。他接着呼吁，在抗战胜利、建国开始的关头，我们国家正由农业国开始踏上工业化大道，我们的每一个市镇都到了生长程序中的"青春时期"。假使我们工业化进程能够顺利发展，则在今后数十年间，许多的市镇农村恐怕要经历前所未有的突然发育。这种发育若能预先计划，善于引导，使市镇发展为有秩序的组织体，则市镇健全，居民安乐；否则一旦犯错，则百年难改，居民将受害无穷。

梁思成提醒大家，"今日欧美无数市镇因在工业化过程中任其自由发展，所形成的紊乱与丑恶的形体，正是我们的前车之鉴"。

北京是一个极年老的旧城，却又是一个极年轻的新城。北京曾经是显示封建帝王威严的所在，又曾经没落到只能引起无限"思古幽情"的城苑，而现在它正生气勃勃地迎接社会主义曙光。我们怎样保护北京固有的风貌才不致使它受到不可补偿的损失，才能完成历史赋予它的新中国首都的使命？这是梁思成在1949年至1953年为之奔走的课题。他与陈占祥共同拟了一个《关于中央人民政府行政中心区位置的建议》（即"梁陈方案"，这个建议反映了梁思成对北京总体规划的设想），建议将中央行政中心设在月坛以西公主坟以东的位置。

北京是历史名城，许多古老的建筑已成为今日有纪念性的文物，它们的形体不但美丽，而且在位置部署上的秩序和整个文物环境，正是这座名城壮美的特点之一，对北京的建设要以"古今兼顾，新旧两利"为原则，不应随意拆除或掺杂不协调的形体加以破坏。

梁思成认为在规划改建旧城的时候，历史形成的城市基础，是决定城市面貌的重要因素之一。历史形成的城市基础，从平面上说是街道和广场网，从立体上说就是城市里对于城市面貌有决定性作用的旧有建筑——即富有历史和艺术价值的旧建筑，应尽量地保存古建筑，把它们有机地组织到城市规划里去。这样既丰富了城市的生活，也保存了旧城的风貌。

北京在土地使用及交通系统的规划上，也是任何一个中世纪的城市所没有的。

梁思成在强调北京的历史价值时说，北京城的"历史文物建筑"无疑比中国乃至全世界任何一个城市都多。它的整体城市格式和散布在全城大量的文物建筑群就是北京的历史艺术价值的体现。它们是构成北京城市格式整体的一部分，不可分离的一部分。它完整地体现了封建社会的政治、经济、文化和思想，是一个封建社会的大陈列馆。

梁思成说："我们这一代对于祖先和子孙都负有保护文物建筑之本身及其环境的责任，不容躲避。"

他认为北京作为新中国的首都，应当是全国的神经中枢，是政治中心、文化中心。首先要解决的是中央人民政府行政区的位置，作为现代的政府机构已不是封建帝王的三省六部时代。现代的政府是一个组织繁复，各种工作有分合联系的现代机构。这些机构加起来约需要六至十几平方公里的面积。这样庞大的机构没有中心布局显然是不适当的，而市内已没有足够的空地。北京的居民所应有的园林绿化游憩面积已经太少。如果再将中央政府的机构分散错杂在全城，将不合时代要求。政府机构间没有合理的联系及集中，将产生交通上的难题，且没有发展的余地，还破坏了北京城原有的完美布局。他在《关于中央人民政府行政中心区位置的建议》中还谈到了城市建设的一些工程技术问题，北京市的人口问题，土地使用的分区问题……如果能将政府行政区设在旧城以外，不但保护了旧城的格局，同时赢得时间考虑旧城的详细规划与改建。

但是这个方案没有被最高领导赏识，也受到了苏联专家的反对：专家认为北京作为社会主义国家的首都应该发展成一个工业大城市，要提高北京市工人阶级人口的百分比，建议政府中心设在天安门广场及东西长安街上。梁思成与陈占祥对政府中心地点表示不同的意见，并且与专家展开了激烈的争论。最后专家不得不亮出毛主席的指示"政府机关设在城内，政府次要机关设在新市区"。尽管专家透露了毛主席的意思，但是梁思成、陈占祥二人都并不理会，这两个书生气十足的学者，哪里懂得"毛主席的话句句是真理，一句顶一万句"的道理。因为在他们心中追求的是如何使北京的规划最大限度的接近科学，怎样能更完美地保护北京这个世界上唯一的瑰宝。他与陈占祥合写的《关于中央人民政府行政中心位置的建议》就是著名的"梁陈方案"。可以说"梁陈方案"反映了梁思成对北京的总体规划思想，是对北京整体环境的保护，是他多年来研究城市规划理论与实践结合的重要体现。可以说他是最早用整体的眼光，从城市规划的角度去认识和分析北京古城的历史价值和情感价值的特点的学者。

为了北京的规划，梁思成和彭真争得面红耳赤，他竟然对彭真说："在政治上你比我先进五十年，在建筑上我比你先进五十年。"并且他不断地向北京市的有关领导人说："我们将来认识越提高，就越知道古代文物的宝贵，在这一点上，我要对你进行长期的说服。""五十年后，有人会后悔的。"

"梁陈方案"不仅未被采纳，反而被指责为与苏联专家"分庭抗礼"，与毛主席的"一边倒"方针（毛泽东《论人民民主专政》："中国人民不是倒向帝国主义一边，就是倒向社会主义一边，绝无例外。骑墙是不行的，第三条路线是没有的。"毛泽东的这一论述后来简称为向苏联一边倒的国策）背道而驰。"文革"期间红卫兵批判梁思成时，引用了某中央领导人的话说："中南海皇帝住得，我为什么住不得？有的教授要把我赶出北京城去。"

1953年北京市委成立了一个规划小组,由市委领导同志直接主持工作,地点设在动物园畅观楼。1955年北京市都市计划委员会成立,原都市计划委员会的工作结束,梁思成虽然一直在都市计划委员会挂个名,实际上他不再具体过问北京市总体规划的工作了。

1982年在北京召开了《北京市建设总体规划方案》上报国务院前的专家评议会,这次会以及1983年7月中共中央政府、国务院的批复中,均强调了"北京是我们伟大社会主义祖国的首都,是全国的政治中心和文化中心",可见梁思成在早期对首都规划工作中的预见,是符合党和国家的要求和客观发展规律的。现在北京市已公布了对旧城区建筑高度限制办法,与梁思成早年所倡导的规划原则不谋而合。在专家评议会中,不少人提出了北京的工业和经济事业等发展要充分考虑首都的特点,要服从和服务于北京作为全国政治和文化中心的要求。这些首都规划的战略方针,都是非常正确的,也和梁思成早期的卓见相一致。

说到这里,不得不提到一个人,他就是陈占祥,他1916年出生于上海,祖籍浙江奉化。1935年入上海雷士德工专,1938年毕业,考入英国利物浦大学建筑系,赴英留学。当时第二次世界大战的乌云已密布,欧洲局势极其紧张。由于他来自对日抗战的中国,因此有些团体经常请他去作"中国抗战"的演讲。他的演讲非常成功。他在英国的八年,除了学业外,还做了大量的社会工作,单是演讲报告就作了五百多次,颇有些名气。1944年他作为英国著名城市规划学专家,"大伦敦计划"主持人阿伯康培爵士的博士研究生,协助和参加完成英国南部三个城市的区域规划,获得了很高的评价。

抗战胜利后,陈占祥1946年回国,先后在南京、上海主持完成南京"行政中心"规划方案。并在上海都市计划委员会任总图组组长。1949

年赴北京任北京都市计划委员会企划处处长。他与梁思成共同提出《关于中央人民政府行政中心区位置的建议》。1954年调至北京建筑设计院任副总建筑师。1957年被错划右派，受到极不公平的待遇。1962年起他翻译了大量国际建筑大师的著作和大量国外建筑与城市规划技术信息，为我国建筑事业做出重要贡献。他在"文革"期间长期受到屈辱与迫害。1979年得到平反，调任国家城建总局城市规划研究所任顾问总工程师。他多次参与深圳、上海、杭州、兰州、海口及川北等城市和地区的规划方案的审议，提出了重要的建设性意见。1988年应美国加州伯克利大学、康奈尔大学、堪萨斯大学等校邀为访问教授，获得很高的声誉。这也表达了国际建筑学界对于为维护学术真理而勇于坚持的中国学者的敬意。

1987年我应费正清夫妇之邀去波士顿做客，当我与费慰梅谈到"梁陈方案"时，她很困惑地问我："这个在英国待了八年的阿伯康培的博士生陈占祥，我怎么不知道他？"我想了想说："他的英文名字好像叫Charles。"她叫了起来："哦，Charles Chen！我当然知道他，他和我的英国朋友们都是好朋友。"

2001年3月，陈占祥在北京病逝。周干峙先生为他写了一副挽联：

惜哉，西学中用，开启规划之先河，先知而鲜为人知；

痛哉，历经苦难，敬业无怨之高士，高见又难合众见。

写到这里，我不禁掩卷而泣。

什么叫文物建筑？即具有文物价值的建筑，所谓文物价值即指历史上留下来的载有历史、经济、政治、文化、科学乃至情感的信息。这种信息就叫文物价值。它们是各民族在一系列实践中的历史见证。什么叫情感信息？我们儿时的回忆，学生时代的生活，总是和当时的建筑、校园乃至城市相联系。为什么清华的海外游子回母校时总要在嵌有"清华学堂"的楼前留影、到过去的宿舍楼前照张相，因为这些建筑环境能够引出对过去的回忆和情感。一座天安门，原来是明、清两代皇城的大门，它承受了英法联军和八国联军的侵略，它目睹了五四运动，"一二·九"爱国学生运动，它又是新中国开国大典的圣地，因此天安门所载有的信息，不是个人的，而是民族的、历史的。所以说，建筑是用石头写成的史书。

梁思成对祖国建筑的热爱是无与伦比的，他曾说过这么一句话，"别人都把自己的宝贝藏在家里，我的宝贝放在全国各地"。

在20世纪三四十年代，他每调查一处古建筑后，必定给当地政府写一书面报告，陈述该建筑的价值，并要求政府作出长久保护的计划与措施。

1945年日本投降前夕，为了政府军大规模反攻的需要，他曾紧张地工作了两个月，任务是编写一份沦陷区文物建筑的名单。除按照地区列出文物建筑的名称外，还对每个建筑的建造年代、特点、价值作简单的介绍，并附上照片。为了与盟军配合作战的需要，全部资料均采用汉英对照的版本。工作完毕后，思成曾将这份资料托人转交给当时在重庆的周恩来一份。

1948年冬，解放军的代表找到梁思成，请他以最快的速度，为全国解放战争的需要，编一份《全国重要文物建筑简目》。思成连夜组织建筑系教师莫宗江、胡允敬、汪国瑜、罗哲文等人日以继夜地编写、油印、装订。只一个月的时间，一本厚厚的《全国重要文物建筑简目》和《古建保护须知》便送到了解放军手中。这就是1961年4月国务院公布的《第一批全国重点文物保护单位的名单》和《文物保护管理暂行条

梁思成手绘的关于北京城墙的利用图,在梁思成的心中,北京的城墙应建设成为全世界独一无二的立体花园

例》两个文件的最初的蓝本。

梁思成对祖国文化的无比热爱,尤其突出体现在他对北京的热爱上。记得听他讲授中国建筑史课时,"元、明、清的首都——北京"这一课是令人难以忘怀的。

他很快地在黑板上准确地勾画出北京内外城的平面,讲解北京那充满了历史意义的凸字形平面的沿革,讲为什么北京城墙在西北端缺了一角,讲元、明、清三代选择北京作为首都的地理原因……

他更富有感情且略带诗意地介绍北京四周雄壮的城墙,城门上巍峨高大的城楼,紫禁城的黄瓦红墙与窈窕的角楼,园苑中妩媚的廊庑亭榭,美丽的街市牌楼……他如数家珍似的侃侃而谈,眼中放着光芒,带着深厚的感情,似乎是在向我们展示世界上最美最珍贵的宝物。

然后他又强调北京城市的格式——中轴线的特征。他说皇城是北京城的核心,全城就是围绕这个中心部署的,但贯通全城部署的是一条长达八公里、全世界最长最伟大的南北中轴线!

东西单牌楼、东西四牌楼是四个热闹的都市中心,这些牌楼也是主要干道上的街景。坐落在街巷路口的大大小小的牌坊,处处记载着北京城的历史,它们还起着丰富街市景观的作用,它们略有些像巴黎和罗马的许许多多的凯旋门。建国初期梁思成与北京市领导人争论得最激烈的问题,就是如何保护北京市的古建筑,尤其是对北京城墙城楼废存问题的争论。

北京的城墙与城门,曾以它的壮美吸引了著名学者瑞典美术史学家喜龙仁,他花了几个月的时间环绕城墙外围步行,对它进行专门研究,并写了一本《北京的城墙和城门》。他在序言中说:"我所以撰写这本书,是鉴于北京城门的美,鉴于北京城门在点缀中国首都某些胜景方面

永定门旧影
永定门外城墙

所起的特殊作用……无论从历史的还是地理的角度来看,这些门中仍有一部分可视为北京的界标,它们与毗连的城墙一起,在很大程度上反映了这座伟大城市的早期历史。……我对这些材料研究得越深入,就越体会到里面包含着理解中国历史某些重要篇章的可贵线索。……北京的城门和城墙,与过去的历史有很深远的渊源,尽管它们在许多地方已经旧貌换新颜,但总的来说依然古旧,布满着已逝岁月的痕迹和记录。"

1950年,梁思成在《关于北京城墙废存问题的讨论》一文中说:"环绕北京的城墙,是一件气魄雄伟、精神壮丽的杰作。它不只是为防御而叠积的砖堆,它磊拓嵯峨,是一圈对于北京形体的壮丽有莫大关系的古代工程。无论是它壮硕的品质,或它轩昂的外像,或是那样年年历尽风雨甘辛,同北京人民共甘苦的象征意味,总都要引起后人复杂的情感。

"从城市规划角度看,可利用它为城市分区的隔离物,城墙上可以绿化,供市民游憩。壮丽宽广的城门楼,可改造成文化馆或小型图书馆、博物馆。护城河可引进永定河水,夏天放舟,冬天溜冰。这样一带环城的文娱圈,立体公园,是全世界独一无二的。"但是这个设想被嗤之以鼻,称之为"异想天开"。不料梁思成在20世纪50年代的这个"异想",竟在20世纪80年代的西安城部分地实现了。

我到现在也不明白,人们为什么如此仇恨城墙。自从《关于北京城墙的存废问题》一文发表以后,反对保留城墙者再提不出什么拆除的理由,看来城墙似乎是保住了。可是,城墙的拆除早已成为既定方针。20世纪50年代没有立即拆除只因限于当时国民经济的实际情况,的确难以拨出那么大的人力物力去搞拆城墙这个毫无意义的劳动,但是那些美丽雄壮的城门楼却一个又一个地被拆除了。

20世纪50年代初,十三陵楠木大殿被雷击。思成知道后当即与郑

正阳门原貌
北京历代帝王庙前的牌楼

振铎、罗哲文一起赶赴现场。幸亏落雷击中的柱子只被劈裂一块柱头，雷电直穿柱中心，柱心被电击成一条焦炭，竟没有引起火灾。我国的古建筑多为木构，最怕火灾。除了战乱人为的纵火外，就是雷电起火。曲阜孔庙因落雷引起火灾的确切记录就有六七次，烧毁建筑不计其数。"雷火"古往今来都是木构建筑的大敌。

这次十三陵落雷使思成更为古建筑的防雷而担心。视察十三陵的当晚，他与郑振铎正好出席周总理召开的会议。他及时向周总理报告了十三陵落雷情况，并谈到历史上历次因落雷引起重大的火灾对古建筑的破坏，建议在古建筑上安避雷针。不久，周总理亲自指示国务院发出通知，全国所有重要古建筑都要逐步安上避雷针，从此结束了雷火对古建筑的危害。

在拆除北京城里的牌楼时，梁思成十分焦急，为这事他和老朋友吴晗吵得不可开交。在拆除西四牌楼前夕，他给中央领导写信，信中除了阐明牌楼的历史艺术价值外，还谈到他向汽车司机做的有关交通问题的调查，提出了解决交通问题的办法。由于思成的顽固坚持，周总理不得不亲自出面找思成做工作。思成和周总理恳谈了几乎两个小时，思成极富诗意地描述了帝王庙牌楼在夕阳西斜、渐落西山的景色下的美丽画面。周总理没有正面发表意见，只借用了李商隐的诗句"夕阳无限好，只是近黄昏"来回答。

对于北海团城的保护又是一场更激烈的战斗。一些主张拆除团城的人士，提出阻碍交通的种种理由。这本来是一个容易解决的问题，但既然团城都可以拆除，那团城南面的一些破旧房屋为什么不可以拆去，将道路展宽呢？会上争来争去，各种保存团城的方案都被推翻了。

思成认为团城在北海的平面布局上起着重要的作用，它在园林的空

北京的团城

间处理上，也显示出极高的艺术手法。登上团城，三海景色尽收眼底，它是封建帝王的"望景台"。我国古代自秦以来，就有筑高台的记载，如秦的鸿台高四十丈，两汉有神明台、通天台，均高三五十丈。魏晋南北朝时筑高台的风气仍未减弱，曹操在邺城筑有著名的铜雀台。唐代还有"铜雀春深锁二乔"的诗句。但古代的"台"都没有保留下来。北海的团城是今天尚存无几的一个"台"，因此它在建筑史上有着重要的地位。作为一个建筑史学家，他怎能不为历史上这几乎是仅存的"台"的保留而奔走呼吁。他把苏联专家也说服了，专家也赞成保留团城，但某些当权者们还是认为非拆不可，在一次讨论会上思成勃然大怒，站起来指着对方的鼻子说，"照你这样说，干脆推倒团城填平三海，修一条笔直的马路通过去好了，还讨论什么？"他真是心急如焚，直奔中南海，找到周总理，恳陈己见。周总理亲往团城勘察，这才下决心把团城保护下来。

通过团城的争论，主张拆除古建筑的先生们变得聪明起来：在拆除天安门南面东西两侧的三座门时，他们首先召集了几百名人力车工人、三轮车工人、汽车司机等开了一个声势浩大的三座门控诉大会，会上列举出一件件在三座门前发生的交通事故，把梁思成一下就推到了普通劳动人民的对立面，让他作声不得，但他还是勇敢地发表了反对意见。

他认为天安门是紫禁城的正门，对紫禁城这个威严禁地的正门处理，统治者自然给以最充分的重视与强调，东西三座门正是起着陪衬天安门的作用。三座门的设置形成了一个封闭的广场，使得天安门更加雄伟壮丽。天安门建筑群和午门建筑群，给人精神上的威严、神圣、崇高感，比三大殿还要强烈。这样的建筑艺术，无疑显示了帝王的至高无上的绝对统治权威。三座门的拆除会使天安门显得大而无当，破坏了紫禁城统一的封闭格局。一个完整的紫禁城，是一个完整的艺术整体，不应当破坏。当然这个意见没有人听得进去，三座门还是被拆掉了。

20世纪60年代初梁思成到承德休假，承德八大庙建筑大部分已坍塌，又缺少维修经费，思成对此忧心忡忡。在承德的整个假期，他都在考虑古建的保护与维修问题。我们离开承德的前一天，他与承德的一些同行一起座谈。回北京后他把会上的发言整理成《闲话文物建筑的重修与维护》一文发表。在这篇文章中，他把审查西安小雁塔维修方案时说的"保护古建筑是要它老当益壮，延年益寿，而不是要它焕然一新，返老还童"这句话概括为"整旧如旧"四个字。

记得1963年他为设计扬州鉴真纪念堂到扬州勘察地形，扬州市政协趁机请他作有关古建保护的报告，他说"我是一个无耻（齿）之徒"，满堂为之愕然。然后他慢慢地说，"我的牙齿没有了，在美国装这副假牙时，因为我上了年纪，所以大夫选用了这副略带黄色，而不是纯白的，排列也略稀松的牙，因此看不出是假牙，这就叫做'整旧如旧'。现在'整旧如旧'，已成为修复古建筑的重要原则之一。"

梁思成常常对学生们说：

"古建筑绝对是宝，而且越往后越能体会它的宝贵。但是怎样来保护它们，就得在城市的总体规划中把它有机地结合起来，不能撞到谁，就把谁推倒，这是绝对不行的。古建筑是这样，对城市也是一样，对北京这样的文化古城，这样来用它是不行的，将来会有问题的。城市是一门科学，它像人体一样有经络、脉搏、肌理，如果你不科学地对待它，它会生病的。北京城作为一个现代化的首都，它还没有长大，所以它还不会得心脏病、动脉硬化、高血压等病，它现在只会得些孩子得的伤风感冒。可是世界上很多城市都长大了，我们不应该走别人走错了的路，现在没有人相信城市规划是一门科学，但是一些发达国家的经验是有案可查的。早晚有一天你们会看到北京的交通、工业污染、人口等等会有很大的问题。我至今不认为我当初对北京规划的方案是错的（指《关于中央人民政府行政中心区位置的建议》）。只是在细部上还存在很多有待深入解决的问题。"

曾经有人批判梁思成说的"北京仿佛是封建社会的陈列馆"的比喻。思成说："他们认为陈列馆就是把北京当古董保存起来，我没有这个意思。我和陈占祥共同拟的《关于中央人民政府行政中心区位置的建议》，就是考虑到北京将是新中国的首都，是要发展的城市。有人批判我的规划思想是立足于古城的保护，而不立足于北京城的发展。对北京这样全世界独一无二的古城，它的规划当然要立足于古城的保护，而规划工作本身正是由于北京市发展的需要。如果不考虑北京的发展，也就不必去搞什么发展规划了。我绝不是认为保护古城，旧城就一点不能动了。像龙须沟这样的地区当然必须改造，但是像西长安街上金代的庆寿寺双塔，为什么一定要把它拆掉？为什么不能把它保留下来，作为一个街心小绿地看一看，如果效果不好再拆还不迟嘛。莫斯科红场前的道路就在离红场不远处，为避开一个古建筑拐了个弯儿，这就是尊重历史。"

梁思成之所以能这样坚持古建保护的意见，并非像某些人所认为的"怀古"和"复古"。而是因为他在20世纪30年代就走向了文物建筑保护的科学理论。在他的第一篇古建调查报告中就提出了古建保护法的几点重要意见：

第一，他认为，"保护之法，首须引起社会注意，使知建筑在文化上之价值，……是为保护之治本办法。"古建保护要靠人民普遍的认识。

第二，他认为，"古建保护法，尤须从速制定，颁布，施行……"古建保护要立法，政府应当切实负起保护古建筑的责任来。

北京西单庆寿寺双塔(已被拆除)

第三，主持古建修葺及保护的，"尤须有专门知识，在美术、历史、工程各方面皆精通博学，方可胜任"，即古建保护工作要有训练有素的专家参与或主持。

梁思成说的这三条：宣传、立法、专家负责，在世界各国都是作为文物建筑保护的基本工作来做的。他的这些观点是1964年通过的世界文物建筑保护的权威性规范《威尼斯宪章》的基本思想，现在已被国际文物保护界广泛接受。

梁思成之所以能在20世纪30年代就走向了文物建筑保护的科学理论，是因为他眼界开阔，很熟悉当时世界的学术潮流。在1930年关于蓟县独乐寺的文章里，他提到了意大利教育部关于"复原"问题的争论，知道日本的有关理论和政府的工作情况。在1948年的文章里，他提到了意大利、英、美、法、苏、德、比、瑞典、丹麦、挪威等许多国家。人如果眼界宽，知识就丰富，思想就活跃。没有国际交流，任何一个国家在任何一个领域里都不可能赶上世界前进的步伐。梁思成正是用世界的先进思想武装了自己，成为中国古建筑保护先驱的。

"个人的记忆是不足道的。但是，民族的记忆不能没有实在的见证，民族的感情不能没有实在的依托。这种记忆和感情，同样牵连着民族的命运。对这种见证和依托的需要，就是文物建筑保护的根据。"
（陈志华《我国文物建筑和历史地段保护的先驱》）

"每个民族每个国家莫不爱护自己的文物，因为文物不只是人民体形环境之一部分，对于人民除予通常美好的环境所能激发的愉快感外，且更有触发民族自信心的精神能力。"（《梁思成全集（三）》、《北平文物必须整理与保存》）

梁思成、林徽因与梁再冰合影

十一

徽　　因　　走　　了

　　1955年4月，林徽因告别了这个世界，和我们永别了。人们已经习惯于她一次又一次地闯过难关，一次又一次地战胜病魔，所以当我听到她病危的消息时并没有怎么理会。两个孩子和工作已占据了我的全部精力。当我得知她真的去世了，再也见不到她时，我深深地坠入悔恨与自责的痛苦之中。自从林徽因搬进城去治病以后，我就没有再见过她。后来听说她住院了，去医院探视的计划，也一天又一天地推迟着。现在一种无限懊丧的情绪终日围绕着我。

　　在林徽因的追悼会上，当再冰代表家属向同仁医院的大夫护士致谢，感谢他们为挽救她母亲的生命做出最大的努力时，已是泣不成声，会场响起一片抽泣声。这是我参加过的最悲痛的追悼会了。那一片欷歔之声，是朋友们、学生们对她真诚感情的流露。她不是什么显赫的大人物，人们没有必要用伪装的眼泪来表示对她的忠诚。她也没有留下任何闪光的话语，但她会令人不可理解地拼着命登上午门城楼去看"敦煌艺术展览"。她为国徽的设计、人民英雄纪念碑的设计、为景泰蓝的复兴，献出了自己最后的一点健康，献出了生命中所有的光和热。甚至她自己也没有意识到自己为祖国为人民做了这样伟大的奉献。人们用自己最真挚的感情来悼念她，她会瞑目的！

林徽因墓碑上的浮雕,是她为人民英雄纪念碑设计的图案样板
林徽因墓
林徽因去世后,孤独的梁思成在颐和园的谐趣园养病

林徽因去世时，梁思成也因肺结核病在同仁医院住院，后来听说他出院了，住在谐趣园养病。于是我带着"请罪"的心情去谐趣园探望他。一路上我盘算着怎样问候他及怎样解释没能去探视林徽因的原因。自然什么理由都不能自圆其说，反正不管怎么说，我无论如何也得去看望他了。没想到一见了他，我竟一句话也说不出来，眼泪不住地往外滚，一下便伏在他肩上哭了起来，反过来倒是他来安慰我，他轻轻地抚着我说：

　　"看见你，我真高兴。徽因听说你工作很努力，也很高兴。"

　　这句话使我更加内疚与伤心，等到我的情绪平静以后，梁思成给我看他画的水彩画，还带着我在谐趣园内转悠，讲谐趣园建筑高低错落的变化使得空间丰富；讲谐趣园平面的变化组成了几组不同的空间，把不大的园子扩大了、拉深了。走到乾隆御笔的碑亭边，他笑了笑说，这是谐趣园的一处败笔。我们又往前走，走到知鱼桥，他在桥上停了片刻，若有所思地说：

　　"知鱼桥，知鱼桥……"

　　看到他脸上露出一丝惆怅的神情，我一句话也不敢说。片刻之后，他摆脱了那淡淡的伤感，又开朗地谈笑起来。

梁思成最后一件设计作品,扬州鉴真纪念堂

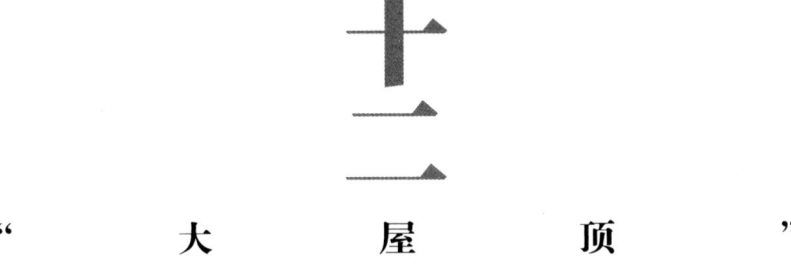

"大屋顶"

今天在中国大陆提起梁思成，大部分人都会以一种嬉笑的态度说："知道，知道，'大屋顶'嘛！"也不管是哪一座"大屋顶"的房子，人们都会说是梁思成设计的。他们不知道梁思成本人没有设计过一座"大屋顶"的建筑。他生平只设计过一个仿古建筑，即扬州市的鉴真纪念堂。那是因为鉴真和尚于唐代东渡日本弘传佛法时，在日本建了唐招提寺，所以梁思成把他的纪念堂设计成仿日本奈良唐招提寺金堂的形式。这项设计曾于1985年获全国优秀设计奖。

1950年第一批苏联专家来到北京，带来了苏联的建筑理论，即"民族的形式，社会主义的内容"。他们要求中国的新建筑，在外形上要表现出中国的民族风格。

20世纪50年代初梁思成到苏联访问，参观了莫斯科、列宁格勒、基辅、塔什干、新西比尔斯克等城市，接触了苏联科学院院长涅斯米扬诺夫院士、苏联建筑科学院院长莫尔德维诺夫等为首的四十多位建筑界、美术界、理论界、哲学界的权威人士，他们无一不鼓吹"民族形式"的建筑。莫尔德维诺夫院长多次接待梁思成，并陪同他一起参观。他向梁思成介绍苏联的经验。

1935年苏联共产党中央委员会和苏联人民委员会公布了斯大林同

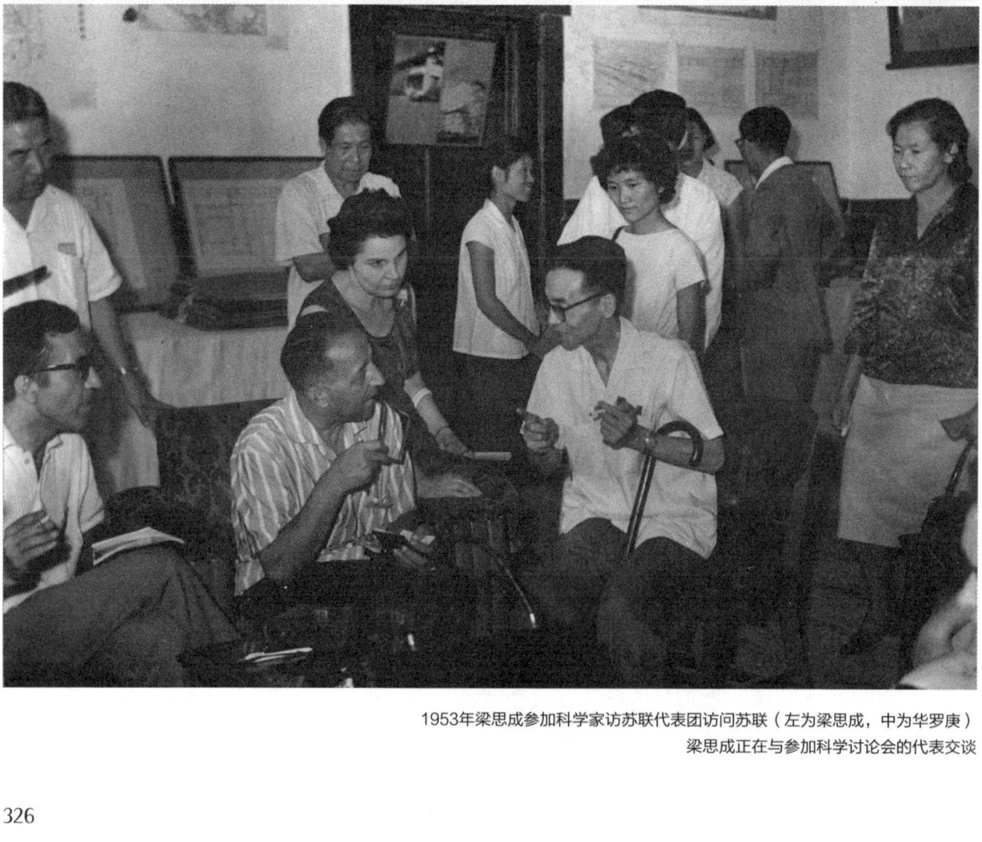

1953年梁思成参加科学家访苏联代表团访问苏联（左为梁思成，中为华罗庚）
梁思成正在与参加科学讨论会的代表交谈

志亲自参加制定的《改建莫斯科市总计划》的决定。决定明确规定：

"……在住宅建筑和公共建筑上，应用建筑艺术上古典的和新的优秀手法及建筑工程技术所有的成就。"

什么是建筑的"社会主义的内容"？莫尔德维诺夫院长说："社会主义的内容，就是关心劳动人民的幸福，关心他们物质和精神上不断提高的需要，在设计中去满足它。"

梁思成在苏联学习中最主要的收获是认识了苏联建筑的总方向。基本原则就是设计、研究、建造、发展反映社会主义面貌并具有民族特有风格的建筑。对于民族形式的重视，是苏联建筑和城市建设在造型方面最突出的特征。他认为苏联的"民族形式"最成功之处是使莫斯科和列宁格勒的市容取得了和谐的一致性。这与资本主义国家的城市之杂乱无章成强烈的对比，鲜明地显出这两个俄罗斯城市面貌由历史发展而来的独特个性。

莫尔德维诺夫院长说："在解决社会主义时代美的问题的时候，建筑师就应当利用各民族遗留下来的建筑遗产。"

解放初期，中国人民推翻了帝国主义的压迫，接着是"抗美援朝"的深入开展。建筑师们出于爱国主义的热情，出于民族自尊感，在感情上很自然而合理地接受了"民族形式"的建筑理论。梁思成从心里由衷地感到社会主义制度的美好。因此他认为，在中国人民面前摆着一个重大的任务，那就是怎样创造中国的"民族形式"的新建筑。1951年至1954年他发表了一系列文章来宣传苏联的经验——"民族形式"的理论。

但解放前的大多数大学的建筑教育基本上放弃了中国传统建筑的教学，几乎完全模仿欧美的建筑教育体系。而且多少年来由于民生凋敝，

与周总理一起讨论科学规划（左起周总理、孟昭英、梁思成、马大猷）

根本没有盖过多少房子，从而也就不可能有机会在现代建筑中去探索民族风格，从中取得成功的经验。因而20世纪50年代初，当建筑活动在全国范围内迅速而大量出现，经过正规训练的建筑师严重不足，设计任务又十分紧迫的情况下，在学习苏联"民族形式"、"先进经验"的号召下，建筑师们一时纷纷模仿中国传统宫殿式建筑来设计新的建筑，这是难以避免的事。尽管梁思成曾强调"要尽量吸收新的东西来丰富我们的原有基础"，不要"抄袭"和"模仿"，但是由于当时没有也不可能有正面的成功模式可供大家借鉴，建筑师们包括梁思成自己都还处在一种探索的起始阶段，从而导致仿古建筑，即所谓的"大屋顶"风行一时，遍布全国。

梁思成对这许许多多的仿古作品，并不满意，但他认为"我们的新建筑还在创造和摸索的过程中……所以要马上就理解得很好，做出高水平的作品是很难的，乃至是不可能的。只要设计者在他的作品中表现出他的努力或愿望……""这种努力是中国精神的抬头，实有无穷意义"。因此他还是肯定了这种探索精神，他深信，"几年之后"，"我的真理将要胜利"。

梁思成为什么会这么执著地坚持建筑的民族风格？这是与我国近百年的历史分不开的。20世纪30年代初，正是西方现代主义建筑传入中国之时，也是中国内忧外患最为深重之时，"统一"与"救亡"成为这一时期思想领域的两大倾向。这种倾向强调"国家至上"、"民族至上"。在建筑中强调中国固有的民族风格，"以西洋物质文明发扬我国固有文艺之真精神"，"融合东西建筑之特长，以发扬吾国建筑物之固有色彩"，也成为此时建筑界人士孜孜以求的理想和目标，这也是梁思成追求的目标。

一個建築工作者所試擬的明日的北京市區中一條街道的景象

梁思成手绘的他憧憬中的北京市区街道景象图

1955年2月建筑工程部召开了"设计及施工工作会议"。各报陆续揭发了近几年来基本建设中的浪费情况和设计中导致浪费严重的"复古主义"、"形式主义"的偏向。与此同时，在全国范围内开始了对"以梁思成为代表的资产阶级唯美主义的复古主义建筑思想"的批判，还在颐和园畅观堂成立了一个批判梁思成的写作班子。参加的人有各部局的。批判组共写了一百多篇批判文章，连清样都打好了。北京市委开了好多次讨论会，周扬同志也参加了。周扬同志有很深的美学造诣，他说："马列主义最薄弱的环节是美学部分，中国对马列主义美学的研究更少，你们写了这些文章连我这个外行都说不服，怎么能说服这样一个老专家呢？关于民族形式，原来有的东西就有民族形式的问题，原来没有的就没有民族形式的问题。建筑在我们国家发展了几千年，当然有民族形式的问题。比如我们原来没有汽车，所以汽车就没有民族形式问题。可是一把刀子就有民族形式的问题，拿出一把刀就可以看出是日本的腰刀还是缅甸的刀。又如话剧，我们国家没有，按理就没有民族形式的问题，可是不然，原因是有个语言的民族性的问题，由田汉等人从日本带回的话剧，开始有点学西洋，比如表示惊诧一耸肩，而这就不是中国人的习惯，中国人看了就笑，就不能接受。建筑肯定是有民族形式的问题，批判的文章，我的意见还是不要发表，我们只能批判浪费。从理论上我们还没有依据，这方面的理论我们要派人去研究。我是个外行，也提不出更多的东西了。"

这个运动对清华建筑系自然震动很大，学生们、青年教师们一时转不过弯来批判他们的老师，清华大学党组织也感到压力很大，董旭华当时是建筑系的研究生，他回忆说："20世纪50年代初，年轻人的建筑思想本来都倾向现代主义。经过学习苏联，受到苏联专家较大的影响，

我觉得我一步步地更接近了党,一步步地感到不断增加的温暖和增强着力量,这温暖和力量给了我新的生命……准备着把一切献给您,给我们伟大的党和可爱的祖国。
——梁思成

梁思成(左三)与华罗庚(左一)、老舍(左二)、梅兰芳(右一)讨论宪法草案

又学习毛主席关于新民主主义文化的论述，才逐步把思想转过来，希望创造中国自己的民族形式……"

殷一和回忆说："1955年或1954年反'复古主义'初期，建筑系的年轻党员教师（都是梁思成的学生）曾联名写信给北京市委，支持梁思成反对拆除天安门前的三座门和北京城墙及保护古建筑等的建议书。当时北京市某领导人某某大怒，一天晚上，他把系里党员全叫到市委去，由刘某主持会议，某某亲自训斥一通，问我们是跟着共产党，还是跟着资产阶级学者梁思成，是否要做梁思成的'卫道士'等等，对青年党员压力很大。记得会上唯有黄报青一人起来提出质疑，他说梁思成没有错，'民族的形式，社会主义的内容'这话是斯大林提出来的。回系后系里又开了不少会对黄报青进行说服和施加压力，后来黄报青表示服从组织，但保留自己的观点。这位耿直的黄报青后来在'文革'初期对蒋南翔的问题一样地想不通，因坚持己见，被迫害致死。这件事首先说明，梁思成的学术思想确实影响很深，深为学生们所接受，并为此而奋斗。其次说明正是某些当权派，不惜用政治、组织手段，来力图消除梁先生的学术见解。也许今天公布这件事，仍有反对当权者之嫌，不过这一页历史终究要公之于众的。"

清华建筑系终于动了起来，人们纷纷写文章批判梁思成的"复古主义"思想，认真地清理自己头脑中的唯美主义建筑观。人们是诚实的、单纯的，当然投机家也是有的。

后来只发表了十几篇批梁思成的文章就收场了，但是对一个学术理论问题，用这种方式，无论是对梁思成本人还是对广大建筑界都是无益的，反而使一个学术性问题得不到深入的讨论研究，并在以运动方式来处理学术问题方面开了一个很坏的先例。

梁思成的一个学生曾发表了如下的看法：

"当时也闹不清梁先生错在哪里，把钱浪费在大屋顶上的确不对，虽说在建筑界的'复古主义'、'形式主义'的设计偏向，梁先生'有不可推卸的责任'，但也不是梁先生一声令下，全国就都能照办，他还没有那么大的威信吧？中央的政令要自上而下地贯彻，也不会这样快当吧？纵观世界建筑史的复古现象，自文艺复兴时期就有了，乃至于资产阶级革命时代，各种折衷主义，各种回潮，热闹非凡，20世纪30年代的意大利和德国，40至50年代的苏联，乃至解放后的中国，都有历史的回潮。这个道理，马克思在《拿破仑第三政变记》里指出，'资产阶级登上历史舞台后，需要有自己高大的形象，但一时没有现成的手段，只好到历史的仓库里借用些现成的道具来演出威武雄壮的历史场面。'大多数解放后的中国人，想要在世界面前表现自己的高大形象，而且是使中国人可以自豪的形象，在最富表现力的建筑艺术上使用自己传统的艺术语言，那份狂热，就是可以理解的了。我们也可以理解为什么波兰人在第二次世界大战后，宁愿饿肚子也要先从废墟中恢复华沙古建筑了。"

我和很多人一样很担心梁思成是否能接受得了这样的批判，林徽因刚刚离开他，他自己也正患重病住在同仁医院。这一连串的打击他经受得起吗？好心的朋友都为他捏一把汗。

运动之初梁思成不同意这些批判，后来他学习了"设计施工工作会议"的许多文件，文件揭发出基本建设中的浪费情况，后来中央领导同志又与他恳谈。他服了，他承认建筑界的"复古主义"、"形式主义"的设计偏向，他有不可推卸的责任，但是他保留自己的学术观点。1956年1月他在全国政协大会上做公开检查。因为他信奉父亲梁启超常用来教导他的一句格言：以今日之我宣判昨日之我。

尽管挫折和打击一个接一个，但梁思成并不在意个人的荣辱得失。他的目光始终注视着我国社会主义建设的发展，他仍是满怀激情地完成着党和政府交给他的各项任务。他说："我觉得我一步步地更接近了党，一步步地感到不断增加的温暖和增强着力量，这温暖和力量给了我新的生命……准备着把一切献给您，给我们伟大的党和可爱的祖国。"1956年2月6日正在出席全国政协二届二次会议的梁思成怀着激动的心情给毛主席写了一封长信，表达了要求入党的请求，并托周总理转呈毛主席。周总理收到信的当天，就在一张国务院便笺上用毛笔写道："梁思成要求入党的信，即送主席阅。"毛主席读信后于2月24日批示："刘、彭真阅，我觉得可以吸收梁思成入党。交北京市委酌处。"刘少奇圈阅后，彭真也作了相应批示。按照组织程序，经基层党支部讨论并报上级党委批准。梁思成于1959年1月光荣地加入了中国共产党。

林洙与两个年幼的孩子合影

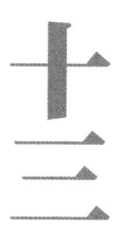

永相随，难相随

喝下这杯苦酒

北京解放不久，我收到父母辗转从香港寄来的信，得知父亲已到厦门工作。我们家也从上海迁到厦门去了。因为哥哥已在北平解放前返回上海，所以父母对我一人留在北平很不放心。这种担心自然和他们对共产党不了解有关。因此，父母觉得既然我已和程应铨有了婚约，就希望我们尽快结婚以免挂念。我也就按照父母的意思办了。

但是，我那时除了从家里带来的几件首饰外，身无分文。为了安个小家，我准备卖掉一些首饰。那时林徽因先生还健在，她把我找去，问我有困难为什么不告诉她，我没话可说。接着她告诉我，营造学社有一笔专款是用来资助青年学生的，并说我可以用这笔钱。她看我涨红了脸，结结巴巴地说不出话，她立刻说："不要紧的，你可以先借用，以后再还。"并且不由分说地把存折给了我。

第二天我到银行取了些钱，发现这是梁思成的存折，我心中很疑惑。在还回存折时我问起林先生，她笑着说，学社的钱当然用梁先生的名字存啊！

她还送了我一套清代官窑出产的青花瓷杯盘作为礼物，可惜当时我对这份礼物的价值毫无认识。一天，王逊先生看见我用这套茶具待客，吃惊地说："喔！你就这么用它？"我却学着当时流行的口头语说："它也要为人民服务。"王逊苦笑了一下，没有做声。我现在每想起这件事，眼前就出现王逊那苦笑的脸，林洙啊！林洙！你真是浅薄而无知。

后来当我提起要归还那笔钱时，林先生总是很快把话题岔开，而且她说话时别人是没有插嘴的余地的。一次，我好不容易找到机会问她是否能让我再把钱存回银行，她却一挥手说："营造学社已不存在了，你还给谁呀？"我刚要申辩，她摆出一副长辈的神情严厉地说："以后不要再提了。"我吓了一跳却又无可奈何。直到"文化大革命"，我详细地了解了梁思成毕生的经历后，才弄清楚营造学社正是因为没有经费才停办的，最后的那点钱，也都分给社友作为北上的旅费了，哪还有什么专款？

我与梁思成、林徽因二人的接触中，从来没有听到他们自己谈起曾对别人有过什么经济上或事业上的帮助。比如梁思成为创办敦煌研究所的经费奔走这等大事，要不是常书鸿先生的回忆，谁也不会知道。他们的欢乐在于看到了成功的建筑设计，或发现了珍贵的古建筑，或得以欣赏优美的艺术品。他们也常为某些人类的艺术珍品被糟蹋、破坏、摧毁而痛心疾首。同时他们又都是语言锋利的批评家，对某些拙劣的作品，他们是不会沉默的。

梁思成曾说过这样一句话："建筑师比一般人更幸福，因为他比别人更多地看到美的作品；建筑师又比一般人更苦恼，因为他比别人更多地看到丑的作品。"

1951年我有了孩子以后，渐渐地陷在家务事中，我也感到十分矛盾。千千万万个妇女走出家庭的小圈子投入社会，而我却把自己关进了小圈子。我不愿这样生活下去,于是去重工业部基本建设局工作。不久我患了肺结核病,组织上为了照顾我的健康,把我调回清华大学工作。

1953年我调到清华工作,被分配在建筑系《中国建筑史》编纂小组绘图。建筑史编纂小组的主任是梁思成,主要成员有刘致平、莫宗江、赵正之三位古建筑专家和两位年轻教师。

我在重工业部是绘施工图,到了清华却要画古建筑图。对古建筑我可是一窍不通。虽然听过梁先生的建筑史课,但那也只是对中国建筑的发展有个大体印象,要画详细的构造图却十分不容易。我开始阅读梁先生写的《清式营造则例》和《营造学社汇刊》上的古建筑调查报告。当我独自艰难地啃着这些调研报告时,林先生平时与我闲谈中有关中国建筑的各种评论又都回到我耳边来。它大大地帮我理解了这些报告。我尽情地享用着营造学社留下来的大批资料,努力地学习着古建筑。

莫宗江教授常常和我谈起他当初给梁先生画图时所受到的严格训练。梁先生有时也来看看我画的图,他总是生动地指出我的缺点。一次我在图上注字时离屋脊太近了,他看了后说:"注意要拉开一定的距离,否则看上去好像屋脊上落了一排乌鸦。"说到这儿,他淘气地对我眨了一下眼睛。从此之后,我每在图上注字,都要反复推敲一下,生怕再出现"乌鸦事件"。

经常指导我工作的是刘致平和莫宗江两位教授。他们都是从营造学社时期就追随梁公的老朋友了。刘致平还是东北大学建筑系第一届的学生。因此我们在工作之余,也自然地谈到东北大学建筑系,谈到当年营造学社的工作。慢慢地,梁公早年在东北大学的教学活动和在营造学社的活动,在我心中越来越清晰、越来越具体。没想到1955年以后我被调去担任系秘书工作,1957年以后又调去做资料工作,从此离开了我喜爱的古建筑。但是这短暂的两年绘图，对我此后的工作以及编辑《梁思成文集》都起了重大的作用。

1957年整风运动中程应铨犯了"错误"，对他的批判帮助是在民盟小组会上进行的，领导让我也参加。我感到这是一个极大的耻辱，每次都缩在一个角落里。我不知道他到底犯了些什么错误，同志们的批判我也听不大懂，回到家里我想帮助他，希望他的检查能深刻些。我不认为他从根本上反对共产党，但是人总是有私心的，也许他对某些工作上的安排不满意，因而对组织或领导产生了抵触情绪。我建议他从这方面找找根源，他拒绝了。我得出结论，他是一个在思想上包得很紧的人，甚至对我他也不愿深谈，他终于被划为右派。

组织给他作结论时，我才知道他最大的罪状是：批评共产党在城市规划工作上采取关门主义的态度，把一些专家排斥在这一工作之外。并要求彭真就此问题做检查。那时我对政治一无所知，虽然我不明白这算是什么罪行，有多严重，但那时我相信共产党是绝对正确的。

我不得不考虑这个家庭将给孩子带来的影响。孩子长大以后会不会来问我："妈妈，你当初为什么没有和右派划清界限？"我将何言以答？

最后我决定离开他，独自喝下这杯苦酒！

程应铨被划为右派之后，我的工作也受到影响，我被调离系秘书的岗位，去从事资料工作。我很高兴，因为我喜爱资料工作。

一天，我在资料室的书堆中发现两个厚厚的英文活页笔记本，这是某人在学习西洋建筑史时做的笔记，一页页整洁的打字，隔两三页就有一张插图，有平面图、立面图、透视图和剖面图。全部都是钢笔徒手画的，线条活泼又严谨。我被这些精美的作品吸引住了，一页一页地翻阅着，我慢慢地看出了一点眉目。这是一个极用功的学生学西方建筑史的笔记，笔记中除记录老师讲课的内容外，还就每一座建筑查阅了大量的书籍文献并从中摘抄下重要的评论，然后又根据照片或书中插图画成了这些小钢笔画。好家伙！这是个什么人哪？西洋建筑史我学过，而且听的是梁先生的课，虽然同学们都很爱听这门课，但也没有见到有谁下这么大的工夫。我继续看下去，发现有的画上有一个①字，同时还有一个印章，中心写着UNIVERSITY OF PENNSYLVANIA（宾夕法尼亚大学），外圈是SCHOOL OF ARCHITECTURE（建筑学院）。我恍然大悟，对！这是梁先生当年的笔记本。想起他讲西方建筑史时谈笑风生、引人入胜，并以他渊博的学识古今论证、中西对比，那正是他几十年来严谨治学的硕果。

为了证实这本笔记的主人，我找到梁家，拿出笔记请梁先生看。他接过笔记本说：

"对！这是我的。"然后一声不响地翻阅起来。我相信，他的思绪一定随着这些画回到了费城的宾校，或者和林徽因一起回到了罗马。

过了好长时间他才意识到我还站在那里，急忙让我坐下，像哄孩子似的递给我一碟糖。我噗哧一声笑了说：

"您还没有回答我的问题呢？"

"啊，什么问题？"他茫然地问。

"您是不是要收回这个笔记本。"

"啊，不！不！它早已充公了，我早已把它送给教研组了。现在既然在你那里，就由你来保管吧。"我又问他①是什么意思，为什么有的图上有印章，但大部分都没有。他告诉我说，①是指1分，美国学校也是实行5分制，但最高分是1，最低分是5，正好和我们现在的5分制相反。有印章的是教师要求完成的作业，没有印章的是他自己画的。我说了声

梁思成在书房

"谢谢",不知怎么搞的又傻头傻脑地冒出一句:"您真了不起。"

他笑了笑说:"没什么,这是笨人下的笨工夫,聪明人是不会这样做的。"

"笨人下的笨工夫。"我从梁家出来,耳边一直响着这句话。后来在工作中,每当我面对着上千张漫无头绪的图片或资料时,"笨人下的笨工夫"这句话就回响在我耳边。我也就硬着头皮一张一张地把它们弄清楚,整理出来。我的业务能力,也就在这种"笨工夫"中不断提高。

我把梁先生笔记中的钢笔画,挑选了一批放在镜框中,在资料室展出,这吸引了全系的师生来看。那一年建筑史课的学生成绩比往年大大地提高,我很高兴,并暗暗地把这个功劳记在自己的记功册上。

一封求婚信

1959年竣工的北京十大建筑工程,是建国以来最豪华的建筑了。作为建筑学的资料室,我认为清华应当拥有这些新建筑的图片资料。但50年前照相技术还没有现在这样普及,我们系没有这个力量去收集拍摄。我知道北京建筑设计院拍摄了大量新建筑的照片,但是他们不对外提供。我看着这些精美的照片垂涎三尺,但左求右求他们就是不给我,我灵机一动,去找梁先生帮忙。梁先生听我说完来意,很高兴地给北京建筑设计院沈勃院长写了封信,并对我说以后有什么事需要他帮忙,尽管去找他。我高兴极了,拿了这封信,一路畅通无阻,很快就得到了这批图片,还在系里办了个"十大建筑图片展览"。

在我找梁先生帮我写介绍信的那天,我在他的书架上东翻翻西看看,发现有不少好资料堆在那里。有一天,在路上遇到吴良镛先生,他问我能否抽出一点时间帮梁先生整理一下资料。我爽快地答应了，但一直没有抽出时间去。

过了好几个月，一天，泗妹有事要请教梁公，她要我陪她前往。在他们谈问题时，我又去翻看这些资料。"真是些好资料。"我想。看见好资料就想把它弄到手，这也许是图书资料工作人员的癖好。我想起吴良镛要我帮忙整理资料的事，就问梁先生是否需要我帮忙，没想到这句话受到他极大的欢迎。他说："唉呀！你看我简直是住在一个大字纸篓里，很多东西该扔掉，因为没有清理不敢扔。就这样像滚雪球一样，我这个字纸篓越来越大，快把我埋起来了。你能来帮我整理，那真是太好了。"

"但有一个条件，"我说，"有些资料您看过了就送给资料室。"他听了哈哈一笑说："可以，可以，你真是个好资料员。"

我们临走时他又叮问我一句：

"林洙，你什么时候来？"

"星期一吧！"

于是，每隔一天晚上我就去为梁公整理一次资料。他说自己住在一个大字纸篓里，真是一点儿不错，那时候大挂历还很少见到，但是梁公那里却一卷一卷的一大堆，有的已过期两三年了。期刊也多得要命，还有各种新书，有他自己订购的，但多半是赠阅的。还有无数的信件、通知……

我意外地发现梁公还订了不少文艺刊物，如《文艺月刊》《收获》……就连《中国青年》这种年轻人的读物他也订阅，看来他还挺爱读，这些杂志全都整齐地摆放在卧室的书架上。

开始我有点后悔，因为资料并不多，大部分是些信件。有些信需要答复，由他口授，我写了简单的回信，有的信转给有关单位去处理。我感到工作很枯燥，我们交谈不多。过去在梁家是以林先生为中心，他自然说话不多，现在他仍然说话不多，但很亲切。渐渐地我和他之间长幼辈的关系淡漠下来，朋友关系逐渐增长了。

有一天，一封求婚信彻底改变了我和梁公的关系。

那是一封外埠的来信，一位全国人大代表的来信，说她在出席人大会时见到梁公，十分仰慕他，并关心他的生活。她作了简单的自我介绍后，便提出要与梁先生结为伴侣，信中还附了一张照片。这么有趣的事，对我来说还是生平头一次遇见，对我当时枯燥的工作来说也是一点提味的盐。我开心得都要唱起来了，我抓过一张纸写上：

亲爱的某某：

接君来信激动万分。请速于×日抵京，吾亲往北京站迎迓，请君左手握鲜花一束，右手挥动红色手帕，使吾不致认错也。

×月×日

我强忍着笑，轻轻地向梁公走过去，一本正经地递上信说：

"您看这样回行吗？您签个字吧！"

梁公接过信开始有点茫然，但立刻就看出是我的恶作剧，等他看完对方的来信，我们相对大笑了起来。我笑得开心极了，又接着逗他说："哈哈！您居然脸红了。"他真的脸红了，微微显得有点窘，但又流露出些微得意，假装板着脸说：

"对老人开这样的玩笑，是要被打手板的。"我仍旧笑得很开心，但我发现他脸上竟有一个深长的酒窝。怎么？我从来也没注意到他脸上有酒窝。我还看到了他的一双眼睛，一双会说话的眼睛。会说话的眼睛，我在小说中见多了，但在现实生活中从未见过，现在这双眼睛就像年轻人一样地看着我,他在说什么?我不由自主地避开他的视线。

他慢慢地和我谈起,自从林徽因去世后,有不少人关心他的生活,也有些人要给他找个老伴,但他就是不答理。

"为什么?"我问。

"因为我清醒地知道我是个'三要'、'三不要'的人。"

"什么'三要'、'三不要'?"

"那就是:老的我不要、丑的我不要、身体不好的我不要。但是反过来年轻的、漂亮的、健康的人就不要我这个'老、弱、病、残'了。"他又说:"某某我们年轻时就认识,她很会煮咖啡,有时也邀我去她家喝咖啡。有人想给我们撮合撮合,可我就是不押头!"

"为什么?"

"我怕老姑娘。"他哈哈地笑了,接着又说:"有时我也很矛盾,去年老太太大病了一场,把我搞得好狼狈,六十岁的女婿照顾八十岁的岳母。"他摇了摇头苦笑了一下,又说:

"我爱吃清淡的饭菜,但是老太太爱吃鱼肉,真没办法。记得你做的豆豉炒辣椒吗?真好吃。"

我想起那是林先生在世时,我常常在梁家吃饭。她总抱怨刘妈不会做菜。有一天我心血来潮,做了一个豆豉炒辣椒带去。没想到这个菜大受梁先生和金岳霖先生的赞扬。

知音

从那天以后我们就常常聊天,开始从书架上的《文艺月刊》《收获》等刊物中的短文谈起,我们越谈越投机。过去我和林先生交谈都是她说我听，现在却相反，往往是我说梁先生听，他很少打断我的谈话，总是专心地、静静地听。不知怎么搞的我原来是不大能说话的人，也很少敢于对什么事物妄加评论，眼下在他这个大人物面前，我居然毫无顾忌地大谈起来。

我谈到我喜欢沈从文和曹禺的作品。巴金的《家》，经曹禺改编后，我就特别爱读，我认为他塑造的瑞珏真是善良与美的化身。不过，我也很困惑，我们几千年的文明古国，文学作品中除了诗、词、歌、赋外，小说却少得可怜，比起欧洲和苏俄这方面的作品都差得太远了。

他说："我不是研究文学的，不过我想这可能是由于中国社会几千年的封建统治造成的。几千年统治中国社会的儒家思想，极端轻视妇女，'妇女是半边天'嘛，丢掉你们这半边天还怎么可能去真实地描写社会。儒家是回避男女之间的爱情的，因而也就丢掉了欧洲社会所经常接触的'爱情'这一'永恒的主题'。封建社会的文字狱又是极残酷的，文学家更难以采取现实主义的态度来揭露社会。所以像杜甫这样的诗人写出了'三吏'、'三别'就更显得伟大。由于这个历史原因，我们的近代文学也就不可能一下子繁荣起来。"

我又提到解放后的文艺作品我读得很少，喜欢的也不多。书中的主人翁总是一个空壳，他们没有血、没有肉。要是换个名字，换身服装，就能改变身份。1949年以后出版的长篇小说，我最喜欢柳青写的《创业史》，但《创业史》中，老一辈的人物比小一辈的写得好，梁三老汉写得很成功。听说柳青为写《创业史》在农村蹲了八年，真不简单。

我又谈到苏联的文学作品，像《钢铁是怎样炼成的》中的早期革命者，像《卓娅与舒拉的故事》中的学生，像《勇敢》中的共青团员，像《收获》中的农庄妇女，都写得有血有肉。我特别喜欢《康庄大道》这本书。作者通过苏联卫国战争中的一场战役，论述了"英雄与凡人"、"司令和士兵"、"纪律与民主"、"勇敢与怯懦"，"弱小与强大"……一连串的辩证关系，有很深的哲理，有时只通过一个动作的描写就能把人物的灵魂揭示给读者。我永远不能忘记书中描写的一个临阵吓蒙了往后逃跑的士兵，在依照军法枪决他时，这个士兵挺起胸、扣上了风衣扣的动人情景。我说我看过几篇描写战争的作品，但没有一篇能和《康庄大道》相比。

对我来说，我感到《收获》中的女主人的某些处境与我有些相同。她的丈夫是个大男子主义者，她在生活中碰到了真正了解她并爱她的人，但是为了家庭和孩子，她和爱她的人分手了。后来她还是和丈夫分居了。但在她自己的努力下，工作取得了成绩，获得了劳动者应有的荣誉，迫使她丈夫重新认识她，从而在新的基础上又恢复了家庭。我很喜欢书中引用斯大林的一句话：

"讲荣誉地过生活，凭良心地做工作，一切都会好起来的。"

我又讲起《勇敢》中描写的一批共青团员，他们各有不同的优缺点，对待爱情与婚姻的态度也各不相同。但是每个人都有可爱之处，可以感觉到作者带着最大的热情来写他们，她爱她笔下的小人物。尽管有的人缺点还不少。

我简直是滔滔不绝，好像要把几十年闷在心中的话一下子都倒出来似的说个没完。他显得那么有兴趣地听着，偶尔也说几句话。

一天，他问我和程应铨离婚除了政治原因外还有没有其他原因。于是我们的话题又转入了对"家庭"、"夫妻"关系的理解，谈到个人与"家庭"的关系，及夫妻间的爱情是包含着真诚、理解、信任、宽容与责任。我忽然感到我与他谈的这些竟是自己思想深处的东西，过去自己从没有很好地清理过，更不用说与人谈了；而他仿佛是一把金钥匙，打开了我的心扉，用他那平静的微笑等待着我，使我这样轻而易举地把自己思想深处的东西向他倾诉。我袒露了自己在恋爱问题上的遭遇，我的幻想与破灭，我的欢乐与悲伤。令我吃惊的是，梁公竟然也随着我的感情同欢笑，共欷歔。

"政治原因只是近因。"我说，"最主要的是我觉得他不尊重我。我觉得夫妻之间最起码的是要能真诚相待，这是最根本的，只有做到真诚，互相之间才可能更深入地了解，才谈得上谅解与体贴。"

梁公不住地点头说：

"是的，是的。"

"他对我缺少最基本的'真诚'，当然我也没有去争取。"我接着说，"在生活中不和谐的事、令人伤心的事就更多了。比如前几年他有了一些稿费收入，我希望能有计划地使用这笔钱，但他就要随便花，我最反对的是去买些名贵的烟酒。我们有两个孩子，以后需要用钱的地方很多，有时两人意见矛盾尖锐了，他就说：'这是我劳动得来的钱，我想怎么用就怎么用。'夫妻之间说出这样的话来还有什么意思？"说到这里，我见他睁大眼睛惊讶地看着我。

"真的吗？他会这样说？"接着，问我有没有正在进行中的对象。我笑了笑说：

"有过一个，我的表哥给我介绍过一个国画家，我们约好在颐和园见面。他是背着画夹来的。没走几步，他就迫不及待地打开画夹子，请我欣赏他的画，我想，我是挑丈夫，又不是挑画，画得好有什么用，再说那儿也不是个看画的地方。总之我觉得挺可笑的，找个借口溜了。可是他挺来劲儿，提了两斤猪肉送到我表哥那儿，请他多多帮忙。"梁公本来已感到很可笑，再听我说到两斤猪肉便大笑起来。

我又说："您要是像他那样带着自己的作品去相亲，那您就得赶着马车去了。"

"另外还有一个人要和我结婚，但是失败了。"过了一会儿我的心情有些黯淡地说，梁公也显得严肃了起来。"这件事我没有和任何人谈过。"

"在昆明时，我们兄妹都在西南联大的附属中小学就读。我小学六年级时有个联大的学生常给我的小妹妹画像。后来哥哥转入云大附中高中学习，一天他回来告诉我说：'我们的音乐老师莫愚，就是给小妹画像的那个大学生，这人很奇怪。他不像别的教师只教乐谱和唱法，而是先讲怎样欣赏音乐，还介绍了很多著名的音乐家和他们的作品……有一天他找我去谈话，好像对我们家很熟悉，还说想认识你。'大约过了半年，一天，莫愚真的找到我们家来，哥哥正要去看电影，急忙把他介绍给我就溜了。我很窘，本来听哥哥谈到他，还觉得这人有点意思，但是一接触，我就实在受不了他的酸味。父亲对这位不速之客很关心，不时在窗外走动。我却如坐针毡，一句话也没有。他说：'听家举（哥哥）说你爱好作文，能给我看看吗？'我如释重负般跑出去拿作文本。他问我能否借他带回去看看，我急于把他打发走，便同意了。临走时他告诉我，他已转到离我家不远的女二中任教。

"从那以后，我几乎每天上学或回家时都会在翠湖或丁字坡碰见他，他总是站在路边对我一笑。1945年我家迁回江南，临行前我想去取回我的作文本，但想起他的酸劲，干脆不要了。到了上海以后，想想还是不甘心把作文本留在他那里，又写信去请他把作文本寄还我。

"我与程应铨订婚北上后，一天，莫从长春寄给我一封信。厚厚的几大页纸，详细地叙述了十一年来他对我的爱慕，并说这种感情当我还是个小学生时就产生了，那时因为我还小，他想等我长大了，一定能理解他……最后他要我真实地告诉他，我的生活是否幸福。

"那时我正在读一些有关无产阶级人生观的通俗读物，心想我与他总共只接触过一两次，加起来我没有说上十句话，哪儿来的爱情，这个人有点不正常。于是我回信告诉他我已是一个孩子的母亲，生活得很幸福（其实不然）。我批评他对我的感情是唯心的，因为没有建立在互相了解的基础上，他爱的是自己虚构的人物。我还建议他尽快建立自己的家庭。

"到了1958年我已经离婚，一天又收到他的信，他告诉我十七年来他对我的感情仍旧没有变。并告诉我他病了很久，现正在北京阜外医院治疗。十七年！人生有几个十七年，我终于被他打动了。我去医院看他，但是晚了，在交谈中我得知他已于1955年和他的一个学生结婚了。他的妻子是个外科大夫，很爱他。但他们的结合并没有使他忘掉我。对这点他的妻子很敏感，因此两人尽管'举案齐眉'，却各有各的苦恼，我能说什么呢？住院期间他的病情有了反复，要做第二次肺切除。在手术前我去看他，他苦苦地追问我，对他的感情是否改变了，我点了点头。

"他出院后告诉我，准备回去解除自己痛苦的婚姻，他一定要和我生活在一起。大约三个月后，他来了一封信告诉我，在他提出离婚的要求后，他的妻子曾自杀，虽然得到挽救，但终生致残，他不可能再离开她。他要求我能常给他写信，那是他唯一的安慰。他说，'为了和你生活在一起，我做了一切的努力，但是失败了……'收到那封信的那天晚上，清华正要召开一个全校资料员的大会，我在会上有一个发言,但是我不知道自己都说了些什么。现在一切都过去了。我没有回信,我同意保尔的一句话'如果不能作为最亲近的人留在身旁,那就什么也不是'。"

我一口气说完了这个长长的故事,心情有些沉重。梁公看着我说:

"我不喜欢这个故事,它太像小说,太悲惨了。"

"有时候我常想,到底有没有'一见钟情'?对他的不幸我有没有责任?"

"你真善良。"他叹了口气。他还那么亲切地向我谈起他少年时的趣事,他和林徽因的故事,以及林徽因去世后他怎样避开那些关心他生活的好心人。

我忽然想起,社会上流传的关于金岳霖为了林徽因终身不娶的故事,就问梁公,是不是真有这回事。梁公笑了笑说:

"林徽因是个很特别的人,她的才华是多方面的。不管是文学、艺术、建筑乃至哲学她都有很深的修养。她能作为一个严谨的科学工作者,和我一同到村野僻壤去调查古建筑,测量平面,爬梁上柱,做精确的分析比较;又能和徐志摩一起,用英语探讨英国古典文学或我国新诗创作。她具有哲学家的思维和高度概括事物的能力。"他又笑了笑诙谐地说:"所以做她的丈夫很不容易。中国有句俗话,'文章是自己的好,老婆是人家的好。'可是对我来说,老婆是自己的好,文章是老婆的好。我不否认和林徽因在一起有时很累,因为她的思想太活跃,和她在一起必须和她同样地反应敏捷才行,不然就跟不上她。

"我们住在总布胡同时,老金就住在我们家的后院,但另有旁门出入。可能是在1932年,我从宝坻调查回来,徽因见到我时哭丧着脸说,她苦恼极了,因为她同时爱上了两个人,不知怎么办才好。她和我谈话时一点儿不像妻子和丈夫在交谈，却像个小妹妹在请哥哥拿主意。听到这事，我半天说不出话，一种无法形容的痛楚紧紧地抓住了我，我感到血液凝固了，连呼吸都困难。但是我也感谢徽因对我的信任和坦白。她没有把我当一个傻丈夫。怎么办？我想了一夜，我问自己，林徽因到底和我生活幸福，还是和老金一起幸福？我把自己、老金、徽因三个人反复放在天平上衡量。我觉得尽管自己在文学艺术各方面都有一定的修养，但我缺少老金那哲学家的头脑，我认为自己不如老金。于是第二天我把想了一夜的结论告诉徽因，我说，她是自由的，如果她选择了老金，我祝愿他们永远幸福。我们都哭了。过几天徽因告诉我说，她把我的话告诉了老金。老金的回答是：'看来思成是真正爱你的，我不能去伤害一个真正爱你的人，我应当退出。'从那次谈话以后，我再没有和徽因谈过这件事，因为我相信老金是个说到做到的人，徽因也是个诚实的人。后来的事实也证明了这一点。所以我们三个人始终是好朋友。我自己在工作上遇到难题，也常常去请教老金。甚至我和徽因吵架也常要老金来'仲裁'，因为他总是那么理性，把我们因为情绪激动而搞糊涂了的问题分析得清清楚楚。"那天晚上我耳旁老响着这两句话：

"我问自己，徽因到底和我生活幸福，还是和老金一起幸福？""我不能去伤害一个真正爱你的人，我应当退出。"

是啊！人与人之间的友谊与情操，并不是所有的人都能理解的。每个人只能站在自己的高度去观察去理解社会。

我们就这样倾心地交谈着，我回家的时间也从九点推迟到九点半，甚至十点。我感到和他待在一起有无限的温暖与宁静，同时觉得得到了许多的东西。得到了什么？在知识方面？在道德方面？抑或在感情方面？不，我说不清楚。

一纸"申请书"

一天,梁公拿出一本他亲手抄录整理的林徽因的诗给我看。这是林先生去世后他整理的,他调皮地眨一下眼睛说,可惜不是白绢的封面,也没有白玫瑰。一个精致的黑皮封面的厚本子,抄录了林徽因发表过的和没有发表的作品。我读着林徽因美丽的诗句,看着梁公那一行行漂亮的字,感到这真是一件无价之宝。他特意选一首他喜爱的诗念给我听,念完最后一句"忘掉腼腆,转过脸来,把一串疯话,说在你的面前"时,抬起头来,我又看见了他那会说话的眼睛。那天晚上我很高兴,我没有想到能有这样的荣幸,和梁公一起欣赏林徽因的诗。同时也感到还有另外一种感情在我心中升起,它迅速地膨胀着。

第二天,我刚进门,梁公就把我叫过去,递给我一封信,我打开一看,上面写着:

亲爱的朋友:

感谢你最近以来给我做清仓工作。除了感谢你这种无私的援助外,还感谢——不,应该说更感激你在我这孤寂的生活中,在我伏案"还债"的恬静中,给我带来了你那种一声不响的慰藉。这是你对一个"老人"的关怀,这样的关怀,为一个"老人"而牺牲了自己的休息,不仅是受到关怀的人,即使是旁观者,也会为之感动的。

你已经看到我这个"家",特别是在深夜,是多么清静(你的"家"是否也多少有点同感?)。若干年来,我已经习惯于这种生活,并且自以为"自得其乐"。情况也确实是那样,在这种静寂中,我也从来不怎么闲着,总是"的的笃笃"地忙忙碌碌,乐在其中。但是这几个晚上,由于你在这里,尽管同样地一小时、一小时地清清静静无声过去,气氛却完全改变了。不瞒你说,多年来我心底深处是暗藏着一个"真空"地带的;这几天来,我意识到这"真空"有一点"漏气",一缕温暖幸福的"新鲜空气"好像在丝丝漏进来。这种"真空"得到填补,一方面是极大的幸福,另一方面也带来不少的烦恼。我第一次领会到在这样"万籁无声,孤灯独照"的寂寞中,得到你这样默默无声地同在一起工作的幸福感。过去,那种"真空"是在下意识中埋藏着的,假使不去动它,也许就那样永远"真空"下去。我认识到自己的年龄、健康情况,所以虽然早就意识到这"真空",却也没有怎么理会它。

尽管我年纪已经算是"一大把",身体也不算健壮,但是我有着一颗和年龄不相称的心。我热爱为祖国社会主义建设的工作,热爱生活,喜欢和年轻人玩耍,喜欢放声歌唱,总记不住自己的年龄,因此也有着年轻人的感情。

对自己年龄和健康情况的"客观事实"我是意识到的,若干年来,我都让它压制着那年轻的"主观心情",从而形成了那么一个"真空",深深地埋藏起来。但是这"真空"今天"漏了气"了。

我认识你已经十四五年了,自从你参加到系的工作以来,你的工作做得很好。你给了我越来越好的印象。也许因为我心里有那么一个"真空",所以也常常注意着你(记得过去一两年间我曾不止一次地请你"有空来我家玩玩"吗?)。但是也不过是一种比较客观的"关怀"而已。从来没有任何幻想。

今天竟然在你"工作"完了之后,求你坐下来,说是读林徽因的诗,其实是失去了头脑的清醒,借着那首诗,已经一时"忘掉腼腆,(已经)转过脸来,把一串疯话,说在你的面前"了!我非常抱歉,非常后悔,我不应该那样唐突莽撞,我真怕我已经把你吓跑了。但已"驷

梁思成与林洙在家门口前合影

马难追"，怎么办呢？真是悔之无及。

亲爱的洙，我必须告诉你，我非常非常珍惜在我们之间建立起来的这种友谊，我非常深切地感受到在夜深人静时，你在这里工作而"陪伴"着我的温暖。但我更明确地意识到我用玩笑的方式所说的"三大矛盾"。即使对方完全是我所说的"三不要"的反面，而且她也不以我的"老、弱、丑、怪、残疾"而介意，我还是不愿意把自己这样一个"包袱"让别人背上的。因此，即使我今晚虽然一时冲动说了"一串疯话"，我却绝不会让自己更"疯"。

但是我有责任向你发出一个"天气形势预报"。我是一个心直口快的人，有时也可能说话"走火"，我深深地害怕这样"走火"把你吓跑了。但另一方面，由于我心里有"真空"，所以有时你说话可能无心，我可就听着有意。例如你今晚说，"一个人老不老不在他的实际年龄"。我这有心人就听着"有意"了；又如你说那位画家抱着作品来，并说我相亲要"用马车拉"，那是否也拉到你处呢？从这方面说，我又不是心直口快而变成"疑神见鬼"了。

我非常非常珍惜这些天你给我带来的愉快和温暖，这就不可避免地增厚加深了我对你的感情。这种感情并不是什么"一见倾心"的冲动，而是多年来积累下来的"量变"到"质变"。这样的"质变"虽然使我（单纯从我一方面想）殷切地愿望你就这样，永远永远不再离开我，但我也知道这是一种荒唐的不切实际的幻想。我的理智告诉我，我不但不应该存在任何这种幻想，而且应该完全"保密"，但我今晚一时不慎，已经"泄密"了。你可以看出，我心里是多么矛盾。我既然"泄密"了，这就可能引起你许多疑虑和顾虑，导致你害怕，永远不再来了。我所希望的是你今后经常这样来看我，帮助我做些工作，或者聊聊天，给

梁思成和林洙在书房里合影

我这样——也仅仅是这样的温暖。

亲爱的朋友，若干年来我已经这样度过了两千多个绝对绝对孤寂的黄昏和深夜，久已习以为常，且自得其乐了。想不到，真是做梦也没有想到，你在这时候会突然光临，打破了这多年的孤寂，给了我莫大的幸福。你可千万千万不要突然又把它"收"回去呀！假使我向你正式送上一纸"申请书"，不知你怎么"批"法？

送你走后，怎样也睡不着，想着你怎样在这苍茫月色中一人孤单地回去；辗转反侧良久，还是起来，不由自主地执笔写了这一大篇。我不知道会不会给你看。我只知道，我已经完全被你"俘虏"了！吓坏了吗？

心神不定的成
十八日晨二时

我完全没有料到会是这样的一封信，但同时我又似乎并不十分惊讶，觉得也很自然。在我看信的时候，梁公的眼光始终没有离开我。我一看完信，他就伸手把信收了回去，并低声地说，"好了，完了，你放心，这样的信以后不会再有了。"我抬起头，看着他的眼睛，一种说不出的苦恼的神色直视着我。我只是迷迷糊糊的，耳边响着他的话"好了，完了……这样的信以后不会再有了"。不会再有了……我忽然感到一阵心酸，眼泪扑扑簌簌地掉了下来。梁公突然从我的眼泪中看到了他意想不到的希望，他狂喜地冲到我面前，"洙，洙，你说话呀！说话呀！难道你也爱我吗？"我只是哭，一下扑到他的怀中，什么也说不出来。我只知道，我再也不愿离开他了，永远永远和他在一起。

这就是我们的全部恋爱过程，我们没有花前月下的漫步与徘徊、没有卿卿我我的海誓山盟，我们也没有海滨湖畔的浪漫嬉游。没有，我们没有这些可以永远铭记在心中的美景来回味。我们仅仅是这样一小时、一小时地促膝谈心，倾诉衷肠。能与人这样推心置腹地交谈，在我的一生中只遇见这一次。因此当思成向我正式送上一纸"申请书"时，我感到那么自然，而且全身心地爱他，永远……永远……终于我们决定生活在一起了。 然而这一决定却给我招来了难以忍受的议论与指责，最令我难堪的莫过于来自思成弟妹与子女的不谅解。但这一切思成都勇敢地接过来，坦然处之。他用坚定平静的微笑慰藉我，他小心地保护着我。在那些可怕的日子里，我的心仿佛是一只被猛兽追逐的小鹿，惶惶不可终日。但是只要抛开这些世俗的烦恼，我们就是最幸福、最快乐的了。我们有说不完的话、做不完的事。每天我们都过得很开心，往往是我刚要启齿，思成就替我把话说出来了，他了解我每一时每一刻的思想。

没有结论

社会上对我们的婚姻议论刚刚平息不久，没有想到又发生了一桩令我更加难堪的事情。但是，也正是通过这件事情我们更加互相了解、更加信任、更加相爱了。

1959年为设计国家大剧院，我系曾对剧院建筑作了较深入的研究。除了收集当代国际上新老剧院的资料外，还派出大批学生对全国各大城市的剧场、影院、会堂做了调查，并收集了大量资料。后来虽然国家剧院的设计任务下马了，但为了总结这一段工作，我系编辑了《国外剧院图集》《中国会堂剧场图集》《2300座剧院设计总结》三大本书，每种均印两三千册。这些书的对外交流与出售工作一下子全交给了资料室。当时我负责资料工作才三年，平时日常工作已经很忙，再加上这一大批书的交流与发行就更加忙乱。但是更重要的是，我没有一点财务常识。我把这项任务交给一个刚参加工作的中学生来做,但忙起来的时候大家都来动手。当时也不懂得把管"钱"和管"物"分开。因此在1963年开展"双反运动"(反贪污、反官僚主义)时,一清查,发现了问题。售出的书和收入的钱对不上。开始我并不重视,我也没有想到新来的小兄弟会出什么问题。再说这批书的印刷、取货、交款等全部是学生办的,本来就是一堆乱麻。

有一天,我上班时发现有几个人在清点那些图集。我心中一动,为什么不由我们资料室的人清点?第二天"双反"办公室的同志便找我谈话,要我坦白交待,争取宽大处理。我一听,脑子"嗡"地一声,像爆炸了一样,什么也听不进去了。"坦白交待",难道他们认为我贪污了吗?且不说问题能否弄清楚,就当前受到怀疑已足使我难以忍受了。我的心情再也没有比这更沉重的了,我怎样回去向思成交待?说我受到了怀疑,说我是冤枉的,他能相信吗?他将怎么看我?他会怎样对待我呢?回到资料室我一头伏在桌子上痛哭起来。

回家后我万分羞愧地向思成转述了"双反"办公室和我谈话的内容。他注意地听着,然后严肃地说:"你有责任帮助组织把问题搞清楚。"

"我怎么搞清楚啊!如果我真的贪污了,我可以坦白,可是我没有,一分钱也没有,我交待什么呢?我经手的钱都交给某某了,如果某某贪污了,他不承认我永远也洗不清了。"

"双反"办公室找我谈话的次数越来越多了,对我施加的压力也越来越大,我几乎每天都在哭,吃不下饭也睡不着觉。一天我从系里回家,碰到总支书记刘小石正从里面出来,我的心一沉。果然我进屋后发现思成空前的严肃。他对我说:

"小石刚走,他和我谈了一些运动中的情况,组织对你的审查不是轻率的,不是无根据的怀疑,而是掌握了一定的材料。"他停了片刻又说:"你听着,不管你的问题多大,贪污了多少钱,只要你彻底坦白,我愿意也有能力帮你退赔,并且不会影响今后我们之间的感情。如果你真的没有问题,那就振作起来,帮助领导把问题弄清楚。但是我告诉你,如果最终你的话和组织的结论不一致,那我是相信组织的,那我们之间的关系就算完了。"

思成最后的话令我痛心。难道组织就不可能搞错吗?谁能保证领导就绝对没有判断错误的时候呢?我实在受不了这种煎熬,反正现在大家都已认为我是有问题的了,我还不如搞个假交待呢。但我又不知道差额是多少,如果说了反而会说我是故意隐瞒真相,破坏运动,那不又罪加一等了吗?再说我也交待不出贪污了哪一笔钱、哪个单位的钱,更交待不出赃款的去向。我想这两年的日子也真够难熬的,一波未平一波又起,真不如死了算了。但是两个孩子怎么办?想起孩子我就更伤心了,我死了,谁来关心他们?谁来爱抚他们?我现在唯一缺少的是对组织的信任,我想只要我能坚信组织绝对不会搞错,只要有了这个信心我就得救了。我一边哭着一边断断续续地把自己的顾虑,把我那些不连贯的思想告诉给思成,因为我边哭边说,想到哪儿说到哪儿。我相信没有一句话是说清楚了的,也没有一句是说完整了的。但是思成听明白了,他告诉我说看见我这样痛苦,他也很难受。他说要有信心,绝不能搞假交待,既然领导上还没有作结论,就说明组织上处理问题是慎重的,是要反复核实的。

当时我们系"双反"办公室还向全北京市的建筑单位调查购买这三种书的情况,我是资料室的负责人,因此弄得各设计院"满城风雨",

都在传说林洙贪污了。这对我来说是无法接受的屈辱，我简直就无法再见人了，因为这些单位都是我在工作中经常要联系的。

这事传得连建工部杨春茂部长都知道了，一天思成在观看一个演出时正好与杨部长坐在一起，部长关心地问："你夫人的问题怎么样了？"

"现在还没有审查清楚。"

"你告诉她，要经受得住考验，过去我们党有些在白区工作的同志，由于牵扯到某些问题中去，往往被组织审查了十年八年，最后才调查清楚，重新工作。但也有些同志接受不了这种审查，走上了与党背道而驰的道路，这是很可惜的。"

思成回来高兴地向我传达了杨部长的关怀，并说杨部长建议我读一读《论共产党员的修养》中最后的一章，于是我们一起读了起来。其中有一段话对解决我的思想包袱，就像将要枯死的禾苗逢到甘雨一般地起作用。

这些道理教育了我，革命前辈出生入死尚且受到审查，相比之下我这点委屈又算得了什么。

过了几天在全系大会上，书记刘小石针对贪污分子说的一段话使我获得了更大的希望，他说：

"我们大家都应当尊重事实，不要有侥幸心理，不要想蒙混过关，混是混不过去的。我们搞工作靠的是什么，当然不能只靠你们的交待。坦白交待与否，只能表明你们自己的态度，我们靠的是调查研究，我们越调查研究，就应当越接近事实，总不会越调查研究离事实越远吧？"

"越调查研究越接近事实，总不会离事实越远。"太好了！我太高兴了，我没有贪污，那么离事实越近就对我越有利。于是我恢复了清醒的头脑,认真地回忆起当时的一些细节,一一向"双反"办公室做了交待。同时我想售书的事我交待不清,但这几年我的生活、我的经济来源、我的家庭开支是交待得清楚的。因此我把这几年间,我的工资及其他收入情况,我每月家用支出情况,我添置了哪些衣物等等,毫无保留地向"双反"办公室做了详细的交待。

后来,我担心的已经不是给我作什么错误的结论了,而是怕不给我作结论,因为不作结论,就等于还没有证明我是清白的。果然在运动结束时,"双反"办公室找我谈话说,我的问题不能作结论。他们给我看了一份材料,大约有五六个人证明从我手中买了书,但查不到收据存根,记得总数只有五十元。这几个人我一个也不认识,我怀疑他们到底是否在我这里买的,当时我们系的财务员吩咐我们,为了节约使用收据本,凡是私人购书不要一一都开收据,而是积累到一定的数量总开一张收据,这样结账更方便。因此当然有可能找不到存根。

我委屈极了,竟在"双反"办公室痛哭失声。其实从法律上看,这点材料是说明不了问题的。既然当初大动干戈地给人施加这么大的压力,还大张旗鼓地外调,给当事人的名誉造成了极恶劣的影响,那就应当认真负责地为审查对象作结论。但是不行,即使查不出问题也不甘心承认我的清白。当时对"不能作结论的人"也有一说,就是"挂起来"。对干部来说,把某人一"挂",他们也就完成了任务。再不会考虑到被"挂"的同胞在精神上受到的痛苦与压力。但是尊严与自尊对每一个人来说都是胜于生命的,不应受到损害。

1979年、1982年我曾两次被评为全系的先进工作者,1984年又被评为全校的先进工作者。然而对1963年的审查仍然没有作结论。二十六年不作结论本身是否就是一个结论呢?

思成自从刘小石来和他打招呼的那天，和我谈了话之后，就仿佛没有发生过任何事一样，照旧是那么快乐。只是对我更关心、更爱护了。我没有想到他瘦小的身体里，在外表温和纤弱的身体内，却蕴藏着不为外界干扰所动摇的坚强力量。几乎全系、全校、全建筑界都在耻笑他的妻子是个贪污分子时，他却能泰然处之。他没有冷落我，而是向我伸出温暖的手，帮助我渡过难关。写到这里我不能不搁笔了。因为我找不出任何词汇来表达我对他的感情，是感动、感激、尊敬、崇敬、信任，是更深的爱？啊，都不是，即使把这些全加起来也不能表达我的感情。我只明白了一点，为了他，在我的生命中没有什么东西是不能给予的。

我承认当我接过那份"申请书"时，虽然没有过多的惊讶，却也十分犹豫。难道我能代替林徽因的位置吗？我自信自己还是一个头脑清醒的人，我知道自己的价值。在这个世界上恐怕再也不可能出现第二个林徽因了。但眼下我却又感到和思成共同生活也很自然，我解不开这个谜。人们之所以对我们的结合反应如此强烈，也许就是把林洙和林徽因相比了吧？也许梁思成和那位会煮咖啡的专家结婚，就会得到全社会的拱手庆贺，"真是天作良缘"了。但是倒霉的梁思成偏偏没有接受那位人大代表的"申请"，也没有考虑那"天作良缘"，却暗暗地向我这么个小人物，既无学历又无官衔的小小资料员递上了他的"申请书"，难怪有人妄加猜测并得出结论："林洙就是想当建筑界第一夫人"。

一年来我和思成间的感情越来越深，我对他的依恋也更深了。他是那么尊重我、爱护我、保护我，他给我的热情胜过任何年轻人。我们之间能更加坦诚相见，我们毫无顾忌地交换思想与看法。我们纠正对方的错误，也接受对方的批评，这不是所有的夫妇都能做到的，也不是所有的夫妇都能享受得到的。

我并没有代替林徽因，任何一个人都不可能被他人代替，何况林徽因。过去的"梁思成——林徽因"已经一去不复返了，现在"梁思成——林洙"新生了。作为丈夫，梁思成不同于过去的梁思成，作为妻子，林洙不可能代替林徽因。过去梁思成是幸福的，现在他仍然是幸福的，也许其间的内涵不尽相同，也肯定不会相同。

1963年春，一个晴朗的天，我等他回来吃午饭，但到了中午一点他还没回来，我便先吃了。正在这时他捧着一盆仙客来回来了。我连忙安排他一起吃饭。饭后他坐在我身边，握着我的手轻轻地说：

"我到八宝山去了，给徽因送两盆花去。事先没有告诉你，让你久等了，你不生气吧？"

"啊！当然不。"我一时语塞竟不知说什么好。但我却深深地自责了，为什么我在欢乐中竟忘了这个重要的日子，也许我应当事先为他买好花；也许我应当陪他去。但是我又否定了。不！这不是我应该做的，也是我不能做的。我没有权利介入他和林徽因之间。人与人之间的感情是神圣的，有时又是极娇嫩敏感的，它应当受到最大的尊重。不懂得尊重感情的人，是不懂得爱的。

现在她长眠地下，她亲爱的人在这里默默地站立着，献上了心灵的花。人们啊！请珍惜这安宁的一刻，不要去打扰他们吧！

无可推卸的责任

思成永远是那么乐观、诙谐、朝气蓬勃，我们相处的日子是多么快乐。他总有说不完的笑话和小故事，即使没有小故事，平时说话也那么诙谐有趣。一天他一本正经地问我：

"眉（我的小名），你知道你丈夫的全部官衔吗？"

"当然知道。"

"不见得吧？你知道我还是寿协和废协的副主席吗？"

这可真把我问住了，我从没有听到过这两个协会，寿协？难道有专门研究长寿的协会？废协？是有关市政卫生方面的吗？我摇了摇头。他哈哈地笑着说：

"不知道了吧，瘦协，是瘦人协会，夏衍是会长，他只有四十四公斤，我和夏鼐是副会长，一个四十五公斤，一个四十七公斤。我们三人各提一根拐杖，见面不握手而是碰杆。废协，是废话协会。一天我和老舍、华罗庚一起闲聊，老舍抱怨说：'整天坐着写稿，屁股都磨出老茧来了。'我开玩笑说：'为什么不抹点油？'老舍也回答得快：'只有二两油（三年困难时期，每人每月供应二两油）不够抹的。'华罗庚接上来说，'我那份不要了，全给你。'"他笑着说："逗贫嘴谁也说不过老舍，所以他当了废协的主席，我和华罗庚是副主席。"说完他哈哈大笑起来。

"你真是个大坏蛋！"

"眉，你知道你的丈夫还是个残废吗？"他说。我含糊地看着他，没有回答。

"唉呀，林洙呀林洙！嫁给一个'无耻之徒'（指无齿）还不够，还是一个'瘸子'。"

他的右腿略短，我知道是在一次交通事故中造成的，但不知道还有什么其他问题。

"我出生时是个畸形儿，两条腿撇开，两个脚尖相对，还不一样长。我生在日本，父亲请了一位日本的外科大夫给我治病。他建议把我的两脚扳正，用绷带扎紧，然后再放在一个小木盒子里，一个月以后我的腿果然治好了。不过现在我的脚板还是斜的，不像正常人是平的。"

我问他，他既是长子，为什么弟妹们称他二哥。

"因为在我上面还有一个男孩，但是出生后两个月就死了，所以我就算是老大。但我从小多病，身体瘦弱。一天我母亲梦见一个婴儿不住地向她啼哭，一个会圆梦的先生说，是我那死去的哥哥要求家庭承认他的地位。从此弟妹都改口叫我二哥，据说从那以后我的身体也慢慢好起来了。"

人与人之间总是会产生各种各样的矛盾，夫妇也不例外。尽管我们这样相爱，但仍然会有矛盾，这是无法回避的现实。我的经历告诉我，夫妻之间不能仅凭一时间热烈的爱情，还应有诚挚的友谊，如果没有诚挚的友谊，那么热烈的爱情是不可能持久的，它早晚会淡漠。夫妇间要保持持久的友谊与爱情并不是容易的事，它要求双方都付出执著不懈的努力。产生矛盾并不可怕，关键在于是否能真正解决矛盾，双方是否能坦诚地无保留地交换思想，达到互相的谅解与体贴。

婚后一段时间，我渐渐看出思成不喜欢我的大孩子哲，他疼爱我的小女儿彤。他对两个孩子在感情上的差异我完全能理解。因为哲儿从小多病，他能否活下来我曾一度失去信心。由于体质病弱使他不能正常地学习，并失去很多与同龄儿童一起活动的机会，这就养成他比较内向的性格。由于经常缺课，学习成绩自然较差，但他自己常做点小玩意儿，动手能力较强。

思成的自行车是从国外带回来的，气门嘴与国产车不同，所以打气筒不用带夹子的气嘴。一天哲把打气筒给装上了一个夹子，正碰上思成要去开会，车子没气，气筒又被哲改装了，怎样也打不进气去。他一脑门的气冲我发作出来,我没吱声,但整个晚上我们失去了原有的亲密气氛。寒假时彤儿带着全5分的成绩册回来,哲儿的记分册出现了一个2分两个3分。思成很不高兴地批评他,哲儿一声不吭,把思成的一杯水喝得精光就走了。思成同样冲我发了火,又是一个无言的夜晚。

第二天思成到城里去开人代会,一周内不回来。他留下一张条子:"我不能不坦白地告诉你,我不喜欢你的沉默,你知道我的工作多么繁忙,需要休息,需要安宁。不能总为一点小事对你左哄右哄,千求万求。对哲我已经越来越失望,越难以忍受他的缺点。也许我应当帮助他改正。但一切均受到我的精力和神经的限制,恕我不能奉陪了。"

这封信使我又委屈、又伤心,我哭了。我想起社会上多少再婚的夫妇,往往因为处理不好与继子女的关系,终究不得不离异,难道我与思成也逃不出这个命运?对孩子我有无可推卸的责任,这个责任也许需要我做出重大的牺牲,当然也会包括最珍贵的爱情。但是思成不是心胸狭窄的人,我冷静地考虑后认为思成有正确的一面,尽管这是个很难处理好的关系,但是我要努力。

当天晚上他打回电话,我知道他有点后悔早上留下的便条,我告诉他,我会把我的想法写给他。第二天我托张光斗先生给他带去一封信。

我的朋友:

我认为我没有半点过错。是的,有时候我沉默了,但这难道是因为哲?不是的,我们之间的每一次别扭我都记得很清楚。我无须多说你是知道的。我曾想过,我们之间的矛盾向来都是在思想认识完全一致的情况下解决的。完全不是你所说的"左哄右哄,千求万求"。我常为有这样理解我的丈夫而感到无比幸福,难道你并没有我这样的体会?我感到多么失望!

为哲闹别扭共两次：一次在夏天，一次是前晚。夏天是因为他把打气筒改装了（他是出于好心，但是事先没有征得爹爹的同意），而你不是对他，竟是对着我发泄你的不满，我的确感到很难接受这种无故的责难。

哲的缺点我是看到的，我也基本上同意你的看法。但是你把我找到跟前，不是帮助我教育孩子，不是帮助我分析问题，而只是告诉我你对孩子的"失望"和"气愤"。这我能说什么呢？我不能理解你这样做的目的是什么？我面临着一个短期内自己完全解决不了的严重矛盾。我感到困难，困难得很。尽管如此，我还是接受了你正确的意见，如不给孩子零食和过多的电影票。

另外我也有不同意你的地方，我认为哲这样的孩子，由于他的缺点已经形成，而我们又不了解他的思想情况，因而对他进行批评教育就更困难，更得有原则，更得抓住主要问题。比如喝水的事，我就认为他并没有什么大错，这也许是母亲的偏见，难道你不能帮助我正确地认识错误吗？

而你留下这样的信扬长而去！对于高级知识分子的"神经"，我不理解。我只知道一个共产党员不仅对社会负有教育下一代的责任，对于家庭则又更多了一层责任。我不认为这会受什么"精力和神经"的限制。

你的信我附上，希望"老爷"也再读一读，也许对你也是有教育意义的。你问我这两天是怎么度过的吗？白天我努力把思想集中在工作上，晚上孩子睡了，再看看你的信想想问题。我也可以坦白地告诉你，我多么多么想念你，无比需要你。我等待着，心灵的这一寒流只有你能把它驱散。

眉12月23日深夜

第二天晚上思成打来电话，说他看了我的信非常难过，他向我承认错误，今后改正。思成没有食言，从那以后我们再也没有为孩子的事不快。他开始注意到哲的长处，并常常鼓励指导他自己动手做些小仪器或小玩意儿。

婚后很长一段时间，有一件事始终梗在我的心中，就是我们与再冰之间的不愉快，这事虽然不是我的过错，但总是因我而起。思成与再冰之间父女情深，他对再冰从不掩饰自己真实的思想和缺点，他们常常谈心。而现在，他们疏远了。因此我更加感到我们的结合，思成同样付出了很大的牺牲，这使我感到极大的内疚，又无能为力。

1965年，再冰突然来电话说她即将与中干（她爱人）同去英国工作几年，行前要来看我们。我为她们父女关系的缓和感到欣喜与安慰，同时也还有某种说不出的复杂心情。

那天再冰、中干带着孩子来看我们，她走到我面前，直视着我伸出手来，紧紧地一攥，我的心随之颤抖了一下。我知道，这深深的一攥，表示她对我的谅解，表示她远行前把父亲和外婆交给我的重托，我几乎掉泪。两天后我出发到延庆参加"四清"去了，所以没有为她送行。在她行前，思成带着老太太去看她，他们一同照了相。分别时再冰突然搂着思成亲他，哭得十分伤心。她到伦敦后虽然来信，也只能是平安家书。

没想到几年后等再冰回国时，思成已住进北京医院。她永远失去了过去那个乐观、诙谐和朝气蓬勃的父亲，再冰说，"他不爱说笑了，也不像过去那样有信心和开朗了，有时似乎茫然若有所失……我在心里流下了泪"。

后来虽然再冰常到医院看他，在1971年的除夕，她为了让我休息，还来陪思成过了一夜。但她始终没有寻找回来过去的梁思成——她亲爱的爹爹。

20世纪60年代初摄于清华大学大礼堂前（左起汪坦、梁思成、杨廷宝、吴景祥）

屈辱与磨难

风暴来了

1966年春我正参加清华大学的"四清"工作队,在京郊延庆中羊房工作,工作队的同志都注意到报刊上陆续出现了对《海瑞罢官》和《燕山夜话》的批判。思成的来信也谈到了他在民盟中央参加了对吴晗的批判会。

令我感到困惑的是《海瑞罢官》和《燕山夜话》的著者们都是北京市委的领导同志,难道北京市的领导人会出问题?6月3日新华社报道中央决定改组中共北京市委。这时校内也派人来和工作队联系,要求队员们对校党委的工作表态。真有些"山雨欲来风满楼"的紧张形势。但大多数人吸取了反右的教训,纷纷支持党委的工作。明确表示蒋南翔是姓马(马列主义),而不姓修(修正主义)。不久,工作队就接到命令返回学校参加"文化大革命"。

当返校的车子一进校门,就看到铺天盖地的大字报与处处攒动着的人群。一股骚动不安的感觉向我袭来,六月的天气已开始炎热。笼罩着工作队的沉闷气氛,又使我隐隐地感到一种难言的恐慌。返校的汽车驶入清华园,我们在系馆门口下了车,正对系馆门口的一张大字报上赫然

1965年，林洙在延庆中羊房大队参加"四清"运动

写着斗大的黑字,"揪出黑市委藤上的大黑瓜梁思成"。我的心一下子紧缩了,几乎透不过气来。

我木然地走回家,推开房门,屋子和往常一样拉着窗帘,显得有些昏暗,思成正在写些什么,他显得那么瘦小憔悴。见我进来,他向我伸出双手,又放下了。他用低哑的声音说:"我天天都在盼你,但是我又怕见到你……"我从来没有见到他这么痛苦、这么颓唐,这使我骇然。我轻轻地抚着他,希望能给他一点安慰,暗暗祈望这只是一片短暂的乌云,一切都会搞清楚,一切都会过去。那时我怎么也没有想到这片乌云会笼罩全中国整整十年,而他也再没有机会看一眼中国的晴空。

我回到自己的单位"参加学习",老同事们都很沉默。窗外不时敲锣打鼓,走过一队队人,押着戴高帽子的党委干部们游街,一部分同志怀着看热闹的心情嬉笑指点着。接着又来了一队人喧哗得特别厉害,他们押着一个女同志,她身上穿着一件黄纸糊的大斗篷,在斗篷的前胸及后背上写了三个大"保"字,她头上戴着同样黄纸糊的高帽子。走近后,我才认出原来是党委中唯一的女委员。她生活朴素,工作努力,挺关心群众。我一向对她十分有好感,现在她却成了这个样子。我好像五脏六腑都被搅翻了似的,全身无力地瘫坐在椅子上。我不禁自问,揪出走资派是"革命行动",我这是怎么了?于是我努力掩饰自己的恐惧,尽量装出一副镇静的样子。

上边派来了工作组,人们暂时安定了下来。为了迎接这场"文化大革命",我把思成解放后写的文章整理出来,准备他自我批判用。在整理的过程中我发现两篇重要的文章,一篇是当时我系工作组组长的文章,发表在《建筑学报》第一期,是论建筑的民族形式问题,他的观点和思成同时期的文章没有什么区别,再一篇是姚文元(中央"文革"领

"文革"初期的梁思成仍在工作

导小组成员）关于美学问题的文章，其中一段论述故宫的建筑艺术，他的分析简直与思成的论点完全一致。

有了这两个重大的发现，又想到周总理曾对思成说他的《拙匠随笔》是好文章的话，我仿佛吃了定心丸，我相信他的学术问题充其量只能是错误观点，构不成反动权威的罪行。我把这两篇文章给思成看，他不像我这样乐观，叹息着摇了摇头。

果然系馆门口贴出了《梁思成是彭真死党，是混进党内的大右派》的大字报。于是他详细地"交待"自己的入党经过，与彭真的关系等等，其实那本来是众所周知的，然而他一遍又一遍地检查，都没有通过。有一天他终于明白了他们需要的东西，他们认为他在反右时期写的拥护党委领导的文章，是当时的市委为了把"右派打扮成'左'派再拉进党内"而授意他写的。

"那么，那篇文章是怎么写的呢？"我问。

"在整风开始后很多人对党提出了意见，我自己也提了不少，但是这些意见中有一点我不同意，就是要共产党从学校中撤出去。尽管我和不少领导同志为北京市的规划问题，为古建筑保护的问题吵得不可开交，尽管共产党曾批判过我。但是我没有忘记是谁领导全国人民站了起来，不再受帝国主义侵略；是谁解决了四亿多人民的吃穿问题；是谁使我们的社会得到了安定；是谁清理了古老的北京城里从明代就积存下来的垃圾，是共产党。那么为什么共产党就不能领导大学呢？在解放前，校委会被操纵在少数特权人物手中，就像清华过去所谓的'三巨头'嘛！所以，我写了《整风一个月的体会》，谈了自己的看法，但当时正在鼓励鸣放，提意见。所以写完后又拿不定主意，只好把它锁在抽屉里。星期日刘仁同志来看我，问我最近有什么看法，我把这篇东西拿给他看，他看完后很高兴，立刻放进口袋中，说了声'明日见报'就走了。第二天果然一字不改登了出来。"

接着他又说："不管怎样，我当时认为只有共产党能使中国强大起来，我愿意跟着它走，所以我写了入党申请。那时连党的基本组织原则都不懂，竟把申请书直接交给周总理转毛主席。我在入党后的一切行动包括我写的那些文章可能有错误，但全是光明正大的，没有任何阴谋活动。"他又说："我最早认识的共产党员是龚澎同志。那还是在四川，我陪徽因从李庄到重庆去看病，住在上清寺中央研究院的宿舍里。一天一位漂亮的年轻女士突然来看我们，她直言不讳地声称自己是共产党员，是费慰梅介绍她来看我们的。费慰梅是费正清的夫人，当时是美国驻华使馆的文化专员。当时龚澎说，我们共产党愿意结识一些学者，了解他们的情况，听听他们的看法。这个共产党员，是战前燕大的学生，能说一口流利的英语，衣着也很淡雅入时，这些都给我们留下了良好而深刻的印象。解放后的一天，我在颐和园遇到龚澎，她那时正在朝鲜板门店与美军谈判，回京休假。我们谈起当年在重庆的相遇，我才知道是周总理从费慰梅处得知我们的情况，特意派龚澎来看望我们的。

"我认识的第二个共产党员，就是让我在军用地图上标出古建筑的解放军代表。虽然我们的接触仅一个多小时，但是他代表了共产党对古建筑的重视与爱护，使我从感情上一下子就和共产党接近了。

"我接触的第三个共产党员就是彭真了，那是在北京解放不久的一次会议上，有人把我介绍给他，当时我对党内的组织情况毫无了解，根本不知道他在北京市及党内的地位。当他知道我是梁启超的儿子时说：'梁启超曾说，今后之历史殆将以大多数之劳动者或全体国民为主体，现在实现了。'接着他又引了一句梁启超的话，然后对我说：'我相信,梁启超先生要是活到今天,他也会拥护共产党的。'我真是大吃一惊,我虽是梁启超的儿子,但很惭愧,我没有读过多少父亲的著作,然而眼前这位共产党的干部却能背诵他的作品。这件事很自然地使我对彭真产生了亲切感。1955年的批判也是彭真帮助我认识了错误。我承认我的确很佩服彭真,但和彭真没有任何私人的交往,更谈不上死党。"

他很坦然,同时却一丝不苟地写着工作组要他"交待"的每一个"问题"。他对每一件事的陈述都是诚实而详尽的,没有丝毫保留。我一直认为自己在各方面都很无知,在政治上更是如此,然而我却惊奇地发现他在政治上是多么的天真与单纯,他对党是那样的忠诚与信赖,连我都不能想象他这个在旧社会生活了大半辈子的人,竟能保持这么纯洁的赤子之心,丝毫也不怀疑别人会对他有什么恶意。

挂上黑牌子

7月底,中央决定撤销工作组。8月22日全校师生员工都集中在大操场,等候大会宣布这一消息。那天,天气闷得厉害,天空布满了乌云,更增加了我惶惶不安的心情。学生们对此则是兴奋万分,反复地唱着,"拿起笔做刀枪,集中火力打黑帮……"听他们唱着,我感到一股彻骨的寒气传遍了全身。

约在晚上八点大会开始了,一列庞大的车队驶入会场。来了很多国家领导人,连周总理都来了。群众不停的欢呼,接着领导人一个接一个的讲话,他们讲话的内容大都是明确"文化大革命"的目标。我注意到只有周总理的讲话是强调要认真学习。

天空出现了闪电,接着雷声巨响,瓢泼大雨倾盆而下,大雨淋湿了我的全身，我不由得瑟瑟发抖。但是更牵着我的心的是思成，他现在怎样了？他患肺气肿已十多年，从家里走到西操场就已很困难，他那仅有四十多公斤的瘦弱的身体。能经得住这样的雨淋吗？大会终于散了，我在人群中找到了他，看他又冷又累几乎晕倒。我扶着他慢慢挪动脚步往家走，看他那吃力的样子，我真想把他背回去，但是我不敢。回到家我不停地用热水给他擦身，使他渐渐地暖和过来。他显得很茫然，一声都不哼。

工作组撤走的那天，我站在送行队伍的后面，中老年教师多少带着些惶惑，我已忍不住偷偷地擦了两次眼泪，当然是为思成的命运担忧。工作组一位姓张的同志把我叫到一旁，低声说："梁思成的问题你不要担心，他是中央重点保护的科学家，我们传达过中央文件。我告诉你这个底，但你千万别对外说。"不知为什么，这句话没有给我多大安慰。

工作组撤走后，由群众自己选出了"文革领导小组"，人们每天都在写批判党委及各级党组织的大字报。我和思成则每天都在讨论蒋南翔为什么是修正主义者？什么是资产阶级教育路线？什么是无产阶级教育路线？这些似乎是早已为"革命群众"解决了的问题，我们却仍然感到糊涂，而且也不敢提出问题。被揪斗的人一天天地增多，我不敢想，但我预感到他们绝不会放过思成的。

一天，资料室的一个同志和几个红卫兵在窃窃私语，并带着红卫兵去了库房，把存在库房里的一批清朝王爷及公主穿的服装搬了出来。他们把系党委委员一个个揪出来包括思成，让他们穿着这些大袍子自己打着锣在校园中游街，那时还是炎热的夏天，穿这身大袍子游园，出的汗把厚厚的衣服都湿透了。思成穿的是一件浅紫色的公主服站在系馆门口的高台上，他低着头，大汗不停地流了下来，他摇晃着快晕倒了，几个红卫兵又把他拽了下来。

其实这些文物与建筑系毫无关系，这是原清华大学社会系文物馆的收藏。院系调整后，社会系并入民族学院。民族学院只挑走了与少数民族有关的展品，这些衣物就留在清华，而清华全都是理工学科，哪个系都不接受这些东西，只好塞给建筑系。

我最怕的事终于发生了，那天我正在系馆门口看大字报，突然一个人从系馆里被人推了出来，胸前挂着一块巨大的黑牌子，上面用白字写着"反动学术权威梁思成"，还在"梁思成"三个字上打了一个大"×"。系馆门口的人群轰的一声笑开了。他弯着腰踉跄了几步，几乎跌倒，又吃力地往前走去。我转过脸来，一瞬间正与他的目光相遇。天啊！我无法形容我爱的这位正直的学者所表现出来的那种强烈的屈辱与羞愧的神情。我想，现在即使以恢复我的青春作报酬，让我再看一次他当时的眼光，我也会坚决地说"不"！

那一天回到家里，我们彼此几乎不敢交谈，为的是怕碰到对方的痛处。从此他一出家门就必须挂上这块黑牌子。看着他蹒跚而行的身影，接连好几天我脑子里一直在重复着一句话，"被侮辱与被损害的"。

8月份红卫兵走上街头，开始了"破四旧"运动（"文革"中指破除旧思想、旧文化、旧风俗、旧习惯）。一天晚上，一阵猛烈而急促的敲门声之后闯进来了一群红卫兵。为首的人命令我打开所有的箱柜，然后指定我们站在一个地方不许动。他们任意地乱翻了一阵，没收了所有的文物和存款，并把西餐具中全套的刀子集中在一起（12把果酱刀，12把餐刀，12把水果刀），声色俱厉地问思成："收藏这么多刀子干什么？肯定是要暴动！"我刚要开口，就挨了一记耳光。

正在这个紧张关头，突然从老太太（林徽因的母亲）房里吼叫着冲出两个红卫兵，他们拿着一把镌有"蒋中正赠"字样的短剑，这下我可真的噤若寒蝉了。在一阵"梁思成老实交代"的吼声之后，他们根本不听他的任何解释，抱着一大堆东西扬长而去。他们走后，老太太呜呜地哭了，这时我才知道这是他儿子林恒1940年在航空军校毕业时礼服上的佩剑。我记得林先生曾多么哀伤地谈起她年轻的小弟弟及与他同时的一批飞行员们，怎样在对日作战中相继牺牲的悲壮故事。第二天全清华都传开了"梁思成藏着蒋介石赠他的剑"。从此以后不管什么人，只要佩上一个红袖章就可以在任何时候闯入我们家，随意抄走或毁坏他们认为是"四旧"的东西。

一天，我下班回来，发现一箱林先生生前与思成为人民英雄纪念碑设计的花圈纹饰草图，被扯得乱七八糟，还踏上很多脚印。我正准备整理，思成说，算了吧！他让我把这些图抱到院子里去，点燃火柴默默地把它们烧了。最后一张他拿在手中凝视了良久，终于还是扔进了火堆。结婚几年，我没有见他哭过，但是这时，在火光中我看到了他眼中盈盈的泪花。

红卫兵抄走的文物中，有不少字画。因为这些字画长期没有人翻阅，连思成也忘了它们的存在。但是不少当成迷信物品没收的文物及佛像，却是思成多年研究雕塑史收集的艺术精品。思成常津津乐道地对学生分析它们所代表的时代特征及造型的美。那只明代小陶猪，他常常用来考学生，问他们，"欣赏不？"如果对方摇摇头，他就哈哈大笑说："等到你欣赏时你就快毕业了。"对方若表示欣赏，他会追问为什么？他不但要学生看，还要他们用手去摸。他说："建筑也一样不仅要用眼看，有时还要用手去摸，才能'悟'出其断面细部设计上的妙处。"有一次我被他考了以后，要求他给我分析一下。他笑着说："只能意会，不能言传。"我生气地说:"那你就不是好老师。"他看我认真了,就把小陶猪放在我眼前,拿起我的手抚摸着小猪的脊骨说,"这根线条,刚劲有力又流畅,它对整个造型起了决定作用。这和圆滚滚的肥猪好像很难联系在一起,但就整个小猪的造型来说,却又惟妙惟肖。"

还有一双小小的汉白玉佛脚,这是他在佛光寺后山上拾得的。佛像的身体部分已毁了,只留下一双踏在莲花上的小胖脚丫。他常常给朋友们看这双小胖脚,并说:"这是典型的唐代塑像的脚。"他还风趣地在这双小脚的莲花座下面写着"莫待临时抱"。

在抄走的文物中有几件极有市场价值的东西,一件是战国时期的铜镜。虽然我国古代铜镜保留到现在的极多,但是像这面铜镜保存得那么完美的却极少,它上面的花纹几乎没有受到损坏,而且精美无比,这是梁启超的遗物。另一件是一尊高约三十厘米的汉白玉坐佛,古书《陶斋吉金录》和《陶斋藏石记》中均有记载,这是林徽因父亲的遗物。还有一个高三十厘米宽二十多厘米的石雕,上面刻着三尊美丽的佛像,思成曾告诉我这尊古雕的由来:一天他去拜访陈叔通老先生。陈老酷爱古玩,他看到思成正在聚精会神地端详他珍藏的佛像,便玩笑着说:"你如果能猜得出这雕像的年代,我就把它送给你。"没想到思成竟脱口而出,说这是辽代的。陈老大吃一惊,但是他老人家信守诺言,真要把这个稀世之宝送给思成。思成执意不受,但却玩笑着对陈老说:"我可以接着猜下去,也许能把您收藏的一大半古玩抱走。"陈老哈哈笑着说:"可不敢再让你猜了。"第二天陈老坚决让他的侄儿陈植把这尊珍贵的佛像送到思成家里。这些文物至今下落不明。

为了避免再出乱子,我把所有的东西检查了一遍,主要是他写的文稿,有发表过的和没发表过的;还有解放初期就北京市新建筑及规划方

梁思成、林徽因、费慰梅合影

面的问题写给中央领导同志和彭真市长的信；解放前思成和林先生与亲友们来往的信件；还有和费正清夫妇来往的信件。我忽然想起，看到一张大字报上说，思成和美国总统顾问费正清关系密切，我很害怕地问他会不会引起麻烦。他说：

"我想不会，我和费正清的关系，在解放初期就写过详细的材料。周总理了解他的情况，我认识龚澎还是通过他的夫人费慰梅介绍的。我和他初次相识大约在1933年。一天，我和徽因到洋人办的北京美术俱乐部去看画展，认识了画家费慰梅和她的丈夫费正清。

"当时，费正清是哈佛大学研究生，正在准备以'中美贸易关系发展史'的研究，作为他的博士论文题目在中国收集资料。费慰梅是哈佛女校美术系毕业的画家。因为我曾在哈佛攻读研究生，我们算是前后校友，谈得很投机。那时他们住在东城羊宜宾胡同，离我们住的北总布胡同很近，因此过往很密。当时我们和北大、清华等校的少数教授，常有小聚会，周末大家聚在一起，吃吃茶点，闲谈一阵儿，再吃顿晚饭。常来参加的有周培源夫妇、张奚若夫妇、陶孟和夫妇、钱端升夫妇，还有陈岱孙、金岳霖、叶公超、常书鸿等人。费正清夫妇也常参加我们的这个小聚会。费正清常常把他在海关档案中查到的那些清朝官员的笑话念给我们听，张奚若是研究政治的，所以他与费正清两人往往坐下来一谈就是几个小时。后来费正清完成了他的论文，回国去了，但我们一直与他们保持书信联系。抗日战争后不久，费正清到重庆出任美国驻华大使馆新闻处处长，回国后，他的夫人又到重庆任美国驻华大使馆的文化专员，直到抗战胜利。那时我们住在四川南溪李庄，可以说是贫病交加，生活非常困难。他们两人都曾到李庄来看我们，尤其是费慰梅来的次数更多一些。我常常为学社的工作到重庆去向教育部申请研究经费，每次

第一封信　　1979.1月　①

亲爱的慰梅女士：

我怀着极其激动的心情向你和你的全家热烈的祝贺中美两国建交。同时我也有些悲哀的想到我亲爱的丈夫梁思成，他没有等到这一天就离开了我们。记得1973年美国乒乓球队访华后，思成收到了你热情的来信，表达了你们希望来我国访问的愿望。思成很快就把这封信转给了有关部门。所以那时候他就等待着你们的来临。但是由于健康的原因他没能见到你们，这是他的遗憾！

回想1972年的元旦，当时他已病危，但是他还念念不忘祖国的统一，盼望着台湾早日回归祖国，盼望着中美早日建交。他当时说：“等到中美建交的时候，你一定代我向费正清先生和夫人祝贺。”没有想到这一天竟等了7年才到来。

我相信中美两国的友谊一定会在我们两国政府和人民的努力下不断的加深与巩固。

祝你们全家健康快乐

祝中美两国人民世代友好

你的朋友 林洙

Hematology
edited by
William S. Beck

1981.10.5 10/5/81 Third Edition

Dear Lin Chu: MIT Press sent me this as an example of what a photostat would look like. But all it says to me is "clear black and clear white" – no specks or gray – not "dirty" (as my finger has made this!).

I hope you can send us some samples of photostats of LSC pictures.

An MIT physicist is bringing a letter to Prof. Wu Liang-yung from MIT Press about the book and the necessary agreements.

yours – Wilma

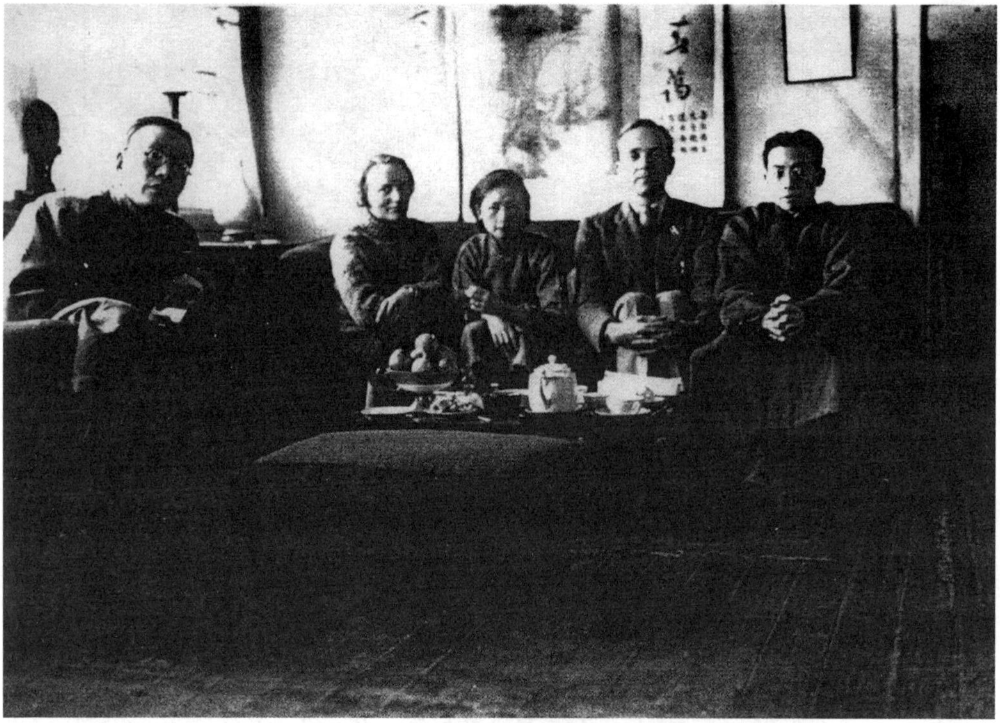

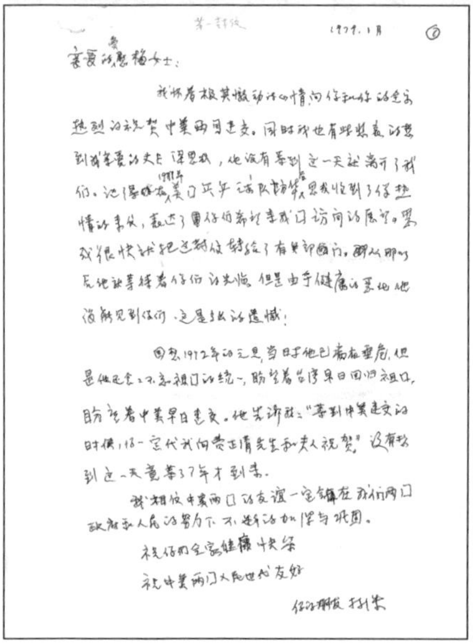

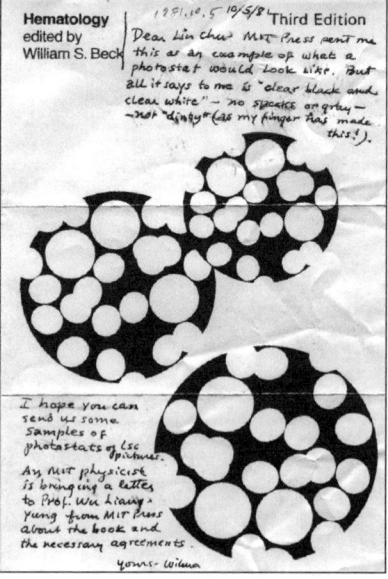

1934年梁思成、林徽因与费正清（右二）、费慰梅（左二）在金岳霖（左一）家中合影

林洙写给费慰梅的第一封信的草稿

费慰梅于1981年写给林洙的信

到重庆都去看望他们。他们还常给林徽因带来一些贵重的药品，回国后也常给我们寄些药和书来。通过他们的活动，美国政府和哈佛燕京学社都曾给营造学社一些捐助，总数不到一万美元。抗日战争胜利后，我到美国讲学，常在周末及假期到他们家住上几天，那时费正清已是美国赫赫有名的中国问题专家，在哈佛大学讲授中国历史，担任美国总统的中国问题顾问。费慰梅也写了不少介绍中国古代艺术的论文，她对中国的古建筑十分感兴趣。直到抗美援朝，我才与他们断了联系。"

1971年美国乒乓球队访华后，思成接到慰梅的问候信，并谈到他们希望回到北京，来看看这个他们青年时代度过美好时光的城市。当时思成的处境不便直接回信，我们在华罗庚先生的指点下将这一情况向周总理作了书面汇报。但是不幸在1972年慰梅他们到达北京前不久，思成去世了，这使慰梅夫妇极为懊丧。在"四人帮"横行的年代，我没有和慰梅联系，直到中美建交，我才遵照思成的嘱咐，写信向慰梅夫妇祝贺。这封简短的信使他们悲喜交集，没想到这封信竟使我和从诫一起重新延续了费梁两家中断了三十余年的友谊。

自1980年至1984年为在美国出版思成的英文遗著《图像中国建筑史》，我与慰梅共同努力，奋斗了四年。慰梅八十二岁的高龄时，仍然努力着手写一本《梁思成传》，把这位中国杰出的建筑史学家介绍给美国人民。费正清夫妇从青年时期开始研究中国至今已有五十多年了。他们和思成的友谊也是在青年时期开始的，至今，我们两个家庭的友谊已有半个多世纪了，这样深厚的友谊，保持在社会制度不同的两个家庭之间，我想在中美关系史上也是不多见的。半个世纪在历史上只是短短的一瞬间，但是在人生的旅途上却是一段漫长的岁月。在这漫长的道路上这两对夫妇为中西文化交流，为中美友谊各自做出了自己的贡献。

有一次我对慰梅说:"你和正清的中文名字真好,既有中国式的典雅,又与你们的英文名字谐音。原来我一直以为你们是美籍华人呢。""喔!难道你不知道吗?我们的中文名字是思成给起的。"我们相视而笑了。

劫后

思成的文稿,包括《营造法式注释》的稿子,是思成几十年心血的结晶,无论如何也不能毁弃,但又没有办法保存。在万般无奈的情况下,我决定把它们交给家中的保姆李阿姨。她是贫农出身,红卫兵从来不进她的房中去,我告诉她:"这些东西以后可以证明梁先生是没有罪的,你一定替我保存好,放在你自己的箱子里面。"她点点头说:"我明白。"而后的几天,每天晚上都有红卫兵来搜查,要我们交出封、资、修的文稿。我一口咬定已被红卫兵抄走了,因为我说不出红卫兵的姓名,往往最后被打一顿。那些日子为了怕"革命群众"更加歧视我,晚上挨了打,白天还要装作若无其事的样子去上班。

在我翻箱倒柜地检查是否还遗留下什么"招灾惹祸"的"四旧"时,竟意外地在箱底发现了几件思成母亲的遗物:三个微型的小金属立佛。它们仅有两三厘米高,像的面貌及衣褶,几乎磨平,但仍看得出古朴的形态。还有一个微型经卷,它是一个只有五六厘米长二厘米宽的小折子,封面写着《佛说摩利支天陀罗尼经》,经文的字迹只有小米粒那么大,我读了一遍,最后的一句:"是经能逢凶化吉遇难呈祥广大灵感不可思议。"令我感到莫名其妙的是自己当时居然从这句经文里得到了一点安慰。

记得有一次,我和一位神父闲谈,我问他在科学发达的20世纪,他是否真的相信有上帝?他沉思了片刻告诉我说:"当我顺利的时候,我相信科学。但是当我处于逆境之时,当我无论怎样努力也无法解脱自己的苦难时,我希望并相信有上帝。"我当时的心情也和这位神父一样,希望有神的存在,并希望这三个小佛及经卷,是解脱我们家庭苦难的吉祥物。

自从红卫兵抄出了那把"蒋中正赠"的短剑后,思成就被勒令住到系馆去,与外界隔离了起来。那些日子清华园笼罩着白色恐怖,红卫兵用皮鞭抽打着罚作苦役的"走资派"……还常常传来某某自杀了的可怕消息,在这个时候逼着思成离家,会是怎样的后果呢?那天他挂上黑牌子,离家前似乎对我又像自语般地低声说:"……生当复来归,死当长相思。"我倒抽了一口冷气,这是多么不吉祥的告别语。我拼命压住哽咽的哭腔,紧紧地拥抱着他说:"不,你一定会回来的。"看着他的身影在暮色中消失。我不由得望着上苍跪了下来,上帝啊,神啊!你们救救他吧!

我每天下班后立刻回家做饭,然后给他送去。送去的饭几乎又全部带了回来,他吃得很少,每次只吃几口就停下了。我努力在饮食上变点花样,希望能增加他的食欲。一天他拉着我的手小声说:"眉,你不要那么费事,有一点面条就行了,有时间你陪我多待一会儿。"我拼命地忍住眼泪,门外的红卫兵已在虎视眈眈地瞪着我。于是我笑了一下说:"你还记得毛主席的词吗?'西风烈,长空雁叫霜晨月。霜晨月,马蹄声碎,喇叭声咽。雄关漫道真如铁,而今迈步从头越。从头越,苍山如海,残阳如血。'"我说完,他低声地说:"谢谢你。"随后转过身去。两三个月后,学生们要到全国大串联,谁也不愿看守这些走资派，于是把思成放了回来。

不久思成的工资也停发了，我伤心地告诉李阿姨，我付不出她的工资了，她只能另找工作。她呆呆地看着我，喃喃地说："老太太怎么办？梁先生怎么办？没有钱不要紧，等以后再给我好了。"我忍不住痛哭起来，她也哭了，边哭边说："我就是舍不得你们哪。当了一辈子保姆，从来没有见过比梁先生更和气的人了。"我安慰她说，如果有一天我们的情况好转了，我一定再请她回来。我没有失信，1971年我们的情况略有好转时，便写信去请她回来。她背着小孙子到北京医院来看望思成，眼中滚动着泪花，歉意地说她现在被孙子拖累，不能再出来工作了。思成看到李阿姨非常高兴，亲切地问了她不少家庭琐事。李阿姨走后，他似乎很满意，并感到慰藉地对我说："她过得不错，是吗？"

今天，当《梁思成文集》和《营造法式注释》发表时，我眼前又浮现出李阿姨那双滚动着泪花的眼睛。

对儿女的最大真诚

那时人们已不上班了，但是我和组里的几个所谓的"国民党残渣余孽"却不敢有丝毫怠慢。李阿姨走后，一部分家务便落在我的女儿彤儿身上，但是更要命的是无论我怎样对孩子们解释思成的问题，他们都不大相信，显然他们已从贴在家门口的大字报上似懂非懂地看出爹的问题严重。特别是大字报上多次提到"反党"、"反对毛主席"，对他们震动太大了！从大字报贴出的那天起，我注意到彤儿就不再和思成说话，她好像变成了哑巴。哲儿也因不能参加红卫兵而苦恼，他尽可能少呆在家里。孩子们的这些变化，我和思成都看到了，但谁也不敢说出来。

我知道，家庭的这个变化，对彤儿来说，受到的创伤远比哲儿严重。因为她从小就能自觉地、正面接受党的教育，她是一个"五分加绵羊"的好学生，在学校在家中她都是一个宠儿。我去农村"四清"时，行前告诉她要关心爹爹，这个小人儿十分听话地去完成我交给她的任务，而且郑重其事地把每周四、六的晚上定为和爹爹的谈心日。思成很尊重孩子，认真与她谈心。这对彤儿的性格爱好的形成都有不小的影响。特别是对人的热情诚实，对工作的一丝不苟。她与思成的感情也是很深的。现在一夜之间，亲爱的爹爹成了"敌人"。她怎么受得了？！

一天，她从学校哭着回来说，同学们一看见她，就举起拳头说："打倒梁思成！"天哪！请把一切灾难都降到我一个人身上吧！别再折磨这幼小的心灵了！我必须想一切办法，把孩子从苦难中解脱出来。于是我对彤儿说："不要怕。也不要哭。你再到学校去，谁冲你喊，你就也冲他喊'打倒梁思成！'喊得比他还厉害。"上帝原谅我吧，我们民族文化中的这一糟粕——阿Q的精神胜利法，被我当做法宝传授给孩子，我感到自己犯了罪。但孩子们并没有因此而得到解脱，他们从此成为"狗崽子"，后来又成为"可教育子女"，仍然被歧视。

我再也无法回避这一问题了，我必须对孩子负责。我对着两个未成年的孩子，感到如同面对着严厉的法官一般。我与他们进行了严肃、真诚的谈话。我力求做到的是，决不对事实做任何粉饰，不让孩子得到任何假相，以免一旦他们知道了真实情况，就会更加刺伤他们的心灵。大字报揭发的问题真真假假，有的问题我相信会得到澄清，有的问题经过群众的分析批判，我略有"认识"，但更多的问题，我持保留态度。我不去隐瞒我与"革命群众"之间的巨大差距。尽管这些问题他们并不大懂，但我尽力向他们毫无保留地谈了。我做好思想准备，孩子会更疏远我们。晚上我与思成都久久不能入睡。

第二天当我下班回来，思成出乎意料地告诉我说，"彤儿今早推开房门，轻轻地说'爹爹，要一块钱买菜。'"他的眼睛湿润了，我想说点什么，嗓子却哽住了。但是思成与彤儿再也没有恢复以前的愉快的谈心。不久哲儿被分配到山西一个极贫苦的农村去插队，不到一年，同去的十六个孩子都分配工作走了。只有哲儿一人，因为他的继父是全国著名的反动权威梁思成，所以哪个单位都不要他。他一个人孤独地在农村待了七年，变得更不爱说话了。思成对孩子始终摆脱不了一种负疚感。思成两次住院前后达两年之久，在这期间彤儿把每一个星期日都奉献给爹爹，从未间断。尽管如此，父女俩却常常是相对无言。

没有想到几年之后，彤儿为申请入团，又触及到家庭问题。团组织要求她对"剥削阶级家庭"写一份批判认识。我与彤儿又进行了一次谈话，这次比上一次涉及的面更广且更深。除了思成的问题外，我对她剖析了自己的人生观与恋爱观，以及我对我与思成共同生活持有的看法和我在处理婚姻与家庭问题上的正确与失误。像这样触及灵魂的交谈，我想不是所有的母亲与儿女都能做到的。我不要求她认为自己的母亲是"最好的"，因为事实远不是这样，但我所能做到的是对待儿女的最大的真诚与信任。

我们就在这样的互相信任了解中建立了母女之情以外的友谊。这个亲密的友谊成为我在失去思成以后最大的安慰，也是我在老年生活中感到的最大幸福。

璎珞的毁灭

有一天，我发现组里的同志们交头接耳，还不时地向我瞥一眼，我立刻预感到发生了与我有关的事。跑出系馆一看，果然贴出了一长列批判系总支委员们"罪行"的大字报，还给每个人画了大幅的漫画像，这些像画得很生动也很逼真。思成虽不是总支委员，但是头号反动权威，自然也少不了他。思成的画像在颈上挂着北京城墙，下面写着："我们北京的城墙，更应称为一串光彩耀目的璎珞了。"这是他在《北京——都市计划的无比杰作》一文中写的一句话。大字报批判他"疯狂地反对拆除封建社会的北京城墙，留恋封建社会，坚持资产阶级教育路线毒害青年。解放前夕去美国讲学是做了一次文化掮客，卖出中国的古建筑，贩回资产阶级的腐朽建筑观和教学制度"。全文不断出现"反动之极"、"罪该万死"等等吓人的字眼儿。

我回家后把大字报的内容告诉思成，我们都感到有些紧张。他让我把过去写的几篇有关古建保护的文章找出来，他坐在那儿一篇篇地读下去。晚上他对我长叹一口气说："看来'文化革命'这一关我是过不去了。"我的心立刻紧缩了起来。他又说："我要不读这几篇东西，还好些，读了以后反而更糊涂了，除非古建保护被根本否定。如果现在伟大领袖毛主席说保护古建筑是错误的，倒比较好办，就说明我从根本上错了。如果古建保护的前提是肯定的，我很难认识我的错误所在。我们国家两千多年的封建历史，遗留下来的建筑，当然是为封建社会服务的。保护文物建筑怎么能和'复古主义'相提并论呢？国务院不是还颁布了《全国重点保护文物单位的名单》吗？既然要保护古建筑，就不可避免地要对古建筑的历史、艺术价值进行分析，这就是毒害青年？

"北京解放前夕，解放军的代表来找我，就为了万一和谈破裂，在攻城时避免破坏古建筑，他要我在军用地图上标出古建筑的位置，还要我用最短的时间编写一份全国文物建筑的简目。记得他临走时对我说：'请您放心，为了保护我们民族的文物古迹，就是流血牺牲也在所不惜。'这件事对我的震动很大，我对共产党最初的认识，正是从古建筑的保护开始的。我和一些人的分歧，这是对北京城古建筑的保护问题，特别是北京城整体形制的保护和城墙城楼的保留。"

1969年冬春之交，北京市民为了执行"深挖洞"的最高指示，向城墙要砖。他们从四面八方疯狂地扑向城墙，带着扫除封建制残余的一腔仇恨，无情地破坏着，仿佛拆除了城墙也就是铲除了残留在人民心中的封建思想。

当思成听到人们拆城墙时，他简直如坐针毡，他的肺气肿仿佛一下子严重了，连坐着不动也气喘。他又在报上看到拆西直门时发现城墙里还包着一个元代的小城门时，他对这个元代的城门楼感到极大的兴趣。

"你看他们会保留这个元代的城门吗？"他怀着侥幸的心情对我说，"你能不能到西直门去看看，照一张相片回来给我？"他像孩子般地恳求我。

"干吗？跑到那儿去照相，你想让人家把我这个'反动权威'的老婆揪出来示众吗？咱们现在躲都躲不过来，还自己送上去挨批吗？"我不假思索地脱口而出。忽然，我看到他的脸痛苦地痉挛了一下。我马上改变语气，轻松地说："告诉你，我现在最关心的是我那亲爱的丈夫的健康。除此以外什么也不想。"我俯下身，在他的头上吻了一下。但是晚了，他像一个挨了呲儿的孩子一样默默地长久地坐在那里。

也许没有人能理解这件事留给我的悔恨与痛苦会如此之深。因为没有人看见他那一刹那痛苦的痉挛。在那一刹那，我以为我更加理解了思成的胸怀，但是没有。当我今天重读《关于北京城墙废存问题的讨论》及《北京——都市计划的无比杰作》时，我感到那时对他的理解还很不够。如果当时有现在的认识，我会勇敢地跑到西直门去，一定会去的。

处处都是烟囱

"文革"以来，清华、北大几乎成了"文化革命"的圣地，每天都有几万甚至十几万名红卫兵来串联。学校已经停课，我被指派在系馆门口的茶水供应站工作，于是每天的工作是不停地从锅炉房挑回开水倒入饮水桶中。幸亏在"四清"工作队时练出了挑水的本领，所以尽管累些倒也还能胜任。

一天晚上，我照常巡视一遍大字报，忽然看到一张新的大字报贴在最显眼的地方，我远远地看到似乎有梁思成三个字，于是赶快走近一看，果然这张大字报有着吓人的标题："打倒国民党残渣余孽，丧失民族立场的反共老手梁思成"。这篇大字报"批准"了四大问题：

一、梁思成在1966年4月接待法国建筑师代表团时，在女团长的面颊上吻了一下，"丧失民族尊严"。

二、曾出任联合国大厦的设计顾问。

三、担任过国民党"战区文物保存委员会"的副主任。

四、疯狂反对毛主席的城市建设指示。

"疯狂反对毛主席"？这可是第一次上这么高的纲。我吓得心惊肉跳，急忙跑回去告诉思成，问他这都是怎么回事。他说："那天建筑学会宴请法国建筑师代表团，法国的团长站起来致完谢辞，走过来在我的

1945年春，为了准备协助美军在我国沿海地区登陆进攻日寇，伪教育部在重庆设立了"战区文物保存委员会"，任命教育部次长杭立武为主任，我为副主任。我在该委员会唯一的工作就是为美国第十四航空队编制华北及沿海各省文物建筑表，并在军用地图上标明。当时该委员会实际上仅有我和秘书郭其（志嵩，忘其名）二人工作。工作地点是借用重庆中央研究院的一间很小的房间，工作时间前后约两三个月。

　　这份表及图制成后，美方收件人是第十四航空队目标发史克门。但当时具体地是由什么人用什么方式送过去的现在已记不清。

　　当时中央大学建筑系毕业生吴良镛似曾协助我做过少量制图工作。莫宗江当时在李庄，始终没有参加这项工作。

梁思成
1968年11月5日

梁思成手写的关于"战区文物保存委员会"的材料

面颊上吻了一下。作为主人，我致了答辞，走过去在她的面颊上吻了一下，这是一般的礼节。"

"那你为什么不按中国习惯握握手呢？"我问。

"什么是中国习惯？"他说。"难道握手不是从西方学来的吗？中国是个多民族的国家，各民族都有自己的习惯，在国内要尊重各民族的礼仪，国际上当然也要尊重外国朋友的民族习惯。如果我按满族习惯就得拂下马蹄袖，一手拄地一腿屈膝地请安；如果按汉族习惯就要拱手作揖或下跪叩首，难道要我向她献哈达？这样就有民族尊严？"即使在那样严峻的气氛中，他的这段答辩也使我不由得笑了。

关于联合国，他说："1945年成立联合国时，宗旨是维护世界和平。后来联合国日益受到美国的操纵，反对中华人民共和国在联合国的合法地位，而保留台湾当局的代表。但是在1947年时并不存在这个问题，当初董必武还出席了联合国的大会嘛！"

关于"战区文物保存委员会"，他说："1944年冬，为了反击日本侵略军，为了盟军对日本占领区空袭时避免轰炸文物建筑，国民党政府教育部设置了'战区文物保存委员会'，杭立武任主任，我是副主任，唯一的工作就是编制一份沦陷区的文物建筑表，并在军用地图上标出位置。当时为了和盟军配合作战，全部资料用英汉对照两种文字。这份资料我还托费慰梅转交给周总理一份，除此以外没有做任何工作。"

停了一会儿，思成沉痛地说：

"建国之初，北京市市长曾在天安门上告诉我说，毛主席曾说，将来从这里望过去，要看到处处都是烟囱。当时我没有说什么，但心里很不以为然。我想在城市建设方面，我们应当借鉴工业发达国家的经验。有人说他们是资本主义国家，我们是社会主义国家，而我认为正因为我们是社会主义国家,才能更有效地汲取各国有益的经验,因为只有社会主义国家,才有可能更有效地集中领导、集中土地,才能更好地实现统一的计划。一百多年来资本主义城市建设的经验告诉我们:工业发达必然会带来严重的环境污染问题,复杂的交通问题,城市人口高度集中带来的居住问题,贫民窟问题,等等。英国的伦敦,美国的纽约不都是我们的前车之鉴吗?我们绝不能步它们的后尘。我们为什么不能事先防止呢?'处处都是烟囱'的城市将是什么样子?于是我就老老实实地把我的想法和盘托出。我认为华盛顿作为一个首都,是资本主义国家中可资借鉴的好典型,所以我希望北京也能建成像华盛顿那样风景优美、高度绿化、不发展大规模工业的政治文化中心。北京是古代文物建筑集中的城市,因此它能成为像罗马和雅典那样的世界旅游城市。我发表这些看法并没有想到反对谁。"

晚上我看他就"战区文物保存委员会"写了一份交代材料。第二天交给工宣队。他对我说:"因为给我的任务范围仅限于我国大陆,不包括日本,所以我提出的保护名单,不涉及日本本土。但尽管如此我还是向史克门建议美军不要轰炸日本的京都和奈良这两座历史文化名城。"1987年我应费正清夫妇的邀请去他家做客,我们曾谈到思成当年对美军的建议,费氏夫妇第二次世界大战时都是白宫的官员。他们说白宫的高级远东文化顾问兰登·华尔纳,是梁思成在哈佛读博士学位时的导师,他也提出过这个建议。可以说他与思成的建议是不谋而合。对日本的轰炸是属于美军太平洋战区,不属第十四航空队。所以美国总统杜鲁门签署的命令是下达给太平洋战区的。

那些日子,思成一直在琢磨他的建筑理论与教育思想。他常常和我讨论,因为我是他唯一的听众,他有时翻阅过去写的文章,更多地是在笔记本上写些感想。

一天思成和我系统地谈到他的建筑思想，他说：

"自从维特鲁威（Vitruvius，罗马建筑师，活跃于恺撒时代，著有《建筑十书》，该书约完成于公元前27年，为西方古典建筑的经典著作）在他那著名的《建筑十书》中提出建筑的三大要素是实用、坚固、美观以来，已将近两千年了。但是人们对建筑的理解，特别是关于建筑的艺术，就如同哲学和文艺理论一样，从来没有停止过争论。……自古以来剥削阶级就是把建筑当作一种艺术。我国古代没有建筑理论方面的专门著述，但是在文学作品如《阿房宫赋》《两都赋》《滕王阁赋》中，都可看出是把建筑作为艺术来看待并炫耀的。在西方社会更是把建筑当做一种艺术，到了十七、十八世纪的欧洲，把建筑、绘画与雕塑并举为三种造型艺术，在巴黎的美术学院办起了建筑系。"

思成又说：

"二十年代美国的建筑教育，完全是沿袭巴黎美院的折衷主义的那一套。因此'形式主义'在我的脑中也是扎下根的。到了三十年代欧美的新建筑已蓬勃发展起来。我非常赞赏当时的建筑大师密斯·温德罗的几句箴言：'建筑是表现为空间的时代意志，它是活的、变化的、不断更新的'，'建筑艺术写出了各个时代的历史'。我接受了当时'新建筑'运动提出的理论，因此也具体地应用到北大女生宿舍（现为《求是》杂志社宿舍，在北京沙滩）和地质馆（现为法学研究所，在北京沙滩）的设计中去。在这两个建筑的外形设计上，不采用折衷主义的形式，而是从建筑的功能出发，采取了几何形体。"

思成认为到了20世纪三四十年代，在西方新建筑飞速发展的同时，我国的建筑也在迅速地向"全盘西化"方面转变。但是他认为建筑是有

王府井仁立地毯公司铺面改建
王府井仁立地毯公司铺面夜景

民族性的，它是民族文化中最主要的表现之一，也可以说是民族文化的象征。他之所以投入主要精力研究古建筑也是为此。思成的研究越深入越感到我们这样一个东方古国的城市，在建筑上完全失掉自己的特性，在文化表现及观瞻方面都会是十分痛心的。

思成说：

"我认为尽管在科学技术上采用西方的先进成果，但在中国的新建筑上应体现中国精神。我为仁立地毯公司（原在北京王府井大街，现已被拆除）设计的铺面房就是基于这个思想，做了一点探索。那个时期我反对采用'宫殿式'的形式（即现在的'大屋顶'），因为从近代建筑理论立场来看'宫殿式'结构，已不合乎近代科学与艺术的理想，由于造价高，也不适用于中国一般建筑，所以也不能普及。

"40年代末，我在美国考察时，国际上新建筑理论又有了发展，我深感我国在建筑理论上的落后。回国后，我把这些理论贯彻到教学中去。但50年代初在开展爱国主义思想教育运动中，批判了崇美思想，把这些新建筑理论和我修订的教学计划，统统算在美帝的账上给批掉了。

"我第一次看到莫斯科大学建筑系的教学计划和教学大纲时感到十分吃惊，因为它仍旧是沿袭巴黎美院学院派的传统教育体制。但是当时正是学习苏联的高潮，认为一切苏联的经验都是先进的，便把它照搬了过来。

"我承认对党的教育方针，在某些方面我也有不同的看法。院系调整时，把综合性的清华大学改为工科大学，我觉得可惜，这是和我的'通才'教育思想相抵触的。反右时，我对钱伟长'理工合院'的论点十分赞同，后来钱伟长被划为右派，批判他'理工合院'的观点是反对党的教育方针，我就再也不敢发表这个意见了。但在思想上、理论上并没有触动我的'通才'思想，致使我后来又写了《谈博而精》的文章继续放'毒'。现在群众批判我不是培养'专家'，而是培养'杂家'，把青年引向歧途。但是从建筑人才的培养看，我仍认为建筑师需要有丰富的外围学科知识。

"当时我也深感不解，怎么斯大林提出的民族的形式、社会主义的内容的建筑和我20年代在宾大所学的那一套完全一样呢？我自己的解释是:苏联建筑与欧美折衷主义建筑之不同，主要在'内容'上。但是在建筑上'社会主义的内容'和'资本主义的内容'究竟有何区别，我之所以说不清，是因为我不懂得什么是社会主义，将来我懂得什么是社会主义时，自然就会懂得什么是社会主义的内容了。就这样我把这个深感不解的问题'挂'了起来，不了了之。"

当时各个单位都已经开始学习"苏联先进经验"，学习毛主席的《新民主主义论》《论人民民主专政》等著作。思成说:

"我学习了毛主席的《新民主主义论》，对于新民主主义的文化应是'民族的形式，新民主主义的内容'这一提法，感到很受启发。我想我们新中国的建筑也应该是具有'民族的形式，社会主义的内容'。我认为过去研究的那些古建筑，它们的形式就是'民族形式'，至于'社会主义的内容'，则我既不了解什么是社会主义，也说不清在建筑上哪一部分才算是'内容'。这一直是梗在我心中的一个问题。

"还有一个使我从心底信服苏联的'民族形式'理论的重要原因，就是莫斯科的美。那统一考虑的整体，带有民族风格美丽的建筑群，保护完整的古建筑，再和英美城市的杂乱无章相比，使我深刻体会到社会主义的优越。所以我也就努力学习苏联，提倡'民族形式'——'大屋顶'了。

"我承认，在我所受的教育中，'形式主义'、'唯美主义'的思想影响很深。但是在30至40年代我是反对普遍建造'大屋顶'的，为什么到了50年代，我反而积极地提倡搞'大屋顶'呢？我想有两个原因：在客观上受当时'学苏'、'一边倒'国策的影响。解放初期，从'知识分子思想改造运动'开始的一系列政治运动中，无一不批判'资产阶级建筑观'。我这个资产阶级学者，自然是'众矢之的'。在带有政治压力的学术批判下，使我多少盲目地把过去形成的'建筑观'否定了。认为那些全是资本主义的'建筑观'，而把苏联搞的'复古主义'、'折衷主义'这一套作为'新事物'、'先进经验'照搬、照学了过来。

"主观原因则是由于我从事多年的古建筑研究，对古老的建筑形式有很深的偏爱，认为人们反对'大屋顶'，是因为她们缺少文化历史修养，有'崇洋'思想。但是50年代初所盖的'大屋顶'建筑，却很少能达到我所想象的'美'的标准，使我对'大屋顶'越来越灰心——就是说，对'大屋顶'这一古代的建筑造型，是否适用于现代新建筑发生了疑问。怎样在新建筑中表现我们民族的精神这一问题，经过1955年到1959年的实践，又提到日程上来。在建筑创作上出现了一系列有待解决的理论问题。

"1959年3月建筑学会决定把总结各地重点工程经验（即十年大庆的重点工程）作为主要的内容，讨论在建筑创作上出现的各种问题，并于当年6月在上海召开'住宅建筑标准及建筑艺术问题座谈会'。我因参加全国人大与出席世界和平理事会，到达上海时，'建筑艺术座谈会'已经开始四天了。这次会上各地代表都作了踊跃发言，就建筑理论中的一些基本问题，如构成建筑的基本要素——功能、材料、结构、艺术形象及其相互之间的关系，建筑的形式与内容的问题，传统与革新的问题等交换了意见。我因为迟到了几天，所以先听听别人的发言，我是最后一个发言的。由于1955年对我的批判，所以全国的目光都集中在我身上。是保持沉默停止前进？还是敷衍潦草不说真话？这些我都办不到。我阐明了我对传统与革新的看法，提出'新而中'的创作论点。1961年又在这一基础上写了《建筑创作中的几个问题》（在这篇文章中梁思成除了谈到建筑的艺术特性、传统与革新等问题外，还把继承遗产概括为"认识——分析——批判——继承——革新"这样一个过程）。

"如果一定要用简单的语言表达我的建筑观，那么仍旧是我在《拙匠随笔》中说的，'即建筑学是包含了社会科学与技术科学及美术的一门多种学科互相交叉、渗透的学科'。

"我很苦恼，我常想如果再让我从头学一遍建筑，也许还会得出这样的结论。难道真的要带着'花岗石'的脑袋去见上帝？我后悔学了建筑这一专业。"

创造中国的新建筑

今天，人们都承认"建筑的文化性质与社会性质"了，然而，五十年前梁思成与很多人的分歧正是在这个最基本的观点上。

梁思成的建筑思想及建筑理论，从反对宫殿式到提倡"大屋顶"，又否定"大屋顶"，这里面始终贯穿着他对建筑的民族风格的执著追求，同时渗透着国际建筑思潮变化和国内政治形势变化的影响。他的创作思想的变化，反映了时代的特点，大致可分为三个阶段：

（一）上个世纪20年代至1949年。在此阶段梁思成赞同现代主义，但是和西方现代派大师不同，他对传统并非完全排斥，认为建筑是分层次的，一般建筑和重要建筑不同，重要建筑应有地方和民族特色。

1930年梁思成说过"现代为钢筋洋灰时代。……建筑式样大致已无国家地方分别，但因各建筑功能不同而异其形式"。1935年他又说"所谓'国际式'建筑，……其精神观念，却是极诚实的，由科学结构形成其合理外表"，这些都反映了他对"形式追随功能"的国际式风格的赞同，他对不顾实用抄袭宫殿式则持批评态度。30年代前后他的建筑作品，如吉林大学教学楼、北大地质楼、北大女生宿舍和仁立地毯公司等均反映了他的上述观点。40年代他又提出创新不能脱离传统，应"提炼旧建筑中所包含的中国质素"，包括应关心我国人民的生活习惯和家庭组织。这充分体现他重视国情，重视我国人民的文化背景，学习现代建筑而不愿抄袭西方的愿望。总之，就当时中国建筑界的情况而言，梁思成的建筑创作是先进的，而与同时期国际上现代派建筑大师相比，他又带有兼容并蓄的特点，反映了他对民族文化的热爱。

（二）1949年至1955年。此阶段梁思成由肯定现代主义转为批评现代主义，过分强调历史传统，客观上成为1954年国内出现的以滥抄"大屋顶"为标志的复古主义建筑思潮的理论权威。他的思想转变有其时代背景：1950年"抗美援朝"运动时，知识界掀起肃清"崇美"思想运动，现代派建筑被当作帝国主义腐朽堕落的意识形态的反映而受到批判，梁思成经历了这场运动。

另一方面，由于学习苏联，梁思成接受了"在解决社会主义时代美的问题的时候，建筑师就应当利用各民族遗留下来的建筑遗产"这一思想。对于民族形式的重视，是苏联建筑和城市建设在造型方面最突出的特征。设计、研究、建造、发展反映社会主义面貌并具有民族特有风格的建筑是苏联建筑的原则和方向。

在这样的大形势下，他的思想有了转变，认为"……所谓'国际式'建筑本质上就是世界主义的具体表现……它基本上是与堕落的、唯心的资产阶级艺术分不开的。"他接受了当时苏联建筑界流行的过分重视古典文化和民族传统的思潮，并借用了苏联文艺界的一个口号："民族的形式，社会主义的内容"。

但是在实践过程中，他对民族形式的理解带有片面强调"大屋顶"的复古主义倾向。1955年我国建筑工程部提出"展开全面节约运动，反对基本建设中的浪费现象"。整个建筑界进行了几个月的批判复古主义思潮的运动。梁思成于1956年初作了检查，作为一个爱国者，他的检查是真心的，他检查自己缺乏经济观点，在审美情趣上又保留了过多的"思古之幽情"。总之，这个阶段是梁思成在探索中国建筑创作方向过程所走的一段弯路。关于"民族的形式，社会主义的内容"这一口号，至今在国内建筑界尚无定论。

（三）1956年以后。梁思成于1958年讨论人民大会堂等国庆工程方案时提出了"新而中"的口号。他后来解释说："我所谓'新'就是社会主义的，所谓'中'就是具有民族风格的。'新而中'就是中国的社会主义的民族风格。"他认为"新而中"是上乘，"西而新"为次，"中而古"再次，"西而古"是下品。他提出"不是抄袭搬用"，"是在传统的基础上革新"，要批判地吸收传统和遗产中有民族性的东西。他强调继承传统和吸收遗产不应只重视建筑形体，而应重视建立在人民生活习惯上的平面、空间处理、匠师实践中总结的艺术规律和中国建筑的气质。梁思成所提"新而中"这一口号由于覆盖面广，至今仍为建筑界较多人所接受。

梁思成在40年代末，引进国外的新建筑理论时，还没有实现中西文化的融合，还没有来得及消化，就在抗美援朝运动中受到批判而被迫抛弃了。于是他又背起沉重的灿烂的古建筑文化的包袱艰难地迈出弘扬传统的一步，却又在更大的政治风浪中淹没了。

今天在建筑界很多人都认识到，"大屋顶"建筑，是从我国固有的建筑形式向新建筑发展过程中很难避免的一个过程，也是梁思成在探讨建筑的民族风格时走的一段弯路。在科学的历程上是允许人们犯错误的，可悲的是当梁思成努力提倡"大屋顶"时，却一心一意地认为这是在学习苏联的先进经验，是一个新生事物。

今天，当我重读他的文集时，更加深切地感到他的一生是勇于探索的一生，也是随着时代前进的一生，他与林徽因在那布满荆棘的道路上前进，不考虑迎面扑来的风沙雨雪，不计较个人得失荣辱。我想到人们往往只注意向成功的人庆贺，但是在科学的道路上，当我们向胜利者庆功之时，不应该忘记那些先行的探路人。正是他们以自己的勇敢精神，辛勤的劳动，甚至宝贵的生命，为后者立下了"由此前进"或"此路不通"的路标。

梁思成和林徽因这一代建筑师们，亲身经历了这场建筑文化嬗变的巨大阵痛，勇敢地冒着风险走完了他们艰难的历程，做出了他们各自的贡献与牺牲。

而今新的一代建筑师们，又站在十字路口，要么让我们古老的建筑文化永远衰落下去，要么使它获得新的生命，无论怎样他们都无法推卸这历史的责任。

回顾

红卫兵三天两头对思成和我"训话"。一天他们对我说："你要考虑一下,怎样和他彻底划清界限,是跟毛主席走,还是跟'反动权威'走,限你三天内作出选择。"他们又明确地命令我同思成离婚!这不能不使我思绪万千,这使我想起了同思成交往近二十年来的一切,也迫使我去了解并思考思成毕生的事业。也许要感谢这位红卫兵,因为如果不是他的"命令",我就不会这样冷静地回顾思成的一生,并去认识他的价值。当时我做的更多的只是昏头昏脑地努力跟上群众的步伐、拼命去认识他的"罪行"。

三天后,红卫兵并没有来听我的选择。大约一年后,工人宣传队的一个队员又向我作了善意的劝说,指示我划清界限——离婚。那时我已不怕他们了。我审视了自己对婚姻的准则:坦诚、理解、信任、宽容、责任。我与思成之间没有任何隐私,我们做到了坦诚,正因为我们互相如此真诚,因此得到了互相的理解与信任,我宽容他的任何错误。因此我也就有责任与他共同承担家庭的任何不幸。离婚?不!

大约有一周的时间,我跟着思成回忆他的前半生,寻找他的"罪行"。这次延续了几天的交谈与回顾,对我和他都是重要的。

思成认为,从美国回来至1937年这一段时间,他有意识地避开与政界人物的接触。这个时期,思成的社交范围除了前面提到的清华、北大的一些教授外,还有林徽因的一些作家朋友,沈从文、徐志摩、萧乾、卞之琳、何其芳、陈梦家等;学术界的一些朋友,傅斯年、李济、董作宾等也常有来往。此外就是建筑界的同行,杨廷宝、陈植、童寯、赵琛、鲍鼎等人了。

朱启钤办营造学社的头两年，学社和日本人有过相当频繁的来往。思成于"九一八"时到学社，对日本有着刻骨仇恨，所以坚决反对和任何日本人接触。另一方面，他和美国人的来往渐渐多起来。有研究中国古代艺术史的学者史克门、纽约大都会博物馆的詹恩和美国著名建筑师斯泰因及美国领事馆的一些官员等。那时对美国是帝国主义毫无认识，反而认为美国是民主、自由、扶持弱小民族的友好国家。到了1950年抗美援朝运动，经过学习才认识了美国的帝国主义本质。

思成沉痛地说：

"过去我一直认为自己是清白的，我热爱祖国，热爱祖国的文化遗产，我没有从父亲那里继承一砖一瓦、一张股票的遗产，我的经济来源完全是靠我的工资收入。我回国后没有去走发财的路，这条路对我是很容易的，而去创办了我国第一个建筑系。为研究保护祖国的文化遗产，我愿献出一切。但是回顾从1928年到'七七事变'前夕这一段时间，正是我国进入彻底的民权主义革命的时期，对外要推翻帝国主义，求得彻底的民族解放；对内要肃清买办阶级在城市的势力，完成土地革命，消灭乡村的封建关系，推翻军阀政府。这个时期红军完成了震撼世界的二万五千里长征，而我却一心想着要赶在日本学术界前面，写出自己的建筑史。我想赶快把这些古建筑测绘下来，以防万一日本帝国主义的铁蹄从东北踏入华北内地，一旦战争爆发，这些宝贵的建筑遗产的命运就难以预料了。我很惭愧，在我们民族的解放运动中，我没有贡献自己的力量。"

抗战期间学社在西南恢复了工作，但经费困难。1940年庚款来源断绝以后，思成每年都要到重庆去一两次为学社筹措经费，每次都要乞求教育部或财政部，因此接触的党政首脑人物也就多了起来，有陈立夫、朱家骅、孔祥熙等，但和他们的关系也仅局限于学社的经费问题。当时中央美术学院曾一度没有院长，教育部想让他去，他辞谢了。后来闻一多在昆明被刺，朱家骅曾要他代表教育部到昆明去"善后"，他因为一向和教育部没有关系，更是严词拒绝了。

思成回忆了抗战时期的一段生活与工作后对我说：

"过去虽然我自认为对美帝国主义没有认识，但对日本侵略者我是恨之入骨，为了抗击侵略者，为了保卫祖国，我愿做出任何牺牲。但我不是军人，我无能为力。现在群众批判我在抗战期间龟缩在后方，抱着几座封建迷信的庙、塔、墓、窟为'奇货'，苟且偷生，干着'把中国引向黑暗'的罪恶勾当。这样的批评，我还很难认识，也难以接受。不过我承认，我没有想到投笔从戎，这使我感到很愧疚！很愧疚！"

思成沉思着说：

"什么叫'文化买办'？我认为学术是没有国界的，任何一个民族都不应拒绝外来文化，一个民族只有接受了外来文化，本民族的文化才能更加发扬光大。如中国的佛塔，本非中国固有的建筑形式，但它从印度传入后，仍以中国的风格，造成成熟的中国特有的艺术而驰名世界。'文化买办'？在我心中翻来覆去地想了不止一天，仍然得不到答案，真难哪！我不愿口是心非地写假检讨，我希望把我的观点摆出来和大家讨论。"

我吓了一大跳，我的天！他要是真的把这些思想和盘托出去和学生们讨论，那岂不马上就被扣上"向无产阶级专政反攻倒算"的罪名吗？我紧张极了，千叮咛万嘱咐地告诉他这些话只能在家里说说，万万不可对外人去说。他看我这么紧张，不禁温和地一笑说："你真是'反动权威'忠实的老婆。"过了一会儿他又说：

"眉，也许你和孩子们还是离开我好，特别是两个孩子，我总觉得对不起他们。"

想起孩子，我的心都碎了，我相信早晚会有这么一天，孩子们会来向我告别："妈妈，我们必须离开你，离开这个'反动'的家。"假如这一天真的来临，我又能说什么呢？我不敢往下想。

当时我们已被取消了阅读《参考消息》的资格，一个朋友告诉我说，《参考消息》上报道某音乐家"叛逃"美国的消息。我把这个消息告诉思成，他听了后十分吃惊，睁大了眼睛说："这消息可靠吗？"消息可靠与否我不知道，但我很想知道他是怎样想的，于是问他："如果有可能，你愿意到国外去吗？"

"离开中国？不！1947年我离开美国回国前夕，费正清夫妇和一些美国朋友对我说：'共产党要来了，你回去干什么？'他们劝我把全家接到美国。我说：'共产党也是中国人，他们也要盖房子。'我还是坚决回来了。多年来我感到幸福的是国家需要我，因此我心甘情愿地为祖国奉献一切。特别是广州会议（1962年3月2日周总理在广州召开的科学工作会议和文艺创作会议上作《关于知识分子问题的报告》，这一报告批判了1957年以后出现的'左'的倾向，重申了我国知识分子绝大多数已是劳动人民的一部分的观点）听了周总理和陈毅副总理的讲话，陈毅还提到了我对《营造法式》的研究工作，我感动极了。我想，我所唯一可奉献给祖国的只有我的知识，所以我毫无保留地把我的全部知识献给中国未来的主人——我的学生们。没想到因此我反而成为社会主义建设的罪人。"

他定睛地看着我，那双满含着痛苦的目光使我不忍再看。接着他低下头沉痛地说：

"如果真是社会主义建设的需要,我情愿被批判、被揪斗、被'踏上千万只脚',只要因此我们的国家前进了,我就心甘情愿。到外国去?不!既然连祖国都不需要我了,我还有什么生活的愿望?世界上还有比这更悲哀的吗?我情愿作为右派死在祖国的土地上,也不到外国去。"

思成啊!你对祖国的赤子之心,在我的心中激起了怎样的浪花!

梁思成为祖国贡献了毕生的精力、智慧和才华。虽然他没有扛起枪干革命、去杀敌人,但他仍不失为一个高尚的人、无私的人。如果说1962年我同思成结婚后,由于我们在年龄、学识和生活经历上的差异,许多人不理解也不赞成我们的婚姻,如果说在巨大的社会舆论压力下我多少感到过惶惑的话;那么,几年的共同生活已使我更了解他、更认识他的价值。我庆幸自己当年的决定,并感谢上苍为我安排了这样一个角色。我在那惊慌恐怖的日子里,感受到幸福与骄傲、安慰与宁静。

我深信历史会说明一切,可能我等不到这一天,也许我会和他一起被红卫兵打死;也许我会被兄妹疏远;也许会被子女抛弃;也许会被朋友们拒绝。但是,我不能虚伪,不能回避,既然今天我更加了解了他,更加认识了他的价值,我唯一能做的,只能是诚实地把绞索套在自己的脖子上。

1966年的"十一",是新中国成立以来思成第一次没有被邀请参加国庆节的晚会,孩子们很高兴第一次和爹爹一起共度国庆节。

清华大学的造反派蒯大富,已经成了赫赫有名的大人物,因此清华的地位也提高了。国庆节在清华的西操场设了一个烟火点,人们都涌向西操场。我们没有到人群中去,只带着孩子们到小学校的操场去看烟火。思成开始很沉默,但是等到烟火一开始放,随着五彩缤纷的火花腾空而起,似乎一切烦恼都被驱散了。在这偌大的操场上仅有稀稀拉拉的十几个人，他们多半是一些住在附近的老教授。我们感到兴奋与舒畅，孩子们注意着随烟花飞上天空的降落伞，盼望它落下来，他们奔跑了大半个晚上仍以失望告终。这是思成在新中国成立以来唯一的一次，也是最后一次与家人共度国庆节。

10月28日晚，我正在打瞌睡，思成忽然推醒我说有重要消息。我听到播音员正在用激动的语气说，"……导弹飞行正常，核弹头在预定的距离，精确地命中目标，实现核爆炸……"思成站在我对面兴奋地说："我们成功了，成功地进行了导弹核武器的试验。这几天的《参考消息》一定很热闹，可惜我们看不到。真想知道国外的反映，对他们震动一定很大，真了不起。我们的国防力量大大地加强了，真了不起。"他高兴得不知该说什么好了，完全忘记了自己的倒霉处境。

我翻阅着思成最后几年用的一个笔记本，有几行字，它们用红笔打了破折号。

1966年10月27日，我国成功地进行了导弹核武器的试验。导弹飞行正常，核弹头在预定的距离，精确地命中了目标，实行核爆炸——

接着后面又出现了一个又一个的破折号。

1966年12月28日，我国西部地区又成功地进行了一次核爆炸——

1967年6月17日，我国第一颗氢弹爆炸成功——

1968年12月27日，我国在西部上空爆炸了一颗氢弹，成功地进行了一次热核试验——

1969年9月23日，我国成功地进行了首次地下核试验——

1969年9月29日，我国在西部地区上空成功地进行了一次氢弹爆炸——

1971年11月18日，我国在西部地区进行了一次新的核试验——

清华园里已贴出了"打倒刘少奇"的大字报

思成最高兴的是听到我们国家的各项成就,他把重要大事记下来也是自然的事。

他的这个笔记本,我已经读过不知多少遍了,里面记录了多少他的辛酸与苦闷,他的自责与申辩。当时有不少干部被视为反革命分子被揪斗,往往就是因为他们在笔记本中写下了自己的真实思想。由于当时红卫兵可以随时闯入家中来乱抄,所以我非常害怕,一直告诫他不要写,免得招惹是非。现在这不多的几页笔记我怎样也读不够,它带我回到他的身旁,我又听到他的倾诉与彷徨。过去我读这本笔记从没有注意这些无关紧要的破折号,这无非是新闻报道的摘录。今天这一个接一个陆续出现的破折号引起了我的注意,我听到了隐藏在这些新闻报道后面,他想说的话。是的,正是这一个接一个的核爆炸,使他感到国家的日益强盛,使他坚信毛主席领导的正确,因此他也毫不怀疑这场"文化大革命"的正确与必要,致使他钻进这个自我批判的死胡同,再也绕不出来。

事态的发展使我们越来越跟不上形势。报上逐步公开批判国家主席刘少奇是党内头号走资本主义道路的当权派。清华园早已贴出了"打倒刘少奇"的大字报。上海的工人成立了革命造反总司令部,掀起了"全面夺权"的"一月风暴"。不久又掀起了"反击二月逆流"的浪潮,老一辈革命家李富春、李先念、陈毅、徐向前、聂荣臻、叶剑英等等全成了严重反党事件的成员。我们拼命地读着各种革命组织散发的首长讲话。但我仍不能理解,为什么尽管都是在共产党领导下,似乎一夜之间一切全成了修正主义的了,而什么是无产阶级的社会主义?除了惊人的口号和空洞的宣言外,就是"和十七年对着干"。

摧残

群众逐渐形成了势不两立的两大派。思成是头号反动权威,不管哪一派都要揪斗他,往往一"坐飞机"就是三四小时,或是大半夜。他对此不但不气愤反而高兴,因为他天真地认为这是学生们不再打内战,开始听毛主席的话,搞"斗批改"了。他以为他百思不得其解的——什么是"无产阶级教育路线"的问题快得到解答了。

然而一次又一次的批斗,使他的健康明显地恶化了。在一次批斗会后,他的身体彻底地垮了。那是一次批斗系总支书记刘小石的会。主攻对象是刘小石,梁思成只是陪斗。在批斗会进行到一半时,很受思成器重与爱护的一个学生走上了讲台,他自称早在"文革"前夕就收集整理了梁思成的反党言论上报党委。他揭发批判刘小石,说在他们整理的梁思成的材料中,刘小石把一些关键的"反动"言论给删去,包庇了"反动权威"。那天晚上我扶思成上床时,发现他极度的虚弱,还有些颤抖。他喃喃地说:"没有想到啊!真没有想到啊!"

在"文化革命"开始不久,他的一个"徒弟"由于对运动表示了不同的意见而受到了严厉的批判时,他就常常对我说:"我真后悔找了几个年轻人来当助手,原想把我的学识更好地传授给他们,没想到反而害了他们。'梁思成的大弟子'这个臭名,他们要背一辈子,我对不起他们,我真后悔!"

"文革"不久,高干医疗制度就取消了,清华校医院又因他的医疗关系不在清华而拒绝给他看病。不得已,我只好带他到北医三院去。我永远感谢给他看病的陈世吉大夫,当他看到病历上"梁思成"三个字时,并没有像有的人那样蔑视他,而是低声地向他的助手说:"他是一位建筑学家,常常在报纸上发表文章的。"他仔细给思成检查,并找了几位大夫来会诊。整整一个上午,我看他们反复地听着量着,看着各项检查的结果,低声地议论着。我紧张到了极点。最后,陈大夫把我找到一边轻轻地说:"他患的是心力衰竭,很危险。你能设法让他住院吗?""住院?"我愣住了,紧紧地咬住哆嗦的嘴唇。陈大夫会意地点点头说:"这样吧,我们保持密切的联系。以后你不要再带他来了,他必须卧床。"当他知道我们家里有血压表、听筒和注射器时很高兴,要我每天给思成量血压、数脉搏,做好记录,定期来取药,他还详细地告诉我那些药的服用方法及注意事项。他特别叮咛我千万要防止思成感冒。从此,我不仅是他的妻子、保姆、理发师,又多了一项职务——护士。这样我一直保持着和北医三院几位大夫的联系,直到1968年11月周总理直接过问了思成的情况,才把他送进北京医院。

1967年清华的"文革"领导小组通知我,限三天内全家搬到北院一间24平方米的房子中去(这是我们1966年以来第三次搬家)。1967年2月,寒冬还没有过去,我去看了那间房子,一进门就让我不寒而栗。阴暗潮湿的房间,因为一冬没有住人,墙上、地上结了厚厚的一层冰霜,这对思成的健康将造成致命的后果。我们又一次卖掉"多余"的家具。最苦恼的是大量的书怎么办呢?我们一个书架一个书架地整理,这些书过去我没有时间细看,很多外文书,我更是看不懂,现在要决定弃留就必须认真地挑选。在清理图书的时候,在书架上翻出一个厚厚的牛皮纸的大封套,打开一看,呀!全是一些精美的塑像和小雕塑品的图片,这是思成多年研究雕塑史收集的资料。

我们暂停了书籍的整理,坐下来欣赏这些图片,有一对汉代铜虎的图片吸引了我的注意,铜虎栩栩如生,它的头、身、尾、爪没有一处不

汉代铜虎的图片

我们暂停了书籍的整理,坐下来欣赏这些图片,有一对汉代铜虎的图片吸引了我的注意,铜虎栩栩如生,它的头、身、尾、爪没有一处不显示出力量的美。

显示出力量的美。思成拿在手上赞叹不已,情不自禁地对我说:"你看看,眉,你看看多……""美"字刚要脱口而出,忽然想起这是当前犯忌讳的词,于是立刻改口说,"多……多么有'毒'啊!"我们不禁相视大笑起来,这是我们"文革"以来第一次欢笑。1987年我在美国哈佛大学的佛格博物馆亲眼见到了这一对珍品。我的耳边又响起思成的赞语。

"你看看,眉,你看看多……多么有'毒'啊!"

我把一部分贵重的建筑书刊整理出来,请求暂存在建筑系资料室。"文革"小组的那个人瞪起眼珠怒视着我说:"把资料室当成你们家的仓库?不行!""那么我把书卖掉,请你在这张申请上签字,以后别说是我销毁了批判材料。"我说。他气极了,但只好一挥手说:"先放着吧。"武斗期间系馆成了据点,这些书被撕毁并丢失了大部分,所余无几,后来我把它们送给了系图书室。其他的书,包括一套英文的《哈佛古典文献全集》,一套《饮冰室文集》只好全部送往废品收购站。为了准备答复红卫兵可能提出的质问,当晚我在笔记本中作了这样的记录:"为了处理那些封、资、修的书籍,雇三轮车拉了一整天,共运45车次,计售人民币35元。"

我把一间小厨房收拾出来给老太太住,但是我和思成及两个孩子(已是大男大女)怎样安排在这间24平方米的小房子里,真是个难题。我拿着房间平面图及按同一比例尺制成的必不可少的几件家具的纸片,在图上摆来摆去,怎样也安排不下。这时思成的建筑师才能得到了最后一次发挥,他很快地用书架柜子组成了隔墙,这样就出现了我们的"卧室";还有一个供他写检查的书桌;然后是男孩、女孩的安排。小小24平方米奇迹般地出现了秩序井然、分区明确的"小规划"。

我们搬进北院的当天,突然来了寒流,气温降到了零下10摄氏度。

虽然炉子一直燃着，但室温还是处于摄氏零度左右。正在这时，"砰，哗啦"！"砰，哗啦"！连续数声，窗上的玻璃一块块全被砸碎了。我和孩子们在大风中急忙糊上报纸，但怎样也贴不住，糨糊一抹上很快就冻成冰了。室内温度急剧下降，零下2摄氏度、零下3摄氏度、零下5摄氏度。我们奋战了两小时，在风势略小时糊上了纸。我彻夜未眠，不停地往炉子里加煤，并为思成不断地更换热水袋，但他还是感冒了。这样的"游戏"，后来隔几天就发生一次，直到春暖花开的时候。他仍在顽强地同疾病搏斗着。

清华两派的对抗，已经发展到了你死我活的地步。中央曾告诫两派的头头们如果不停止武斗，就停发全校员工的工资。但武斗仍未停止，于是全校停发了工资。一天晚上，一阵猛烈的敲门声后，闯进来四五个戴着"井冈山"红袖箍的彪形大汉，他们自称是"井冈山"总部的人，带着手枪和匕首，我的心猛烈地跳了起来。

他们把我推向一边，直冲思成而去，为首的一个指着思成问：

"现在全清华的革命群众都在挨饿，你知不知道？"

"我……我听说停发工资了。"思成说。

"你打算怎么办？现在是看你的实际行动的时候了。"

"我……我愿尽我的力量……我们的家务是林洙管，我……我不知道家里有没有钱。"

"放屁！你没有钱，谁有钱？你每月三四百元的收入，全是人民的血汗钱，你知道吗？现在你哭他妈的什么穷？你对革命群众是什么感情！"他抬起手给了思成一个耳光。思成晃了一下几乎摔倒，我冲过去扶住了他。

这伙人进来时我吓得要命，不知道他们想干什么。等定了定神听明白他们的来意，注意到他们中有一个人，始终把在门口张望。我觉得他们不像好人，因为我们系"井冈山"的头头已经在前一天找过我，要我们捐钱为低工资的职工发一定的生活费。由于思成的工资早已停发，存款也已没收，我手边仅仅余下每次搬家卖家具的二百多元，我把它上交了。我断定这几个不是好人。我想起"邪不压正"这句话，它给了我胆量，于是我对他们说：

"我们系'井冈山'的负责人昨天来过了，我已经把所有的钱都给他们了，隔壁的老刘可以作证。"

"你们要是没有现金，其他东西也可以。现在有些人家都揭不开锅了，你们知道吗？现在是给你们一个将功赎罪的机会，这是考验你们的阶级感情。"真不知道当时我从哪儿来的胆子，竟敢对着他们说：

"我不信，在我们社会主义国家的首都，怎么会饿死人，你这是对社会主义的污蔑。据我所知'井冈山'和'414'总部（"文革"时期清华对立的两派群众组织），他们已经在设法解决群众的困难。再说北京市革委会、党中央更不会不关心清华。梁思成早就没有工资了，存款也没收了，你们既然是总部的，难道不了解这些情况？我没有任何金银首饰，所有值钱的东西早在抄家时抄走了，不信你们搜好了。你们是总部的人，为什么白天不来，晚上来？"我的话大大地激怒了他们，其中一人举起手中的皮鞭开始抽打我。这时思成忽然猛扑过来说：

"你们不能打人……你们凭什么打人？……"只见他脸色发青，呼吸困难，连连喘气。我拼命地大喊："救命！救命！打死人了！"这几个人慌了，冲我说："好！你不是说我们白天不敢来吗？明天中午十二点你等着我们。"于是匆匆地走了。

后来我听说那几天晚上，很多教授都遭到经济上的勒索。

第二天早上，天空阴沉沉的，不久就下起瓢泼大雨。我带着恐慌的心情，等待着昨夜的几个歹徒，思成坚决要我离开家里，由他一个人来对付他们，我自然明白他的考虑，我也就更加一步也不肯离开他。

到了黄昏时分，我更加紧张了，思成的身体是绝对经受不起再一次的折腾了。我决心冒雨到中关村去找小妹妹的爱人，求他来陪我们过一夜。

这天清华已被几万名"工人宣传队"（简称工宣队）团团围住。我离校门还有二三十米的地方，就看见十几名工宣队的队员把住校门，在严格地盘查出入的人员，于是我又折回家来。

雨下得更大了，这一天是1968年7月27日。

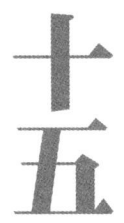

留 做 反 面 教 员

工宣队进校不久,又进驻了大批解放军,逐步控制了局面。于是从清理阶级队伍开始,展开了全面的斗、批、改,被审查的对象主要是资产阶级学者(正、副教授)、"走资派"(各级干部)及有历史问题的人,还有在"文化革命"中犯了严重错误的"现行反革命"。每天上午我们都要手捧"红宝书"读毛主席语录或"老三篇",并且要结合学习心得谈自己的体会。我的发言永远是怎样又进一步认识了梁思成的错误之类空洞的话。这当然引起工宣队的不满,他们尖锐地批评我:不交待实质问题,想蒙混过关是不行的。

学习班每天排得满满的,谁也不许请假,我因家里有重病人,每天回来都要搞得很晚才能休息,思成感到痛苦极了,他已经有两年多被排斥在群众以外,可怕的孤独感不断向他袭来,他每天在被社会所弃绝的屈辱中挣扎着。

虽然他不能参加学习班,但学生们不会忘记头号反动权威。他们兴致来了就会跑到家里来,让他站在门口,当着街坊四邻坦白自己的罪行,并在大门上贴上"狗男狗女"之类人身侮辱的对联。北院的房子阴冷得可怕,思成常常把毛毯披在身上保暖。一天学生来了,看到他的样子很可笑,因此强迫他披着毛毯,站在大门口交待罪行,然后绕着房子周围走一圈，于是哄笑着散去。那天我回去看见他坐在那里发抖。我已经从学生那里知道了他们的恶作剧。显然他一眼就看出我知道了发生的事。他颤抖着嘴唇，半天半天才说："眉！只要你和孩子没有看见，他们怎么对待我都可以。"我一下扑到他的怀里，泣不成声。我在心里说，年轻人啊，年轻人啊，你们知道自己的行为对这个生命垂危的学者，在精神上造成了多么惨重的创伤吗！

一天我下班回来看见家里有一大群人，显然是军宣队和工宣队的头头们。我很吃惊。他们走后，思成十分激动地告诉我说："这几个人是学校革委会的正副主任和委员，和我谈话的人是董主任，他是8341部队的，他先告诉我，我写的材料周总理全部都看过了，他一再向我解释毛主席和党的政策，一再告诉我党的给出路的政策，要我相信群众相信党。同时他们还详细地了解了我的生活情况和健康情况。他还问我愿不愿意住院，我说要问林洙。……我说我渴望能参加学习，但我已失去户外活动的能力，如果什么时候开会批判我，我希望能去参加，我虽然走不动，但我爬也要爬去。董主任答应下次批判会，让学生用车来接我去。"果然再开批判大会时，几个学生找了一辆全清华最破的手推车，让他坐在上面，像耍猴似的推到会场。后来一个平时比较接近他的学生说："梁思成说想来参加批判会，这是哗众取宠，想讨好群众。"我听了很痛心，他哪里能体会精神上的绝对孤独，对一个知识分子来说，那是比死亡还难以忍受的痛苦哇。

虽然北医三院的大夫一再告诫我要他注意休息，千万不能再感冒，但是红卫兵想怎么斗他就怎么斗。除此外还得不停地写交代材料，短短的三个月他写了约四百多页的材料，主要的内容有：（1）他和北京前市委的关系；（2）1949年以前的主要工作；（3）1949年以前的社会关系；（4）建筑学专业的历史沿革；（5）创办清华建筑系的历史背景；（6）建筑学会创办以来的活动；（7）反右时期的思想认识；（8）向党交心的情况；（9）怎样认识群众的批判……同时几乎每天都有人来向他外调某某人的情况并写材料。从他写的这些大量的材料中，可以反映出，他的人格及做人的准则，诚实真诚、实事求是、热爱国家民族、坚信共产党是正确的。在写外调证明时，更是一丝不苟，如实的反映，绝不因为与对方有任何个人恩怨而受影响。但是革命群众的回答永远是假检查真反扑。

一天晚上，革委会的刘主任来到我们家，他看了看四壁结冰的屋子，坐下来和我谈党的政策是团结一切可以团结的力量，"包括梁思成，我们也相信他能改造好，党还需要他为社会主义服务"。他告诉我要送梁思成住院治疗。天哪！我仿佛看到了一线阳光照进了我们这个冰冷的小屋。

当晚十一点刘主任又来了，并且告诉我车子已经在外面等候，要立刻送思成去医院。

他住院后的第一个任务还是"交待罪行"、"写检查"，但他怎样也写不好，限定的日期一天天接近，我焦急万分。一天工宣队的杨师傅命令我到医院去帮他抄写"检查"并于第二天带回。我到医院一看，他写些什么呀，东一句，西一句。我急了，他胆怯地说："不知怎么搞的，我的脑子不听使唤。"我急得哭了起来。一位护士拍拍我的肩，小声地说："别这样，他的脑子缺氧啊！"一句话提醒了我，我安慰他让他先睡下。我想凭我平时对他的了解，加上我们经常讨论的一些问题，是不难诌一篇"检查"的。但是当我提起笔来写时，却不知从何下笔。

天已经发白，我面前仍是一张白纸，我只好急急忙忙地在他那不连贯的"检查"中挑出几段，加上我从别人批判他的大字报上看来的内容，胡乱加在一起诌了一份"检查"带回去。当我把这份"检查"交给军代表老朱时，心怦怦直跳，他接过去翻了一下说："这是你替他写的吗？"我吓了一跳，连忙否认，"不，不……是我抄的。"我仿佛看到老朱的嘴角露出一丝善意的微笑。这份检查刚贴出去，周围立刻就贴满了大字报批判他"假检查，真反扑"。

1969年1月26日（星期日），这天清华大学没有休息。中午一点钟，全校师生员工就集合在大礼堂前的草坪上等待宣读中央文件。工宣队的成员喜笑颜开地透露说："有一个特大喜讯。"排列在主席台两边的锣鼓队，也在那里使劲地槌打，响声震耳欲聋。我想不出有什么喜事，只好耐心地等待着，大约一小时后迟群走上主席台。原来是宣读中共中央转发的，毛主席圈阅的清华大学关于《坚决贯彻执行对知识分子"再教育"、"给出路"的政策》（后来称之为"清华经验"）的文件，在这份经验中总结了对待知识分子的五种不同的政策：

一是对一般知识分子；二是对"可以教育好的子女"（后来称为"可教子女"）的政策；三是对犯了"走资派"错误的干部的政策；四是对资产阶级反动学术权威的政策；五是对反革命分子的政策。我注意地听着第四条：

"四、对资产阶级学术权威，经过充分批判，要给以出路。"

在清华大学被群众称为资产阶级学术权威的，大大小小有一百余人，其中比较突出的共有十四人。

"这些人不是特务、叛徒和其他反革命分子，但他们站在反动的立场上，在学术领域内大搞封、资、修和'三脱离'的一套货色，是资产阶级知识分子统治我们学校的重要支柱。……他们人数不多，流毒很广,影响较大。其中原土建系主任,一级教授,建筑学反动权威梁思成;原副校长,一级教授,机械学反动权威刘仙洲;力学反动权威钱伟长尤其如此……

"宣传队遵照伟大领袖毛主席'彻底揭露那批反党、反社会主义的所谓学术权威的资产阶级反动立场,彻底批判学术界、教育界、文艺界、出版界的资产阶级反动思想,夺取在这些文化领域中的领导权'的教导,选定梁思成、刘仙洲、钱伟长三个典型,发动师生员工以毛泽东思想为武器,抓住他们的要害问题,紧紧围绕着两条路线斗争这个纲,集中批判了他们的学术是在什么路线指导下,为谁服务和怎样服务的问题。……使师生员工受到了很大教育,认识到'学问再多,方向不对,等于无用'的伟大真理。……

"二是在批了之后,不再让他们在校、系等各级领导岗位上当权,但教授的头衔可以保留;身体好,能做点事情的(如钱伟长)要用,他那一套体系必须砸烂,但在分体上,还有用,应有所取。年纪太大,用处不大的(如梁思成、刘仙洲),也要养起来,留做反面教员。……"

我说不出心中是什么滋味,会后工宣队师傅认为这是对我们家庭的大恩大德,要我谈谈体会。我说:"毛主席的这一伟大政策意义太深刻了,我得好好想想。"谈什么呢?我脑子里只留下一句话:"年纪太大,用处不大的(如梁思成、刘仙洲),也要养起来,留做反面教员。"工宣队的师傅特意到医院去向思成传达了这一文件。我不愿和思成去谈论它,后来当我翻阅他的笔记本时才发现,从1月26日到2月27日他没有写一个字。沉默!这是他的回答。对知识分子来说,往往生活上的艰苦不是最可怕的,最难以忍受的是人格的侮辱与恶意的嘲弄。

不久思成参加了医院的病友学习班,有机会接近群众使他非常高兴。有一天他悄悄地问我，现在猪肉多少钱一斤？我一怔："九毛啊，怎么了？"他笑了，说在学习班不知讨论什么问题时他说了句猪肉卖六毛一斤，引起哄堂大笑。一位老大姐笑着说："看这个老头被当权派给蒙蔽得连猪肉多少钱一斤都不知道了。"

在思成被揪斗以后，只有从诫和我的妹妹有时来看我们，其他人离得远远的（梁再冰当时在国外）。但是却常常有些普通的群众见面向我打听思成的情况，其中就有几个清华的邮递员，他们总是乐观地安慰我说："您放心，没事，早晚问题能搞清楚。"一天，邮递员老赵在安慰了我之后又叹了口气说："我当了三十年邮差，就数梁先生关心、信任我们，他的收发章就放在门口的小茶几上，让我们自己盖，夏天准有一壶凉开水。是个好人哪！好人哪！您放心吧！"他又深深地叹了口气。

"清华经验"在全国、全市传达以后，一天一个青年木工找到我家，一定要见思成，向他请教《清式营造则例》中的问题，他急切地说："再不学就要失传了。"

又有一天，一位白胡子老头，捧着一个大西瓜到北京医院去看思成，原来是抗日战争前给思成拉包月车的老王，老头哈哈笑着说："早就听说您回北京了，就是打听不到您住在哪，现在听了文件（指传达"清华经验"的中央文件）知道您在这儿，这才来看您。"他还特意跑到清河镇去为思成要了些瓜种子种在我们的院子里，说是它能治肺气肿。第二年，等这些瓜藤上挂满一个个金黄的小圆瓜时，思成已永远地离开了人间。

1969年10月7日军宣队的刘主任与熊向晖先生到医院来看思成，告之他英国作家韩素音来中国访问，想写几篇关于中国"文化大革命"的报道，周总理建议她访问梁思成、林巧稚和钱伟长。刘主任一再嘱咐他说:"你可以随便地和她谈谈体会,想到什么就谈什么,千万不要像检讨似的谈话,千万不要认罪检查。她是国际友人,可不是红卫兵。"第二天一早刘又来对他叮咛一次。但这次谈话失败了,他在笔记中这样写道:

"这次总理要我和韩素音谈话,是党对我的信任,是党交给我宣传毛泽东思想的一次光荣任务。然而我却辜负了党的信任,没有很好地完成任务。"

我曾久久地思量,为什么过去活跃、诙谐的梁思成,如今谈起话来竟变得空洞而乏味?尽管他受尽屈辱与折磨,但他始终相信:"这次无产阶级文化大革命,对巩固无产阶级专政,防止资本主义复辟,建设社会主义,是完全必要的,是非常及时的"(摘自《中国共产党第八届扩大的第十二次中央委员会公报》,1968年11月30日《人民日报》)。

可是他的"建筑观"与"教育思想"却被砸得粉碎,它们并非"破就是立"。对思成来说"建筑"是他全部的"生命"。如今他的全部学术思想和研究工作被彻底否定,这使思成成了一个被抽掉了灵魂的人!尽管他仍然在和疾病斗争着,在他的学术思想中挣扎着,但是过去那个生气勃勃的梁思成已经不复存在了。

不久他又恢复了党籍,从"反面教员"变成了"无产阶级先锋队"中的一员。革委会通知他要他在全校大会上作一个发言,谈谈学习新党章的认识和体会。思成紧张极了,他患肺心病已到了晚期,处于心力衰竭呼吸衰竭的情况,因此大脑供血不足,很难集中思想写东西。尽管如此,他还是拼了命的用了四五天的时间,写了一份体会。开会的前一天晚上,革委会把准备发言的人召集到第二教学楼内试讲。迟群看他拿着好几页发言稿。皱着眉头对他说:"梁思成!你能不能简单一点,说一下自己的体会。"思成吃了一惊,他哪有能力在一两分钟内把讲稿压缩成几句话。因此怯懦地说:"我要用新党章的'总纲'来衡量自己检查自己,斗私批修……"迟群打断他的话说:"好!你就回家去斗私批修吧!"于是把他赶出了二教楼。他失去了做人最起码的尊严!我正在门外等他,看见他涨红了脸,蹒跚地走了出来。我赶上去扶着他,我们默默地走回去,谁也没有说话。

　　这回他彻底糊涂了。他仍然孤独着,等待着他最关心和爱护的学生来和他探讨教育革命的问题,他的等待落空了。他哪里知道这"庙小神灵大,池浅王八多"的清华知识分子,已大半被赶到江西鲤鱼洲劳动改造去了。

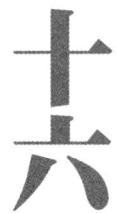

永　　　　　　　　　　　　别

　　思成出院时，工宣队朱某某曾私下向我透露，总理办公室指示：要解决好思成的住房；照顾好他的生活；问他的工资多少，能否雇得起保姆等细小琐事。然而清华园仍旧笼罩着恐怖和紧张的气氛，总理的指示没有落实。不仅如此，每天三个单元的学习时间我一分钟也不许请假。晚上没事也得在学习班傻坐到十二点才能回去。我每天怀着忐忑的心情迈进家门的第一件事，就是看看炉子灭了没有。由于远离医院，我又一次充当了护士和联络员，可他再次感冒住院了。北京医院向人大常委及清华大学革委会发出了梁思成病危的通知：他患肺心病已到晚期，处于心力衰竭和呼吸衰竭的危险阶段。要求昼夜有人护理，要求家属陪住。工宣队这才开了恩，允许我每晚提前于九点离开学习班，等我匆匆赶到医院已是夜间十一点了。思成每晚都等见到我后才肯入睡。早上五点我一起来他就惊醒。当我轻轻地亲吻他的额头告别时，他总是默默地目送我离开，我的心止不住地战栗，也许这是最后的一天！

　　不！不！我要尽一切努力挽回他的生命。我不顾一切地向工宣队写了一份申请，将思成上次出院时的医嘱、造成这次又住院的原因，及当前的病情作了简单的叙述后，请求批准我请长期事假在医院照顾病人。工宣队的霍某某看了我的申请火冒三丈，公开批评我对工宣队有不满情

梁思成登上桂林叠彩山

绪。那时谁要是胆敢对毛主席派来的工宣队不满，几乎就等于反对毛主席。霍某某怒气冲冲地跑到医院来冲着思成质问："梁思成，你到底有什么病？"

思成吓了一跳，说实在的，思成对自己患什么病从不过问，他苦苦地挣扎在死亡的边缘，自然知道自己病情的严重，也预感到即将离开人世。对一个即将离去的人，无需知道自己患的是什么病。

"我……我……"他答不上来。我气愤到了顶点，但为了让思成得到最后的安宁，强压怒火对霍某某说："我们找大夫问问吧。"霍某某出了病房根本不理睬我，头也不回地径自走了。

思成仍然关心着国家大事，我每天的第一件事就是为他读《人民日报》和《参考消息》。一天我为他读斯诺写的《同毛泽东的一次交谈》，当我读到"毛主席说'所谓四个伟大讨嫌'"时，思成吃惊地说："四个伟大不是林副主席提的吗？"

为了尽量减轻他的痛苦，我每天都在护士的帮助下为他变换姿势，把他从床上抱到沙发上，又从沙发上搬回床上。慢慢地我一个人就能搬动他了，当我抱起他来感到他一天比一天轻时，我的心也就一天一天地往下沉。

1972年的元旦他听完了《人民日报》社论后对我说："台湾回归祖国的一天我是看不见了，'王师北定中原日，家祭无忘告乃翁'。等到了那一天你别忘了替我欢呼。"我的泪水夺眶而出，紧紧攥着他的手说："不！不！你答应过我，永远不离开我。"1972年1月9日他永远离开了这个世界。

如果有人问我，最后的日子里他最需要的是什么？我只能说他最需要的是：什么是"无产阶级教育路线"、什么是"无产阶级建筑观"的答案。然而他没有找到，他黯然了。失去林徽因的悲哀没有压倒他，"大屋顶"的批判没有压倒他，而今他真正地悲哀了，他永远永远失去了欢乐与笑容。

在他最后也是最痛苦的日子里，他多么盼望能和他的朋友们、学生们一起讨论"教育革命"，一起讨论"怎样在建筑领域防止资本主义复辟"，然而他病房的会客牌总是静静地挂在医院传达室里。难道这位曾经无私地把全部智慧都献给人们的学者真的已被大家遗忘了吗？不！我不相信！这一切，历史将会作出回答。

又是一个"万籁无声，孤灯独照"的寂静的夜晚。我一页一页地回忆往事。

我又看到他——一位风尘仆仆地奔走在祖国大地上，为发现祖国建筑的瑰宝而欣喜若狂的勇敢的探险者。

我又看到他——一位生气勃勃、诙谐、风趣、循循善诱的、无私的老师。

我又看到他——一位追求真理、无私无畏、勇于前进、不断探索的严谨的科学工作者。

我更深切地感受到他那颗热爱祖国、热爱祖国建筑文化而强烈跳动着的心。

我想起20世纪60年代初，他登桂林叠彩山时作的一首游戏诗：

  登山一马当先，

  岂敢冒充少年？

  只因恐怕落后，

  所以拼命向前。

是的，我是亲眼看到他在这最后的十年是怎样拼命向前的。然而他所经历的最后的岁月，竟是一条历史倒退之路，无论他怎样拼命，也是不可能"向前"了。

每当我回顾他在人生最后的旅途中的煎熬与痛苦的挣扎，我的心就会颤抖，往日的伤口就会突然崩裂，它们难以愈合。但是我也感到平静与慰藉，因为在他最困难的日子里我给了他全部的爱。我与他紧紧地相依为命，走完了他生命的最后一段路程。他的悲剧是整个民族悲剧的一个缩影。今天，我执笔凝思，看着窗外美丽的月光，清华园这样宁静，它在新生中，但是思成却看不到这一切了。

我的亲人：在你"拼命向前"之时，甚至没有时间停下脚步看一看美丽的清华园。然而此时此刻，我是多么盼望能同你一道在校园中漫步；在荒岛的小亭中坐一坐；再看一眼我们周围的景色；看一眼历史是怎样真正"向前"的，哪怕仅仅只一分钟！

2010年，我在山西云冈留影

十七

与君同在

在梁思成的书房中,有一副任公先生手书的李白、杜甫诗句的集联:

　　清水出芙蓉 天然去雕饰

　　白鸥没浩荡 万里谁能驯

这是任公先生对儿子的期盼,也是遗训。他望儿子在做人方面要清清白白,如出水芙蓉般的纯洁坦荡。对事业如白鸥冲破万里波涛般的勇猛直前,不顾及个人得失。我曾久久地沉思在这两句遗训中。

思成走了近四十年了,但他几乎每天都与我同在,我仍能听到他的关心与笑语,我不断地在解读他。

从我认识他到1966年,对我来说,他在学术上是那么高不可攀。有人问我:"你对他的'建筑'懂得多少?"是啊,对他的建筑我什么都不懂。但他懂得生活,他懂得关心人,他懂得尊重人,这就够了。我不认为所有的妻子都要懂得丈夫的专业。

在20世纪三四十年代,他和学社的同仁们"读万卷书,行万里路"去寻找我国仅存的一些古建筑,对它们进行调查测绘。"筚路蓝缕,以启山林",那是老一辈古建工作者艰苦创业的时代。

1966年"文化大革命"开始了,这个悲痛的时代,这个失去理性的时代；它已经成为历史，被翻过去了。但是多少年轻人对它还是一无所知。那时候有一句名言："这是一场触及人们灵魂的大革命。"多么惊心动魄！不管什么人，不管你是怎么想的，谁也抗拒不了这个巨大的力量，不管人们怎样躲避，你都被迫推上台来亮一亮相，我也从恐怖到悲痛到冷静。

我看清了人们，也认清了自己，但是更令我感到幸福的是我看到了思成的灵魂，看到了我所从未认识到的他那和蔼可亲的另一面：严肃与理性。诚如任公先生教导的"清水出芙蓉，天然去雕饰"的精神。不管当时群众用什么语言来谩骂、来批斗，他都没有动怒。他用来衡量自己的是对祖国的忠诚与对民族文化的热爱。

他身上有股顽强、内在的精神力量，我被他那种诚恳、那种灵魂的坦白所感动。爱情并非只向对方索取，爱情也包含着给予，给予也是一种幸福。在那充满专政、暴力、恐怖的气氛下，我突然感到心灵深处的平静。尽管我仍然是那个反动权威的老婆，尽管我们已经堕入社会的最底层。但是这一段生活的经历却是我的一笔财富，是无价的财富，它不是你想要就能得到的。生活是公平的，你怎样生活就必定会得到怎样的回报，也许这就是佛家说的因果吧？

那个时候来向他做外调的人越来越多，这些人有一个共同点，就是希望得到他们所调查对象的毁灭性的材料。有时他们甚至挑拨性地启发他怎样写材料。思成的态度永远是实事求是的。不管过去与对方有任何恩怨，他也是如实地反映情况。实事求是，这是他坚守的原则。

我想我也许是比任何人都更能感受到他人品中的善良与正直。他做到了"清水出芙蓉，天然去雕饰"。

20世纪50年代初，"梁陈方案"被否定了，"民族形式"被批判了。为保护北京的古建筑，保护北京的总体环境，他和北京市的领导人吵得不可开交。我在他身上看到"万里谁能驯"的精神。后来渐渐看不到了，似乎真的成了"驯服工具"。为什么？我找不到答案，后来我从他的笔记中找到了。

自1949年至1966年他记了近七十本笔记，"文革"期间曾被抄走，又发还但已不全。这些笔记只是一次次会议的记录，×年×月开了什么会，讨论什么问题，哪些人与会，每个人发言的内容是什么。唯独没有他自己的看法。

除此以外从1949年至1966年这十七年来，他以政协常委的身份、人大常委的身份、科学家的身份……出席了无数国家领导人的报告会，上至总理、国家各部委的首脑、各界的政要人物，下至清华的校长、书记。有关这类会议的记录占去他笔记的60%—70%。报告内容绝大多数都是讲述从1949年以来我国在政治、经济、文化、外交……各条战线上取得的成就、胜利与辉煌成果。在这日积月累的长期的教育下，他深切感受到祖国正蒸蒸日上，越来越富强。祖国的富强与壮大，正是他前半生所梦寐以求的。这一个接一个的报告，促使他相信共产党的领导是正确的，促使他相信没有共产党就没有新中国。在他心目中共产党就等于祖国。但是从他从事的专业的角度来看，又不是完全和党协调一致。

在1949年初，他为保护北京这个古老的历史文化名城所做的种种努力都失败了。虽然当时以"对苏联专家分庭抗礼"为由，不允许他再争辩。但是他隐隐约约地感到自己和领导之间存在分歧。到了20世纪60年代初他终于对他的学生说出了心里话："我至今仍认为'梁陈方案'是正确的，只是在个别小问题上还可以改进。但是我不愿意你们再去坚持我的主张，这样做对你们没有好处。"

1952年在全面学苏号召下，把他制定的教学计划推翻了。1955年在全国范围内开展了对以梁思成为代表的资产阶级唯美主义的复古主义建筑思想批判。尽管如此，他对共产党的领导没有失去信心。但他模模糊糊地感觉到虽然自己在组织上入了党，但仍处于一个资产阶级学者的地位。他认为这是因为他长期受资产阶级教育造成的。他决心要努力学习马列主义，改造自己的思想。

1966年的"文化大革命"，全面否定了他的学术思想。作为一个学者，学术思想的全盘否定，就等于宣判他的死刑。他苦苦地在他的学术思想中挣扎着。最后他发出了"如果再让我从头学一遍建筑，也许我还是会得出这样的结论"的哀叹。他第一次对自己失去了信心，失去了前进的动力，失去了改造思想的希望，失去了欢乐。

1972年思成去世，我时时刻刻都在想他一生的功过。他的那些古建调查报告，是我们继续研究古建筑所必不可少的依据。1966年中华书局曾有再版他过去的学术著作的计划，但因"文革"而未实现，直到他去世尚未完成。我也就只能等待。直到"四人帮"倒台以后，邓小平副总理复出，我给邓副总理写了一封信，主要内容有以下两点：一、要求修改《辞海》中梁思成的条目。因为《辞海》中梁思成的条目，是"四人帮"把持下的清华党委定的，还是一个反动权威的形象。我要求对他实事求是地给以评价。二、整理出版梁思成遗著。邓副总理很快将我的信批给有关单位。"梁思成文集"编委会成立了。那时人们的思想还没有从极"左"思潮中解放出来，编委会成员也是小心翼翼地斟酌文集的内容。但终究还是选入了梁思成的主要古建调查报告，及《清式营造则例》、宋《营造法式注释》和英文的《图像中国建筑史》三本专著。

这项工作从20世纪70年代末开始，到1982年《梁思成文集》第一辑出版了，1986年第四辑也出版了。历经四年才出齐了《梁思成文集》，及《清式营造则例》等三本专著。除了邀请一些专家负责校稿外，我的工作主要是选配文集中所有的图片。这是一个有能力的人不愿干、没能力的人干不了的累活。面临上千张的插图我只能安下心来一点一点地校对查找，这时思成常常说的"笨人下的笨工夫"的话，又响在耳边。

对古建筑来说我做了多年的资料工作，虽然还有很多困难，但尚能完成任务。最困难的是为《中国雕塑史》配图，雕塑史是1930年他在东北大学的讲课的提纲，只有文字，没有图片。那时候他本人还没有去过云冈及龙门。所以文中所举的例子主要来自外国学者的著述。天哪！我到哪里去找这些图片呢？我想起他的好友费正清夫妇，于是写信给费慰梅，告诉她我碰到的困难，慰梅很快就寄来了我需要的美国博物馆馆藏的图片。但是更多的图只注明见（O ××图），这个"O"又是一本什么书呢？最主要的是我对雕塑完全不懂，我终日反复读着他的文稿，一筹莫展。一天在字里行间看到Oswald一字，我断定"O"书必定是Oswald的简写，我兴冲冲地跑到中央美院的图书馆，但没有查到我要的书。我想北京图书馆可谓国内最大的图书馆了，但查了两天仍是一无所获。最后我跑到北京大学图书馆的咨询部求救。我很难为情地向一位老先生说明我的来意，告诉他我要找的书是外国著者写的，但我不知道书名，只知道作者姓名打头的字母是"O"，书很厚，因为它的插图多到了几百号，内容是有关雕塑的。感谢上帝！这位老先生居然很快就查到Oswald Siren的名字并告诉我说著者的中译名叫奥斯瓦尔德·喜龙仁，该书叫《中国雕塑》，分上、中、下三大册。他很快就从善本书库中将书调出。我对照书稿写的内容一看，果然不错。真是喜从天降！

那个时候我只知道感谢这位老先生，但还没认识到这正是图书工作者的高尚之处，正是他们几十年勤勤恳恳的工作积累下来丰富的知识和经验，才能轻而易举的帮助读者解决难题。梁思庄（曾任北大图书馆馆长）的女儿吴荔明曾这样评论她的母亲说："她一生留下的文章不多，但许多专家教授们的著作和学生们的论文中，都包含了她的大量心血和辛勤劳动。"

我还要特别感谢四位不知名的朋友。《梁思成文集》中多处提到云冈及龙门的塑像，但我那时还没有去过云冈、龙门，对文中的描写真是丈二和尚摸不着头脑。于是我只好给当时的云冈及龙门石窟管理处各写了一封信，把我的要求告诉他们。很快我收到了他们拍摄的清晰而精美的图片。其他还有南京栖霞寺塔基础上的八相图，及甪直保圣寺唐代的罗汉像（后经鉴定为宋塑），也都是素不相识的朋友帮我拍摄的。现在回想这已都是三十多年前的事了，尽管当时人们的生活并不富裕，但没有一个朋友肯收我一分钱。

《图像中国建筑史》的出版更是感人，费慰梅为此书在美国出版，付出了极大的努力。并两次从波士顿飞到北京与我商讨出版事宜。在出版过程中，我与慰梅书信不断，而且我只能用中文给她写信，她只能用英文给我回信，我们各在大洋彼岸，抱着英汉字典和汉英字典交换意见。该书出版后我又陪慰梅沿着思成当年的调查路线到正定、大同、应县、五台山及河南等地参观当年思成考察过的古建筑。当时旅游业还没有开展，所以我们每到一处都受到当地外办的招待。1987年我又应她邀请去波士顿做客，访问了思成的母校哈佛大学及宾夕法尼亚大学，还去了耶鲁大学，他1946年曾以访问学者的身份在那儿讲授过"中国艺术史"。我希望能在耶鲁大学找到他当年讲授"中国雕塑史"时的讲稿，但是除了当年用的幻灯片外,找不到一点儿文字的记录。耶鲁大学的巫敬旅教授还热心地特意找到当年思成在此讲学时住的客房,请我去住了一夜。

为了纪念梁思成一百周年诞辰,清华大学与建工出版社决定出版《梁思成全集》,于是我从1997年开始重新整理梁思成的文稿,这是梁思成去世后我第二次通读他的作品。在各界人士的努力下,《梁思成全集》九卷顺利出版。但这九卷中缺少了两篇重要文章,一是《山西应县佛宫寺辽释迦木塔》,另一篇是《半个人的世界》。《半个人的世界》是他1946年至1947年赴美考察建筑教育后回来作的一个有关教育的讲话。虽是一篇短文,但却简单扼要地反映了他理工与人文相结合的教育思想。

《山西应县佛宫寺辽释迦木塔》是他1933年与莫宗江同去应县测绘的,1935年又去补测了一次,因结构复杂,直到1936年才完成,但送印刷厂后因抗日战争而未能出版,稿子也丢失了。应县木塔是世界上木结构建筑中最高的一个构筑物,其重要性可想而知。这也是《梁思成全集》第九卷中一个极大的遗憾。

2006年中国文物研究中心为了鉴定梁思成一份文稿的真伪,请我去辨认。我前去一看,大吃一惊,原来竟是《山西应县佛宫寺辽释迦木塔》的誊写稿,虽不是梁思成的亲笔,但我断定这就是当年送印刷厂的那份稿子,由于战争,印刷厂在关闭时已把稿子退回营造学社(当时梁已去后方)。但是随文稿送去的六十多张插图及一百多张照片却不知去向,在我的一再请求下,文物中心在资料室找到了三十多张插图,几经周折在国家文物局单霁翔局长过问下,终于得到了图稿的复印件,但只有三十张。缺失的部分,只能用梁思成、莫宗江二人当年的原始测稿来

梁思成去世后,我的主要工作就是整理他的作品

补充，但由于测稿在抗战期间被污水泡过，字迹难以辨认。我带着这些图往返于清华和中国图片社之间。在图片社诸多专家的努力下，凭借专家们丰富的经验，通过不断耐心地试验，终于使图纸得以辨认，我永远感谢中国图片社的专家们，他们为保护我国的民族文化，做出了贡献。此后在建工出版社刘爱灵女士的努力下，又补充了部分内容连同《应县木塔》一并收入，《梁思成全集》第十卷在2007年出版。

与此同时我又整理出版了梁思成未完成的《清工部工程做法则例图解》。此书共七十四卷，前二十七卷为二十七种不同建筑物的做法及尺寸的记述。卷二十八至四十为斗拱的做法。四十卷以后为门窗、石作、土作及工料之估算等等。梁思成将四十卷以前的做法则例用现代科学的绘图法绘制出草图来，在绘正式墨线图时，他还在不断地研究清式做法，并把墨线图中发现的问题用铅笔标在图上准备修改。由于战争爆发没有最后完成，在出全集时，因为该书没有最后完稿所以未收入。但我考虑到这是耗费了梁思成多年精力的一项重要研究成果，虽没有最后成书，但对研究清式做法仍极有参考价值，应整理出版。1945年营造学社解散时，也有部分图纸没有完成。这部分图多数是四川地区的建筑，对研究四川的传统建筑是宝贵的材料，因此我也把这些材料逐步整理出来。在《梁思成全集》十卷出版后又出版了《清工部工程做法则例图解》《未完成的测绘图》等。

在完成了以上工作之后，日夜困扰我的就是怎样实现他写《中国雕塑史》的夙愿了。他对雕塑有深入的研究及独到的见解，但是他没有来得及将"这些知识毫无保留地奉献给他的学生"。我不停地翻阅他的著述中有关雕塑的描绘，从云冈早期面貌无精神的巨大佛像，到后期表现出慈祥、微笑的胁侍菩萨。龙门那身材苗条的小佛及至龙门的大卢舍那像，先生描写大卢舍那像绝对沉静的坐姿，面部表现出一种内神均平无倚之境界，是宗教信仰的结晶。大同薄伽教藏殿中那合掌露齿微笑的胁侍菩萨是极难见到的。直到四川大足的大量雕塑。我越看越体会到这些内容太丰富了，可惜他没能把他思想里这些美好的东西写出来，这是一个多么大的损失。不过我想如果能把他所有的文章中有关雕塑的论述整理出来，也许对读者会有些许帮助。2009年我终于把有关雕塑的图文整理完毕，我想这也许是我为思成做的最后一本书了。我感到十分轻松，但也十分惆怅，仿佛我又在和他告别。

2009年中国科学院准备为我国20世纪卓有贡献的科学家出一套小传，每位传主只限一万两千字。这个任务又落到我的头上。为科学家写传我可连想都没想过，何况要浓缩在一万两千字内。我不能泛泛的谈他是个建筑学家，这谁都知道。也不能泛泛地说说他办了两个建筑系，……我必须回答他是怎样成为一个建筑史学家的，他是什么时候读懂了《营造法式》这本"天书"的。他的城市规划理论及建筑教育思想有什么特色？他为什么能成为古建保护的先驱？这一系列的问题我必须回答。于是我又第三次通读了他的著作，我又走进他的世界与他同在。仅仅读他本人的作品还不够，我还要学习其他学者对他的评论，陈志华、赖德麟的论述帮我深入了解了他的学术思想，更重要的是不断地与王军就各种问题的相互切磋对我的帮助最大。

这时他作为一个真正伟大的学者的形象，才实实在在而真切地矗立在我面前。

当梁思成第一次调查独乐寺时他已开始注意到一些构造做法与明清建筑的不同。在调查正定隆兴寺转轮藏殿及摩尼殿的构造时，引起他极大的注意。据日本学者的考证，认为转轮藏殿是明清建筑，但是梁思成经过对转轮藏殿的仔细研究，将它的斗拱的构造与宋代的《营造法式》中斗拱的构造做了反复的比较，认为转轮藏殿应建于元代以前。后经过考证，果然认定是辽代建筑。摩尼殿虽然没有文献记载，但梁思成从摩尼殿四面出抱厦的做法肯定它是宋代建筑，为什么他能准确地判断古建筑的建筑年代，这与他经常研究各时代的书法、绘画、雕塑、陶瓷器皿有密切的关系，这些艺术作品中包含着各时代的信息。所以他常说调查古建筑要有敏锐的时代感。

　　过去我读他的调查报告，注意力往往集中在每座古建筑的平立剖面图及细部斗拱等。这次我在读大同古建调查报告时，看到了他治学的内在精神，他严谨及一丝不苟的科学态度。他把独乐寺、广济寺、隆兴寺及大同上下华严寺、善化寺……这批宋辽时期的建筑，从整体到细部反复地做了详尽的分析比较。当时佛光寺大殿尚未发现，他只能借鉴敦煌壁画及日本奈良唐招提寺金堂等古建来了解唐代古建的做法。他的《大同古建调查报告》长达二十二万字，通过这份报告，可以看出他已吃透了宋辽时期的建筑并已读懂了《营造法式》这本"天书"。经过对云冈石窟的调查，他又从散落在个别石窟中的建筑构件，屋顶、斗拱、阑额、柱、栏杆、踏步、藻井等零星构件中得出了"中国建筑在两千年前，已形成了结构上的独立性，并一直保持下来形成了中国建筑的特点"的观点。为什么梁思成能这么快的得出这个结论，因为他对西方建筑史下过工夫，所以能对东西方的建筑体系格外敏感。我认为在1933年通过对古建、石窟的调查，他已基本理清了我国建筑的历史源流及发展脉络，但他没有急于成书，他还要通过更多的古建调查来验证他的推断。

　　1937年，他们发现了唐代建筑佛光寺。抗日战争后，他们又对西南地区的古建做了较全面的调查，研究了四川的汉阙及大量的唐宋摩崖雕刻，更填补了唐代建筑实物之不足。梁思成也由此证实了他对中国建筑发展的观点。

1942年，他开始动手撰写《中国建筑史》及《营造法式注释》。我终于明白了，为什么他会成为《中国建筑史》的第一撰稿人，正是因为他研究方法的正确，刻苦的钻研，对东西方建筑的谙熟及广泛外围知识的掌握，加上他个人的智慧。

1946年，他赴美考察、讲学。回来创办了清华大学建筑系，他没有照搬美国的教学大纲，而是从一个历史学家的角度对建筑科学研究对象的全面认识及建筑学科发展方向的把握，对传统建筑教育的课程作了全面的取舍、增设。这是他作为一个教育家的成功之处，也使他的建筑思想明显超越于大多数同辈建筑家。从历史学家的角度看，他对北京市的规划、对古建保护乃至对全人类的宝贵遗产的保护做出了卓越的贡献。

没有想到，对他的认识、对我最亲近的人的认识竟长达几十年。通过几十年的努力，我才终于读懂了他。

林洙
2010年6月于清华园

梁思成年谱
1901年4月20日—1972年1月9日

1901年4月20日 | 出生于日本东京（祖籍广东省新会县）

1906—1912年 | 日本横滨大同学校幼稚园，神户同文学校初小

1912年 | 随父母回国

1912—1915年 | 北京汇文学校及崇德学校高小

1915—1923年 | 清华学校

1919年 | 设计清华大学王国维先生纪念碑

1923—1924年 | 因交通事故受伤休养一年

1924年6月 | 与林徽因同赴美国宾夕法尼亚大学建筑系

1924年9月13日 | 母亲李蕙仙患癌症病逝

1925年12月22日 | 岳父林长民死于张作霖、郭松林之役

1927年6月 | 毕业于宾州大学建筑系，获硕士学位

1927年6月—8月 | 美国费城保罗·葛列特（Paul Cret）事务所工作

1927年9月—1928年2月 | 美国哈佛大学研究生院

1928年3月 | 与林徽因在加拿大温哥华结婚

1928年3月—9月 | 与林徽因同赴欧洲，参观古建筑和现代建筑

1928年9月—1931年6月 | 回国，任沈阳东北大学建筑系主任

1929年1月19日 | 父梁启超因医疗事故去世

1930年 | 女梁再冰出生

1930年 | 林徽因结核病复发，回北京香山养病

1930年 | 与陈植、童寯、蔡方荫合作设计吉林大学礼堂图书馆

1931年9月—1937年8月 | 出任中国营造学社法式部主任

1932年春 | 调查河北蓟县独乐寺

1932年6月 | 调查河北宝坻县广济寺三大士殿

1932年 | 应聘国民政府中央研究院历史语言所通讯研究员

1932年8月 | 子梁从诫出生

1932年 | 设计北京仁立地毯公司铺面

1932—1933年 | 任北京大学教授,讲授中国建筑史

1933—1934年 | 兼任清华大学教授,讲授建筑学

1933年3月 | 调查河北正定县隆兴寺及正定古建筑

1933年9月 | 调查山西大同上下华严寺、善化寺、云冈石窟等

1933年9月 | 调查山西应县木塔、浑源县悬空寺

1933年11月 | 调查河北赵县隋代赵州桥（安济桥）

1934年 | 任中央古物保存委员会委员

1934年 | 设计北京大学地质馆

1934年8月 | 调查山西晋中地区13个县古建筑

1934年10月 | 调查浙江省6个县古建筑

1935年2月 | 考察曲阜孔庙建筑,并作修葺计划

1935年 | 设计北京大学女生宿舍

1936年春 | 调查龙门石窟及山东中部19个县古建筑

1936年冬 | 调查山西、陕西省19个县古建筑

1937年6月 | 调查陕西、山西省14个县古建筑,鉴定山西五台山佛光寺为唐代建筑

1937年8月 | 抗日战争爆发,北平营造学社解散

1938—1945年 | 在昆明恢复中国营造学社,1940年随中央研究院迁往四川南溪李庄

1939—1945年 | 任四川省古物保存委员会委员、国立中央博物馆中国建筑史料编纂委员会主任

1939年8月—1940年2月 | 调查西南36个县古建筑,研究汉阙、汉崖墓、摩崖石刻等

1940年 | 在重庆中央大学作《中国传统建筑的发展及特点》的系列讲座

1941—1945年 | 集中精力研究古籍《营造法式》,完成法式大部分图解工作

1943—1944年 | 著《中国建筑史》及英文版《图像中国建筑史》

1944年冬—1946年 | 任重庆政府教育部战区文物保存委员会副主任

1945年 | 中国营造学社结束

1946—1972年 | 任清华大学建筑系主任

1946年10月—1947年8月 | 赴美考察战后美国现代建筑教育，在耶鲁大学讲学

1947年2月—1947年8月 | 任联合国大厦设计建筑师顾问团中国代表

1947年4月 | 接受美国普林斯顿大学荣誉文学博士学位

1947年9月 | 由美回国

1948年9月 | 被选为南京政府中央研究院院士

1949年 | 主持改建中南海怀仁堂

1949—1950年 | 领导并参加清华大学营建系国徽设计小组完成我国国徽的设计

1949—1972年 | 全国政治协商委员会委员（第一届为特邀代表）

1949年5月—1972年 | 北京市都市计划委员会（后改为城市建设委员会）副主任

1949年11月 | 北京市各届人民代表会议代表及主席团成员

1949年9月—1964年11月 | 北京市人民政府委员会委员

1951年 | 设计任弼时同志墓及墓碑

1952年8月—1964年11月 | 北京市政协副主席

1952年 | 北京天安门广场人民英雄纪念碑设计主持人

1952年 | 开始筹建中国建筑学会，为中国建筑学会的主要创办人

1953年9月—1972年 | 中国建筑学会第一、二、三、四届副理事长，并在一、二、三届理事会上作会务工作报告或向大会致辞。北京市土木建筑学会理事长

1953—1972年 | 加入中国民主同盟

1953年 | 当选为中国美术家协会理事，当选为全国文联第二届委员

1953年2—5月 | 参加中国科学院访苏代表团访问苏联

1953—1954年 | 创办中国建筑科学的第一个学术性刊物《建筑学报》，任主编

1954年3月 | 中国人民慰问志愿军代表团副团长赴朝鲜访问

1954年8月—1964年12月 | 北京市人大代表

1954年9月—1972年 | 当选全国一、二、三届人大代表

1955年2月 | 武汉长江大桥技术顾问委员会委员

1955年2月—1956年1月 | 受到"以梁思成为代表的资产阶级唯美主义的复古主义建筑思想"的批判

1955年4月 | 妻林徽因病逝

1955年6月—1972年 | 中国科学院技术科学部委员（现改称院士）

1955—1972年 | 国家科委建筑组副组长

1956年3月 | 参加"十二年科学远景规划"

1956—1972年 | 当选为中国民主同盟中央常委

1956—1972年 | 兼任建工部建筑科学研究院建筑理论及历史研究室主任

1956年6—8月 | 参加中国建筑师代表团访问波兰，任代表团副团长，出席在柏林召开的民主国家建协主席秘书长会议

1958年3月 | 出席在布拉格市召开的国际建协城市规划委员会的报告人会议

1958年7月 | 出席在莫斯科召开的国际建协五届大会，作《关于东亚各国1945—1957年城市建设和改建》的报告

1958年8月 | 参加中国建筑师代表团访问捷克

1959年1月—1964年12月 | 当选为全国政协常委

1959年1月 | 加入中国共产党

1959年5月 | 出席在斯德哥尔摩召开的世界和平理事会特别会议

1960年8月 | 被选为全国文艺界联合会第三届全国委员会委员

1962年 | 与林洙结婚

1963年9月 | 出席在古巴哈瓦那举行的国际建协七届大会及世界青年教师师生会见会，任副团长

1963年 | 出席在墨西哥举行的国际建协第八届代表会议，任中国代表团副团长

1963年 | 参加中国建筑师代表团访问巴西，任副团长

1963年7月 | 全国科技普及协会北京分会副会长

1964年8月 | 北京科学讨论会（国际）特邀代表

1964—1972年 | 当选为第三届全国人民代表大会常委

1965年 | 出席在法国巴黎召开的国际建协第八届大会及九届代表会议，任代表团团长

1966年6月 | 完成《营造法式注释》的写作

1966年6月—1972年 | 在"文化大革命"中受到批评，1971年正式定为"反动学术权威"

1971年 | 恢复中国共产党党籍

1972年1月9日 | 病逝于北京

梁思成著作一览表

1923年
《世界史纲》威尔斯著［英］,梁思成、吴文藻、徐宗漱等合译,1923年,商务印书馆出版。

1930年
《中国雕塑史》《梁思成文集》(三),中国建筑工业出版社,1985年出版。

《天津特别市物质建设方案》梁思成、张锐合著,北洋美术印刷所印刷。

1931年
《营造算例》《中国营造学社汇刊》,1931年一、二、三期。

1932年
《我们所知道的唐代佛寺与宫殿》《中国营造学社汇刊》,1932年三卷一期。

《蓟县独乐寺观音阁山门考》1932年,三卷二期,收入《梁思成文集》(一),中国建筑工业出版社,1982年出版。

《蓟县观音寺白塔记》《中国营造学社汇刊》,1932年三卷二期,收入《梁思成文集》(一)。

《大唐五山诸堂图》考田边泰著［日］,梁思成译,《中国营造学社汇刊》,1932年三卷三期。

《宝坻县广济寺三大士殿》《中国营造学社汇刊》,1932年三卷四期,收入《梁思成文集》(一)。

《故宫文渊阁楼面修理计划》蔡方荫、刘敦桢、梁思成合著,《中国营造学社汇刊》,1932年三卷四期。

《平郊建筑杂录》梁思成、林徽因合著,《中国营造学社汇刊》,1932年三卷四期,收入《梁思成文集》(一)。

《伯希和先生关于敦煌建筑的一封信》《中国营造学社汇刊》,1932年三卷四期。

1933年

《福清两石塔》艾克著〔德〕,梁思成译,《中国营造学社汇刊》,1933年四卷一期。

《正定调查记略》《中国营造学社汇刊》,1933年四卷二期,收入《梁思成文集》(一)。

1934年

《清式营造则例》中国营造学社发行,1934年,中国建筑工业出版社,1981年出版。

《读乐嘉藻〈中国建筑史〉辟谬》《大公报》,1934年3月3日。

《大同古建筑调查报告》《中国营造学社汇刊》,梁思成、刘敦桢合著,1934年,四卷三、四期。

《云冈石窟中所表现的北魏建筑》林徽因、梁思成、刘敦桢合著,《中国营造学社汇刊》,1934年,四卷三、四期。

《赵县大石桥》《中国营造学社汇刊》,1934年,五卷一期,收入《梁思成文集》(一)。

《修理故宫景山万春亭计划》梁思成、刘敦桢合著,《中国营造学社汇刊》,1934年,五卷二期。

1935年

《汉代的建筑式样与装饰》鲍鼎、刘敦桢、梁思成合著,《中国营造学社汇刊》,1935年,五卷二期。

《杭州六和塔复原状计划》《中国营造学社汇刊》,1935年,五卷三期,收入《梁思成文集》(一)。

《晋汾古建筑预查纪略》林徽因、梁思成合著,《中国营造学社汇刊》,1935年,五卷三期,收入《梁思成文集》(一)。

《平郊建筑杂录(续)》林徽因、梁思成合著,《中国营造学社汇刊》,1935年,五卷四期，收入《梁思成文集》（一）。

《曲阜孔庙之建筑及其修葺计划》《中国营造学社汇刊》，1935年六卷一期，收入《梁思成文集》（二）。

《清故宫文渊阁实测图说》刘敦桢、梁思成合著，《中国营造学社汇刊》，1935年，六卷二期。

《〈建筑设计参考图集〉序》《中国营造学社汇刊》，1935年，六卷二期，收入《梁思成文集》（二）。

《建筑设计参考图集》中国营造学社发行，1935年，收入《梁思成文集》（二）。

《第一集台基简说》同上。

《第二集石栏杆简说》同上。

《第三集店面简说》同上。

《第四集斗拱简说（汉—宋）》同上。

《第五集斗拱简说（元明清）》同上。

1936年

书评《中国营造学社汇刊》，1936年，六卷三期。

1937年

《浙江杭县闸口白塔及灵隐寺双石塔》收入《梁思成文集》（二）。

《谈中国建筑》收入《梁思成文集》（四）。

1943年

《图像中国建筑史》收入《梁思成文集》（三）。

1944年

《为什么研究中国建筑》《中国营造学社汇刊》，1944年，七卷一期。

《记山西五台山佛光寺建筑》《中国营造学社汇刊》，1944年，七卷一、二期，收入《梁思成文集》（二）。

1945年

《中国建筑之两本"文法课本"》《中国营造学社汇刊》,1945年,七卷二期,收入《梁思成文集》(二)。

《市镇的体系秩序》《大公报》,1945年8月,收入《梁思成文集》(四)。

1948年

《北平文物必须整理与保存》北平文物整理委员会印,1948年,收入《梁思成文集》(二)。

《半个人的世界——理工与人文》《清华周报》,1947年。

1949年

《致童教授信》收入《梁思成文集》(四)。

1949年6月

《致聂荣臻市长信——北京都市计划委员会工作》收入《梁思成文集》(四)。

《清华大学营建学系学制及学程计划草案》《文汇报》,1949年9月。

1950年

《关于中央人民政府行政中心区位置的建议》梁思成、陈占祥合写,收入《梁思成文集》(四)。

《致周总理信——关于中央人民政府行政中心区位置问题》清华大学建筑学院技术档案(未刊稿)。

1950年4月10日

《致朱总司令信——关于中南海新建宿舍问题》收入《梁思成文集》(四)。

《关于北京城墙存废问题的讨论》《新建设》,二卷六期,1950年5月,收入《梁思成文集》(四)。

《致彭真市长信——北京市计划委员会工作》清华大学建筑学院技术档案(未刊稿)。

1951年

《欢送伟大的1950年》《人民清华》，1951年，第一期。

《我国伟大的建筑传统与遗产》《文物参考资料》，1951年，二卷二期。

《敦煌壁画中所见的中国古代建筑》《文物参考资料》，1957年，二卷五期，收入《梁思成文集》（一）。

《北京——都市计划的无比杰作》《新观察》，1951年，二卷七、八期，收入《梁思成文集》（四）。

《致周总理信——关于长安街规划问题》收入《梁思成文集》（四）。

1951年8月15日

《致周总理信——关于建设工作的计划性问题》收入《梁思成文集》（四）。

1951年8月28日

《致彭真市长信——关于人民英雄纪念碑设计问题》收入《梁思成文集》（四）。

1952年

《人民首都的市政建设》科普出版社，1952年2月。

《达·芬奇——具有伟大远见的建筑工程师》梁思成、林徽因合著，《人民日报》，1952年5月3日，收入《梁思成文集》（四）。

《祖国的建筑传统与当前的建设问题》《新观察》，1952年，第16期。

《苏联专家帮助我们端正了建筑设计的思想》《人民日报》，1952年12月22日。

《苏联卫国战争被毁地区之重建译文及序》窝罗宁［苏］著，林徽因、梁思成合译，龙门书局出版。

1953年

《古建筑序论——在考古工作人员培训班讲演记录》收入《梁思成文集》（四）。

《中国建筑的传统与遗产——在莫斯科苏联科学院技术研究所的报告》清华大学建筑学院档案室（未刊稿）。

《我对苏联建筑艺术的一点认识》清华大学建筑学院档案室（未刊稿）。

《就拆除北京市东西四牌楼致有关部门信》清华大学建筑学院档案室（未刊稿）。

《中国建筑与中国建筑师——为苏联大百科全书作》收入《梁思成文集》（四）。

《民族的形式，社会主义的内容》《新观察》，1953年，第14期。

1954年

《中国建筑的特征》《建筑学报》，1954年1期，收入《梁思成文集》（四）。

《面向共产主义苏维埃城市和建筑》《中国青年报》，1954年3月12日。

《建筑艺术中社会主义现实主义和民族遗产的学习与运用问题》《新建设》，1954年2月号。

《中国建筑调查研究的技术——在北京市都市建设委员会专题讲座》清华大学建筑学院档案（未刊稿）。

《你们神圣的工作是在宪法中规定了的》《新清华》，1954年8月18日。

《对苏联展览馆的建筑艺术的一点体会——为中苏友协作》清华大学建筑学院档案（未刊稿）。

《祖国的建筑》科普出版社，1954年，收入《梁思成文集》（四）。

1956年

《永远一步也不再离开我们的党》（1956年2月8日在全国政协的发言）收入《梁思成文集》（四）。

《全国基本建设工作会议上的发言》清华大学建筑学院技术档案（未刊稿）。

《波兰人民共和国的建筑事业》《建筑学报》，1956年7期。

1957年

《整风一个月的体会》《人民日报》，1957年6月。

《坚决反对建筑界的右派分子》《建筑学报》，1957年7期。

1958年

《〈青岛〉书序》中国建筑工业出版社，1958年8月。

1959年

《党的领导使我们建筑专业走上正确的方向》《新清华》，1959年1月11日。

《决不虚度我这第二个青春》《北京日报》，1959年3月9日。

《在住宅建筑标准及建筑艺术问题座谈会上关于建筑艺术部分的发言》《建筑学报》，1959年6期，收入《梁思成文集》（四）。

《曲阜孔庙》《旅行家》，1959年9月，收入《梁思成文集》（四）。

1961年

《中国的佛教建筑》《清华学报》，1961年8卷2期，收入《梁思成文集》（四）。

《党创造了中国的新建筑》《新清华》，1961年7月26日。

《谈"博"而"精"》收入《梁思成文集》（四）。

《建筑创作中的几个问题》《建筑学报》，1961年7期，收入《梁思成文集》（四）。

《建筑和建筑的艺术》《人民日报》，1964年7月26日，收入《梁思成文集》（四）。

《进一步探讨建筑中的美学问题》《光明日报》，1961年8月26日。

《塞北江南》《北京日报》，1961年10月。

《可爱的内蒙古》《民族画报》，1961年10月。

《沙漠变良田》《北京晚报》，1961年10月30日。

《喇嘛——书记》《人民日报》，1961年11月6日。

1962年

《广西容县真武阁的"杠杆结构"》《建筑学报》，1962年7期，收入《梁思成文集》（四）。

《漫谈佛塔》《光明日报》，1962年5月26日，收入《梁思成文集》（四）。

《拙匠随笔（一）至（五）》《人民日报》，1962年4－9月，收入《梁思成文集》（四）。

1963年

《关于敦煌维护工程方案的意见》收入《梁思成文集》（四）。

《唐招提寺金堂与中国的唐代建筑》《鉴真纪念集》，1963年，收入《梁思成文集》（四）。

《扬州鉴真大和尚纪念堂设计方案》同上。

《反对修正主义的任务和知识分子学习、改造的必要（196年11日在全国政协委员会上的发言）》清华大学建筑学院技术档案（未刊稿）。

1964年

《中国古代建筑史绪论（中国古代建筑史第六稿绪论）》收入《梁思成文集》（四）。

《闲话文物建筑的重修与维护》《文物》，1964年7期，收入《梁思成文集》（四）。

1966年

《营造法式注释》（上）中国建筑工业出版社，1983年版。

英文著作目录

1. OPEN SPANDREL BRIDGES OF ANCIENT CHINA

    Ⅰ. THE AN-CHI GH'IAO AT CHAO-CHOU,HOPEI

    （PENCIL POINTS JAN.1938）

    Ⅱ. THE YUNG-T'UNG GH'IAO,CHAO-CHOU,HOPEI

    （PENCIL POINTS MAR.1938）

2. CHINA'S OLDEST WOODEN STRUCTURE

    （ASIA MAGAZINE,JUIY.1941）

3. FIVE EARLY CHINESE PAGODAS

    （ASIA MAGAZINE,AUG.1941）

4. CHINA:ARTS,LANGUAGE,AND MASS MEDIA

    （ENCYCLOPEDIA AMERICAN 1948 EDITION）

5. CHINESE ARCHITECTURE AND ART

    （ENCYCLOPEDIA AMERICAN 1948 EDITION）

6. A HAN TERRA-COTTA MODEL OF A THREE STOREY HOUSE

    （COMPLETED 1933 WITHOUT PUBLISH）

7. TWO LIAO STRUCTURES OF TU-LO SSU,CHI HSIEN

    （COMPLETED 1938—1940 WITHOUT PUBLISH）

8. IN SEARCH OF ANCIENT ARCHITECTURE IN NORTH CHINA

9. A PICTORIAL HISTORY OF CHINESE ARCHITECTURE

    （1984 M.I.T. PRESS）

(京)新登字083号

图书在版编目(CIP)数据

梁思成、林徽因与我／林洙著.
-北京：中国青年出版社，2011.1

ISBN 978-7-5006-9705-3

Ⅰ.①梁… Ⅱ.①林… Ⅲ.①梁思成（1901~1972）-生平事迹
②林徽因（1904~1955）-生平事迹Ⅳ.①K826.16
中国版本图书馆CIP数据核字（2010）第237905号

责任编辑：王飞宁
装帧设计：瞿中华
出版发行：中国青年出版社
社　　址：北京东四十二条21号
邮　　编：100708
网　　址：www.cyp.com.cn
营销中心：010-57350370
编辑电话：010-57350501
印　　刷：三河市君旺印务有限公司
经　　销：新华书店
规　　格：700×1000　1/16
印　　张：30
字　　数：150千字
印　　数：25001-28000册
版　　次：2011年1月北京第1版
印　　次：2022年1月河北第6次印刷
定　　价：58.00元

本图书如有印装质量问题，请凭购书发票与质检部联系调换 联系电话：010-57350337